박청화의 실전 명리 강의 시리즈

무엇이든 물어보세요

박청화 강의

5

서 문

　방금 상담 테이블에 앉은 고객의 운명을 한 순간에 알아차리고 나아가 미래를 추리, 예언하여 주는 일은 쉽지 않은 일이다. 물론 오랜 세월 역업(易業)에 종사하다보면 관상학을 깊이 궁리하지 않아도 그 사람이 풍기는 이미지, 기골, 인상, 표정, 걸어오는 자세, 첫 음성 등에 따른 경험치로 대략의 라이프 스타일, 그릇 등을 파악할 수 있는데 필자만의 경험은 아닐 것이다. 가까운 과거나 현재의 컨디션은 비교적 쉽게 파악할 수 있다고 치더라도 정작 미래를 정교하게 예측하는 일은 쉽지 않은 일이다.
　천체 운동과 인력 작용, 사시(四時)의 변화 기준에 따른 분석법인 사주는 참으로 많은 운명적 작용을 해석, 예측하는 도구로 손색이 없다. 하지만 무릇 한 개인의 운명을 섬세하고 정밀하게 논할 때에는 사주를 위주로 한 천시(天時) 요소, 태어난 지역·국가와 국가 운영체제·문화·경제적 환경 등을 포괄하는 지리(地理) 요소, 어떤 직업이나 활동을 가지는 가에 따른 인위(人爲) 요소 등의 조합에 따른 종합적 접근법이 필요하다. 이는 여러 가지 연결 고리와 비중 차이를 고려한 운명 감정의 필요성을 밝혀주는 것이다.

많은 사람들이 다양한 미래 예측에 관련된 많은 학술 체계나 방법을 접하면서도 원리 이해, 원리의 적용에 한계성을 느끼는 것이 일반이다. 대동소이의 속성이 있더라도 현장의 수많은 케이스를 각각 잘 대응하고 고객의 선택을 도와주려면 조금 더 큰 시각과 섬세한 기법들이 필요한 것이 현실이다. 아무리 좋은 칼을 손에 쥐어도 칼의 상대가 어떤 것인지에 따라 칼을 쓰는 방식과 내용이 달라지듯이 수많은 응용이 필요한 것이다. 누구나 직업적으로 활동하는 사람이라면 공감하리라 생각된다.

제법 긴 세월 현장에 같은 일을 하는 분들을 만났을 때 받는 질문들이 모이다 보니 언젠가 자주 많이 듣는 질문에 대한 답이나 정리 성격의 강의를 계획하게 되었다. 이에 강의를 통해서 상당 부분 연구자나 직업적 프로들에게 나름의 답을 정리하여 전달하려고 하였다. 내친 김에 강의를 글로 정리하여 책까지 만들게 되었으니 감회가 새롭다.

현장에서 가장 경계를 쉽게 나누기 어려운 주제들을 중심으로 집중했기 때문에 초심자나 과정에 있는 분들은 읽기가 불편할 수 있겠지만 일정 기간 현장의 내공을 다진 분들은 유용성이 적지 않을 것이라 생각된다. 단순히 길흉론 중심으로 운의 해석을 하기보다 운의 속성(작용)이 주는 범주와 종류, 만사형통(萬事亨通)이 없는 원리, 대운과 세운의 조합, 운의 음양론, 주기에 따른 운의 분석 등 다양한 시각을 제시하여 운을 좀 더 입체적으로 해석하도록 정리하였다. 신살론의 도식적(圖式的) 이해, 배우자 인연법의 특수·변용 케이스 정리, 인연의 만남과 이별시기에 관한 논리 기준, 직업 형성의 주기와 변동, 부동산 변동, 지장간의 별도 해석, 사주와 풍수 관계, 건강과 수명, 개운법 등 다양한 주제를 이론과 실제 모두 다루었다.

필자가 경험하였던 것이 원리의 전부라 말하기 힘들고, 아직 완전한 경지와 거리가 많지만 이론과 현장 경험에서 어김이 없었던 것들을 최대한 밝히려고 하였다. 현장에서 실제 고객을 많이 상담하는 분에게는 상당한 도움이 될 것이라 생각되는데, 설사 독자의 생각과 다른 부분이 있더라도 꼭 일독(一讀)은 하시기를 추천한다.

누구라도 이 분야의 학문적 발전에 관심을 두고 나름의 정보를 제공하는 것은 이 업계 전체에 유익할 일이 될 것이라 생각해왔다. 수많은 선배들과 동시대 연구자들의 혁혁한 노력이 쌓여 오늘과 내일이 되는 것이라 다함께 애착과 관심을 가졌으면 하는 바람이다. 필자가 34년간 직업적 무대를 달리면서 느낀 점들이 적지 않지만 만고천추(萬古千秋)의 학문을 제대로 그 위상을 찾아주는 것이 우선이라 생각한다. 이런 측면에서 이 책의 내용을 활용하고 역술가의 위상을 조금이라도 더 드높였으면 하는 바람이다.

필자의 안일함 때문에 또 주변 분들의 도움을 통하여 책의 형태가 되었으니 송구한 마음 가득하다. 내용이나 원리의 설명에서 부족한 부분이 있거나 더 궁금한 부분이 있다면 주저 말고 연구 차원에서 숙제를 내어 주시길 바란다.

독자 여러분의 선택으로 다함께 업그레이드된 아카데미 세상을 만든다면 더없이 좋겠다. 독자제현께서 각 지역과 분야에서 세상의 빛이 되시기를 간절히 기원한다.

이 책이 나올 수 있도록 애를 써 주신 '박청현 대표님, 김원식 실장님, 장미경, 권수진, 유인재 그리고 도움을 주신 많은 분들께 거듭 감사의 말씀을 전한다.

2020. 1.

박 청 화 근배

목 차

제 5 권

서문 2

10. 건강과 수명론 12

1) 命의 건강인자 12
- 1-1. 命의 五行 12
- 1-2. 명의 六親 15
- 1-3. 명의 神殺 (刑, 冲, 破, 害, 空亡, 魁罡, 白虎大殺, 羊刃, 기타) 16
- 1-4. 명의 調候 42
- 1-5. 日干에 따른 영향요소 49
- 1-6. 계절에 따른 체질적 질병 인자 50
- 1-7. 亡身殺 및 고질 질병인자 59

2) 운의 건강인자 62
- 2-1. 운의 五行(中和, 偏重, 調候) 62
- 2-2. 운의 六親 1 (干支상 六親, 중요 인자의 상호관계) 64
- 2-3. 운의 六親 2 77
- 2-4. 운의 六親 3(직업적 활동에 따른 상호작용) 84
- 2-5. 운에서 만나는 干支의 속성 100
  寅申巳亥, 子午卯酉, 辰戌丑未, 白虎, 魁罡...
- 2-6. 운의 神殺 109
  刑, 冲, 破, 害, 空亡, 魁罡, 白虎大殺, 羊刃, 기타...

3) 수요장단(壽夭長短)과 수명 시기론   116
    3-1. 장수 인자와 요절 인자   117
    3-2. 수명에 관한 운의 간섭 인자 1 (五行 편중)   124
    3-3. 수명에 관한 운의 간섭인자 2 (六親작용, 格 포함)   125
    3-4. 수명에 관한 운의 간섭인자 3 (春秋주기)   129
       ※남녀 적용차이   135
       ※난치, 불치 질환의 배경   135

11. 개운법 정리   157

1) 명과 운의 간섭인자   162
    1-1. 명의 간섭 인자   162
    1-2. 운의 간섭인자   169

2) 開運法의 종류
    2-1. 공간   175
       ■ 풍수지리 일반   175
       ■ 地殺, 將星, 六害   177
       ■ 위도 사분면   191
       ■ 활동 영역론(高低, 中心, 遠近)   196

2-2. 행동 1 (조상과의 기운 소통)   202
- 월 카르마(Karma)   202
- 天殺(제사)   208
- 六害殺 (제사 조상)   215

2-3. 행동 2 (개인적인 기운 작동, 상호관계)   219
- 攀鞍殺의 활용   219
- 天殺의 활용   220
- 驛馬殺의 활용   221

2-4. 행동 3 (器物의 활용)   224
- 기물의 작용과 의미 이해   224
- 시계, 냉장고, TV, 그릇, 모자, 신발, 자동차…   227

2-5. 행동 4 (기물, 의복, 공간과 색상 활용)   247
2-6. 행동 5 (음식조절)   264

3) 개운법 종합   275
3-1. 전지(轉地), 전심(轉心), 전행(轉行), 전식(轉食)   275
3-2. 인연 조화   283
3-3. 호부(護符)의 형태와 의미, 활용   293

질문과 답변 3(무엇이든 물어보세요)

30. 12神殺을 활용한 개인별 부동산 매도 매수방법 — **296**
31. 日支 三合과 年支 三合을 같이 해석해야하는지요? — **311**
32. 박청화 선생님 운의주기 대운 춘하추동 질문 있습니다. — **312**
33. 수강 중 궁금했던 것들 — **315**
34. 천재지변과 사주와의 관계 — **322**
35. 土의 六親的 해석과 五行的 해석 — **323**
36. 개운 방향에 대하여 — **333**
37. 旺者 喜泄에 대해서 — **336**
38. 명조분석! — **344**
39. 무엇이든 물어보세요. 보통의 질문들! — **410**

10 • 박청화의 무엇이든 물어보세요. 5

10 건강과 수명론

10 건강과 수명론

1) 命의 건강 인자

건강과 수명은 앞부분에서 다룰 것이 많기는 합니다. '命의 건강 인자' 이런 것은 여러분이 많이 공부해보았기 때문에 간단간단하게 알고 있는 여러분의 지식과 연결성을 리마인드 remind 해 보겠습니다.

1-1. 命의 五行

命의 五行에서 木이라고 하는 것은 曲直이지만 木이라고 하는 것은 보통 수명을 관장한다는 것입니다. 木은 오래 사는 것을 의미하니까 나무라고 하는 놈의 성질을 얻으면 겨울에는 씨로 숨었다가 봄이 되면 또 싹을 내밀고 이렇게 함으로써 사는데, 그와 반대편에 있는 것들이 무엇입니까?

대체로 金이 반대편에 있는 것이니까 金은 원래 다른 표현으로 쟁명(爭命) 이라고도 하거든요. 목숨을 다툰다.

원래 가을이라고 하는 자체가 숙살지기(肅殺之氣)가 되잖아요. 죽든지 살든지 '쇼부(勝負)'를 내자 하는 것이 金인데 그런 것이 오히려 수명을 다투는 것이 되기 때문에 五行 중에서는 대체로 木의 인자나 역할 이런 것들이 잘 열려 있느냐 없느냐 이런 것을 잘 보세요.

상대적으로 金은 수명을 재촉할 수 있는 기운이 있기 때문에 다른 보완성이 있는 인자들이 있어 줄 때 대체로 수명요소도 큰 무리가 없다 이렇게 보시면 됩니다.

거기에 명 내의 五行的인 강약은 계절에 의해서도 볼 수 있고, 주로 계절에 의한 영향을 많이 주겠죠. 전체적으로 五行 숫자의 다소 즉 많고 적음, 이런 것들도 판단을 해야 되죠.

이것이 木이 많으면 五常에서 보통 仁이 되고 어질다는 것이죠. 金은 주로 義理를 말하죠. 仁義라고 하는 것에서 木과 金의 기운적인 것이 기질 이런 것들과 맞물려서 해석을 할 수 있는데 어질다고 하는 것은 좋게 말하면 어진 것인데 나쁘게 말하면 바보스러운 것이거든요.

이래도 흥, 저래도 흥 하면서 바람이 불면 부는 대로 막 흔들렸다가 바람이 없으면 다시 돌아오고 그렇게 굴신성이 남아 있는 것이죠.

좋게 말하면 융통성이 좋은 것이고 안 좋게 말하면 굴신성이 지나쳐서 무엇을 마무리를 짓거나 매듭을 짓는 것이 잘 안 되는 것이 木의 성질이죠.

그런데 그것이 건강이나 수명에는 또 긍정적이라고 하는 것이죠. 절대 포기하지 않고 돌멩이로 눌러놓아도 옆으로 싹이 삐져나오고 이런 것들이 木의 성질이 되는 것이니까 그렇죠.

주로 그것을 보고 그다음에 水나 火가 편중성을 가질 때는 주로 무엇이 문제가 됩니까? 調候가 문제가 되죠.

결국은 水가 위에 놓고 火가 밑에 놓면 壬水와 丁火의 대대작용(對待作用)처럼 주로 이것이 木을 만드는 작용이 많이 발생하게 되죠. 그다음에 火가 위에 놓고 水가 밑에 놓면 이것은 주로 金의 성질이 많이 형성되죠.

　그래서 이것이 水와 火가 적당히 밸런스가 잡혀 있는 것이 좋은데 火가 들려 있고 水가 밑에 움직이지 않고 있는 모양일 때 가을, 겨울의 기운이 되죠.

　水가 위에 놓고 火가 밑에 노는 것은 봄, 여름이 되죠. 그리고 火가 위에 놓고 水가 밑에 놀면 가을, 겨울이 되는 것이죠.

　오늘이 處暑죠? 處가 무엇이냐 하면 곳 處자에 더위 暑자이니까 處字는 '어디에 처분을 하다.', '어디에 두다.', '움직이지 못하게 매어두다.' 이런 의미인데 더위를 움직이지 못하게 매어두는 것이니까 불기운이 전체 공간에 작용하지 못하도록 하고 水기운이 자꾸 밑으로 분리되면서 중간에 자꾸 무엇이 생깁니까? 乾이 생기는 것입니다.

　水가 위에 있고 火가 밑에 있다가 水가 내려오고 火가 올라가면 濕이 생기는 것이잖아요. 그래서 가을 겨울은 乾燥하고 그 다음에 봄과 여름은 濕하고 그렇죠? 溫濕하잖아요. 따뜻하고 습하다는 것이죠.

　그래서 이런 것들이 적당히 명조 내에 水나 火의 밸런스가 있어야 결국은 木을 만들어내는 또는 金을 만들어 내는 것이 조성되는데, 주로 水와 火가 전체적으로 섞인 모양일 때 대체로 木의 요소가 잘 만들어지고 木은 결국은 생명활동 그다음에 수명 이런 것들을 만들어 주는 조건이 되는 것이니까 水와 火는 결국은 調候的으로 편중성이 많으냐, 적으냐? 하는 것이죠.

　土는 중간에 끼여서 이것을 중화를 시켜주기는 하지만 土라고 하는 것이 땅에 내려오면서 전부 다 辰戌丑未 모양을 갖춤으로써 雜氣가 되죠.

雜氣라고 하는 것은 그것에 의한 완충, 쿠션작용은 있지만, 이것저것이 뒤섞여 있는 소위 잡스러운 속성을 만들어 냄으로써 뒷부분에 다루어 볼 것이지만 대운에서 辰戌丑未운을 만나거나 명 내에서 辰戌丑未의 중복이 있으면, 옛날 책에는 無名雜病이라고 적어 놓았죠. 이름도 없는 잡다한 질병이라는 것이죠.

그런 어떤 속성으로 나누는 것이 土의 장점이기도 하고 단점이기도 합니다. 그래서 죽지 말고 오래 사는 것에는 도움이 되는데 그러면서도 전체적으로 아프다고 하는 종합병원 모양이 있잖아요? 그런 것들이 辰戌丑未의 속성을 만드는 것이기 때문에 五行을 보실 때 그것을 우선적으로 기준을 삼으시면 되겠다고 하는 것이죠.

1-2. 명의 六親

제일 좋은 것이 식신유기 승재관(食神有氣 勝財官)이라고 해서 食神만큼 좋은 것이 없다고 해서 食神의 움직임을 가장 많이 따지는데, 食神이 마구 드러나야만 무조건 최고 좋은 것은 아닌데, 食神이 있는 것이 보통 의식주와 건강의 모양을 유도해주는 에너지가 제일 자연스럽게 갖추어지는 것이 食神이죠.

食神이 없을 때는 傷官으로 대용을 하는데 극단성을 갖추고 있어서 食神보다 화려했다가 외부적인 환경이 좋지 못하면 심하게 위축되기도 하는 변화성을 많이 가지고 있는 것이죠.

대체로 수명을 깎아 먹는 인자로 食神을 극하는 偏印을 우리가 盜食이라고 하죠. 食神을 억제하는 인자로 偏印이 있죠.

偏官, 호랑이가 수시로 출몰을 한다고 하면 수명에 대해서는 삭감요소로서 잘 작용하게 되는 것이죠. 그다음에 食神을 항상 나누어 먹으려고 하는 劫財 이런 것들이 대체로 수명에는 불리한 자로서 불리한 자에 가깝고 나머지 들은 주로 긍정적인 것이 되겠죠.

학생 – 天干 地支에 상관이 없이 그렇습니까?

선생님 – 상관이 없는데 대체로 地支에 있는 것들이 더 작용력이 강하다고 보면 됩니다. 地藏干할 때 해 봤잖아요. 地支에 있는 것이 몸뚱아리라고 했잖아요. 地藏干에 있는 것도 주로 숨어서 작동하는 것 그런데 地支에 드러난 것이 영향력은 조금 더 크다고 보면 되죠.

1-3. 명의 神殺

刑, 冲, 破, 害, 空亡, 魁罡, 白虎大殺, 羊刃, 기타…

 刑

刑은 한 번은 깎이는 모양을 갖추게 된다. 살아가면서 보통 수술 인자라고도 많이 쓰지만 실제로 몸에다 칼을 대는 그런 과정을 거치거나 아니면 약간의 흉을 감당하면서 가는 그런 속성이 발생하니까 수명에 대해서는 불안 인자가 되는 것이죠.

세상살이에 대해서는 刑이 있는 사람이 유능이죠. 예를 들어서 이런 것이죠. '刑이 있는 놈이 스키를 잘 타느냐? 刑이 없는 놈이 잘 타느냐?' 누가 잘 탑니까? 刑이 있는 놈이 잘 타죠. 刑이라는 것이 머리 숙여서 발을 디디며 가는 것이잖아요.

冲

冲도 어떤 기운끼리 계속 상호자극을 주어서 둘 다 자꾸 역동적으로 액티브하게 주었다가, 뒤에는 결국 어느 기운이 편중성이 올 때 하나가 크게 꺾이는 작용이 오는 것이죠.

제가 아는 분 중에 子月 戊午일주인 분이 있습니다. 월이 空亡입니다. 아버지가 학교 사업을 했는데 재산을 형에게 다 물려줘서 본인은 열 받아서 먼 곳에 가서 사는 분이었는데, 건강해야 한다면서 아침만 되면 뛰는 것입니다. 아침에 조깅하고 나서 밥 먹고 다시 헬스하고 그랬습니다.

그것이 子午 相冲의 힘이거든요. 그분이 뭐라고 하느냐 하면 "원장님, 스트레스 받더라도 담배를 끊으세요." 이러더라고요. "예, 건강 조심하십시오." 제가 이랬거든요. 그러니까 팔뚝을 보이면서 "이거 근육 보십시오." 그러는데 "그리해도 운명에 나오는 시간표는 따로 있습니다."

그분이 과로사로 60살을 못 넘기고 가더라는 것이죠. 과로사 중에서 심장마비 형태로 돌아가셨는데 子午相冲의 해로움이라고 보거든요.

그분이 56년생이었는데 몇 년에 타계하느냐 하면 戊子年에

羊刃을 冲하면서 羊刃과 飛刃, 子午相冲이 무리를 짓잖아요. 그때가 53살밖에 안 된 것이죠. 그 두 해 전에 저에게 자랑하고 했습니다.

"원장님, 운동해야 됩니다. 운동!"
"그러나 운명의 시간표는 다릅니다."

학생 – 심장마비라든지 이런 것이 안 오게 하는 인자가 운에 있습니까? 아니면 명 내에 있습니까?

선생님 – 명 내에 食神이 있다든지 예를 들어서 戊午일주인데 庚申시라든지 아니면 子와 午의 冲을 막는 丑이라도 있든지 이러면 子午 相冲의 작용을 둔화시키잖아요.

학생 – 子가 오면서 申子辰 合이 되든지 子丑이 合을 하든지 하면 괜찮습니까?

선생님 – 그렇죠. 子午 相冲이 활발하게 일어나지 않게 하는 것이죠. 이분이 丙申생이었거든요. 시에 그런 요소가 없었습니다. 丙申생 子月에 戊午일인가 그랬습니다.

학생 – 寅이 있어서 午를 붙들어 주든지?

선생님 – 그렇죠. 未가 있어서 午를 잡아주던지 그렇게 하면 모르는데 워낙 子午 相冲 작용이 활발하죠. 年에 있는 食神은 잘 먹는 것입니다. 잘 먹고 운동 잘하고 이러니까 "근육 보소!

건강은 이런 것이오." 하더라는 것이죠. 子午相冲이 있으니까 아침에 눈을 팍팍 뜨는 것이죠.

다른 놈이 역기를 10번 들면 나는 15번 들어야 되는 것이죠. 지기 싫어하잖아요.

학생 – 그러면 명을 알고 대처법은 어떤 운동법으로 해소하는 것이 좋습니까?

선생님 – 冲이 있는 사람들은 鬪技 종류도 좋아합니다. 태권도 같은 것 좋아합니다.

학생 – 좋아하는데 건강 측면에서 어떤 쪽으로 유도를 해 주면 좋은지요?

선생님 – 그러면 오히려 운동을 줄여야 되는 것이죠.

학생 – 그냥 운동을 줄이는 단순한 논리 말고 명상을 한다든지 이런 것이 있지 않습니까?

선생님 – 子午 相冲이 있는데 요가로 氣를 끌어내리고 하는 것은 체질에 안 맞잖아요.

학생 – 알고 자제한다든지 아니면 다른 운동법이 있는지요?

선생님 – 그것은 절제죠. 치열해지지 않도록 절제를 하는 것외에는 없습니다. 옆에 사람이 역기를 15개 들었다고 해서 욕심 내지 말고 당신은 10개만 들어라는 것이죠.

학생 – 羊刃이 있어서 더 그런 것 아닙니까?

선생님 – 羊刃이라고 하는 것이 지는 것 자체를 싫어하잖아요. 그러니까 일은 잘하고 다 좋은데 결국 그것이 子午相沖의 지속적인 맷돌작용, 즉 빈 맷돌을 계속 돌리면 손잡이가 부서지든지 아니면 돌멩이가 닳아 깨어지든 할 것 아닙니까? 그런데도 자기는 '돌아라. 맷돌'이니까 '돌아라. 맷돌' 이것이 환장하는 것이거든요.

학생 – 卯酉 沖이나 辰戌 沖보다 子午 沖이 가장 강한 것입니까?

선생님 – 子午 相沖 만이 그런 것은 아닙니다. 卯酉 相沖도 그런 작용이 있습니다.

예를 들어서 酉月의 庚일주가 명 내에 卯가 있으면 마찬가지입니다. 羊刃이 있으면 이런 것입니다. 믹서기 광고할 때 가만히 보면 저것은 칼날이 달린 맷돌이잖아요.

이 경우가 칼날이 달린 맷돌이지 않습니까? 그래서 강하죠. 달리고 또 밤에 달리고 하는 것이죠. 그래서 결국 그것이 알고 보면 원기에 해당하는 에너지를 소진시킨다는 것입니다. 그런데 그것은 운명 전체의 건강을 볼 때는 수명을 재촉한다고 하는 것이죠. 건강을 볼 때는 기준을 조금 다르게 봐야 됩니다.

우리가 일반적인 운세를 볼 때 쓰는 논리와 별도로 건강은 건강론으로 새로운 格으로 별도로 정리할 필요가 있습니다.

학생 – 돈이 없어도 오래 사는 사람들이 있지 않습니까?

선생님 – 그것이 복을 지키는 것이거든요. 수명복입니다. 그래서 그것은 뒤편에 제가 잠깐 언급을 해 드릴 것이지만 어떤 것이 있느냐 하면 그 사람의 그릇에 어울리지가 않는 재물운이 들어오기 시작을 했을 때 그때 우리가 운세에서 하는 표현이 있습니다. 몸과 '재물을 다툰다.' 이렇게 표현하거든요.

관상학적으로 예를 들자면 스티브잡스 얼굴을 보라는 것이죠. 스티브잡스 얼굴을 보면 뺨에 수염이 가득하잖아요. 그런데 이마에 천창(天倉), 변지(邊地)를 차지하는 화양골(華陽骨)이 위로 들고 있다는 것입니다. 이것이 냄비 주둥이가 넓잖아요.

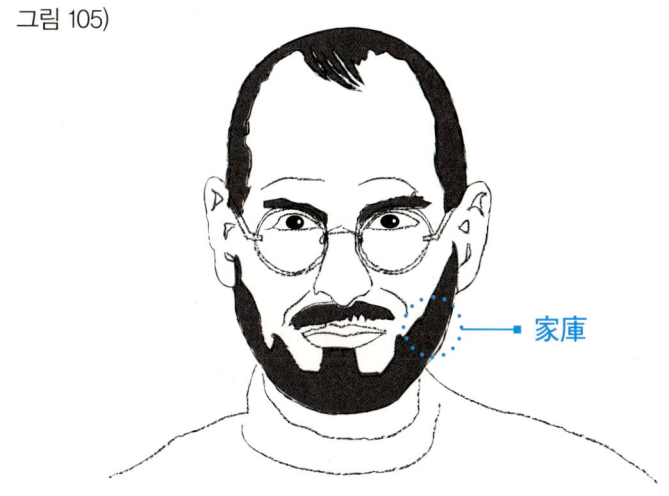

그림 105)

각도를 보면 화양골(華陽骨)이 열려 있는 것이죠. 대머리는 무엇을 좋아한다? 공짜를 좋아한다고 하는데 사실은 운명학에서는 공짜가 잘 생기는 놈이 대머리라는 것입니다.

왜냐하면, 주둥이가 넓으니까 그렇죠. 냄비 주둥이가 좁으면 작게 담기잖아요. 그래서 온 세상에서 돈이 들어오는데 돈을 담아 놓을 수 있는 관골이나 뺨에서 가고(家庫)의 모양이 안 좋잖아요. 가고(家庫)에 털이 자라면 창고에 풀이 자라서 결국 곡식을 쌓아둘 곳이 없다고 하지 않습니까?

그래서 그런 조건 속에 관상학 제1대 원칙은 '그 사람의 그릇과 세월에 어울리지 않는 재물이나 권세가 오거든 수명을 의심하라.' 이것이 관상학 제1대 원칙이잖아요.

명을 좀 볼 필요가 있는 것이 그릇에 넘치는 재물이 오기 시작을 했단 말입니다. 그럴 때 '이 사람이 재물과 몸을 다투는구나!' 알아야 한다는 것입니다.

時	日	月	年	坤命
戊	壬	戊	丁	
申	子	申	酉	

여기서 명 내를 관찰하면 五行的으로 木이 많아요, 金이 많아요? 金이 많다는 것 자체도 오랫동안 사는 것을 방해받는 인자를 가지고 있고, 壬子일주의 특성이 무엇입니까? 食神 空亡이죠. 그러니까 팔자 내에 드러나 있지 않아도 食神이 空亡이라는 말입니다. 그래서 이 명조 자체에서 벌써 수명이 길지 않은 것이죠.

거기에 불리하다고 하는 것이 뭐가 드러나 있습니까? 아까 偏印 偏印메모 했잖아요. 그래서 수명이 길지 않는데 단 이런 명조일 때 수명이 길게 이어지는 사람이 있더라는 것입니다. 비구니 스님은 오래오래 살더라는 것입니다.

팔자를 보면 석문(釋門)에 앉아 있죠. 그런데 세속에 머물러서 시집도 가고 아이도 낳고 그러면 대운의 흐름도 있지만, 이 경우에 절기로 보면 壬寅 壬申에 걸리잖아요. 壬寅 立春이었다는 것이죠. 壬申 立秋에 무엇에 걸립니까?

壬申 立秋에 丁丑年 白露 그리고 壬午年 寒露 시작이잖아요. 그래서 열심히 일했는데 왜 열심히 일할까요? 일단 직업적으로 열심히 하는 것은 羊刃, 申申의 출현, 酉 正印의 은근한 끈기 그다음에 또 결정적인 원인은 偏官 때문에 그렇습니다.

옛날 책에는 후처자리에 시집을 가야 안정한다고 했는데 食傷이 없으니까 아이를 낳지 않아도 되는 곳에 시집을 가면 후처로서 대접을 받고 호강을 할 수 있는 그런 기운을 가지고 태어났는데, 후처자리에 시집을 안 가고 본처 자리에 시집을 가서 아이도 낳았으니 天干에 드러난 偏官의 모양에 의존적으로 지낼 수 없다는 뜻입니다.

天干에만 있는 官星이면서 正官이 아니고 偏官이므로 남편이 변화가 없는 공직이나 직장에 머무르거나 망할 것이 없는 사업을 한다면 배필 덕에 큰 굴곡은 없이 살 수 있는데, 남편이 변화가 있는 장사나 사업을 구할 때에는 반드시 내가 단독의 장사나 사업을 구하든 배필 동업을 하게 된다는 것이죠.

학생 – 그런데 요즘은 아이를 낳지 않는 딩크족이 많잖아요.

아이들 안 낳는 일이 많잖아요? 그러면 일찍 시집을 갔는데 아이를 안 낳아도 그렇습니까?

선생님 – 그것은 아니죠. 어림도 없는 이야기입니다. 그놈이 장가오기 전에 다른 여자하고 많이 놀아봤어야만 겨우 후처기운의 절반을 해소한다는 것입니다. 아이를 낳고 안 낳고는 다른 기준이죠.

남편이 무엇을 했느냐 하면 장사나 사업을 한 것입니다. 하다 보니까 자연히 자기가 거들게 되잖아요. 남편이 공직이나 변화가 적은 일을 했다고 치더라도 경제적인 현실적인 혜택의 한계 때문에 내가 일을 하게 된다는 것입니다.

그런데 일은 열심히 하게 되잖아요. 일을 열심히 하면 무엇이 생깁니까? 돈이 생겨 돈을 벌겠죠? 언제? 운이 오면 그렇죠?

그렇게 해서 寒露 霜降을 지나는 丁亥年 언저리부터 부동산도 큰 것을 많이 사들이고, 근래에도 壬辰年, 甲午年, 乙未年 이럴 때도 부동산을 사고 늘리고 했다 이 말이죠.

계절은 서서히 겨울로 들어가고 있는데 재물은 자꾸 끌어모으는 노력을 하고 있으니 결국은 건강에 문제가 발생하는데 올해 戊戌年에 무슨 진단을 받느냐 하면 암 진단을 받습니다. 그런데 어디로 왔느냐? 유방암으로 온 것이에요.

유방암도 좌측 우측으로 나누는 논리도 있지만, 시집이나 남편을 원망하는 마음이 옛날부터 오랫동안 쌓였던 것이 드러났다는 것입니다. 그래서 여인이 유방암이 오는 것은 시집을 원망하는 마음이 오랫동안 쌓였거나 남편을 원망하는 마음이 오랫동안 쌓이면 그 병이 옵니다.

학생 – 자기 자신을 원망하는 마음이 있으면 어떻게 됩니까?

선생님 – 자기 생을 원망하면 스님이 되어야지요. '내 탓이요. 내 탓이요.' 이렇게 되어야 되는데 나를 원망하는 마음보다는 그쪽을 오랫동안 원망하는 마음을 먹었던 것이잖아요.

올해 戊戌年에 드러난 것이 偏官 戊, 偏官 戊인데 사실 병의 진행은 이미 언제 있었느냐 하면, 乙未年 즉 食神이 없어도 乙未의 작용이 무엇입니까? 未의 작용이 食神의 入庫작용 그다음에 丙申年에 亡身 작용, 丁酉年에 일주의 沐浴작용이 되죠. 戊戌年에 진행된 것이 이제 감지가 된 것입니다.

학생 – 오른쪽 왼쪽은 어떻게 구분합니까?

선생님 – 오른쪽 왼쪽은 춘하추동 신사주학에서 이미 다 해드렸습니다. 제가 요즘 남의 여자 유방에 관심도 없습니다.

옛날에는 그런 것 맞추는 것이 즐거워서 "너는 시집이 원수라서 오른쪽 가슴에 유방암이 온다." 이런 이야기를 했었는데 어느 날부터 남의 집 여인의 유방에 관심이 없어져서 그런데 그 내용이 '춘하추동 신사주학'에 보면 그것을 다 정리를 해 놨습니다. 춘하추동 신사주학 뒤편에 가면 다 정리를 해 놨습니다.

저런 경우에 본인이 일반적인 조건에서도 병이 올 수밖에 없는 조건인데, 丁 正財 속성 정도의 조건에 머무르는 정도이고 그냥 문서재산 정도에 머물러야 되는데 남들보다 꽉 쥐는 것입니까? 흩어놓는 것입니까? 쥐는 것이라는 겁니다.

食傷이 없으니까 또 잘 줍니까, 안 줍니까? 안주고 꽉 쥐고 있으니까 申申 이것이 전부 재물 인자로 가죠. 陰氣이면서 재물 인자이지 않습니까? 재물을 가지고 상가 건물도 가지고 있고 현금도 가지고 있고 이것저것 다 가지고 있단 말이에요.

그것을 꽉 쥐고 있는 이 마음이 감당할 수 있을 때 즉 운이 지탱해줄 때는 괜찮지만, 운이 불안해지면 재물과 몸을 다툰다는 것입니다.

이런 양반보고 암 수술을 어차피 偏官 七殺이 되는 戊戌年에 한다고 치고 그다음에는 진짜 오래 살고 싶다고 한다면 "신앙을 가질 수 있겠느냐?" 신앙의 대상은 누구라도 상관이 없고 신앙하는 마음이죠.

그러니까 부처님, 예수님이 뭐라고 하던가요? '네 이웃을 사랑하라!' '자비를 베풀어라!' 그렇게 마음의 세팅을 새로 할 수 있겠느냐?

그다음에 암이 오는 원인이 사실은 조상제사와 맞물리거든요. 제사의 왜곡에서 원래 불치, 난치가 옵니다.

카메라 앞에서 설명하기에는 그렇기는 한데 불치, 난치의 질환이 오는 것은 제사의 왜곡하고 상당히 맞물리게 되어 있다는 것입니다. 이 내용은 개운법할 때 한 번 정리를 해 드리도록 하겠습니다.

까마득한 지난 이야기입니다. 이분은 부산의 유명한 한의사입니다. 새끼 원장만 여러 명이 있는 그런 분인데 그분의 동생이 18년 전에 암이 온 것입니다. 형님은 유명한 한의사입니다.

"한약을 믿습니까?"
"당연히 한약은 몸에 좋은 것이니 믿습니다."
"그러면 무형의 능력자를 믿느냐?"
"당연하죠. 그것도 믿죠."

그러면 이렇게 저렇게 하라고 해서 암이 2~3년 만에 완치가 되었고 지금 18~19년째에 잘살고 있습니다. 그런 것들이 상당 부분이 제사와 맞물립니다. 뒤에 '개운법'이 나옵니다. 다음번 수업이니까 다음번 수업 중에 제가 정리를 해 드리겠습니다.

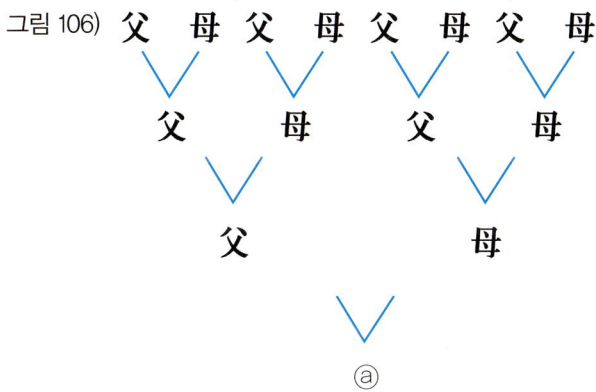

그림 106)

사람 몸 하나가 만들어지는 것에는 a라는 사람이 태어나려고 하면 엄마와 아버지가 있어야 되죠. 엄마가 태어나려고 하면 또 엄마와 아버지, 아버지가 태어나려고 하면 또 엄마와 아버지, 이렇게 올라가면 굉장히 많은 육신적인 DNA가 간섭하게 되죠?

이것을 수학적으로 정리하면 2의 n승 즉 (2^n)이 되죠. 이 부분은 수학자에게 물어보기로 하고 하여튼 2^n 만큼의 조상 DNA 的 즉 육신을 만드는데 관여한 조합과정이 있었다는 것이잖아요.

2^{10}은 1,024명, 2^{20}은? 이것 풀면 장학금 나갑니다. 엄청나게 많은 조상이 있었다는 것이잖아요. 우리 한 명 당 수많은 조상이 있었잖아요. 20대만 올라가도 그렇게 많은 조상이 있는데 왜 인구는 불었느냐?

똑같은 할머니 할아버지가 여러 명을 낳았기 때문이죠. 여럿을 낳았기 때문에 조상의 숫자는 많아도 인구는 불어왔다는 것이죠. 그래서 사실은 여러분과 제가 다 촌수가 있습니다. 단지 223촌, 221촌 이런 식으로 촌수로 치면 너무 멀어서 우리가 남으로 알고 살지만, 할아버지 할머니의 겹침 속에서 만나게 되는 것입니다.

그런데 이렇게 많은 유전자의 간섭 속에 사람이 태어나는데 사람의 생긴 모양을 뒤집어 보자는 것입니다.

그림 107)

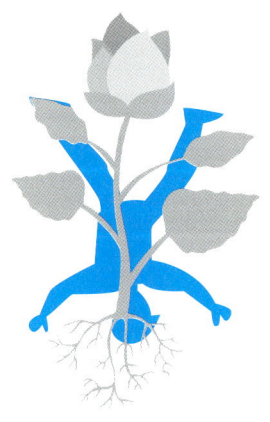

이게 무슨 모양입니까? 화초가 살아가는 모양입니다. 사람을 거꾸로 뒤집으면 어떤 모양이 됩니까? 이렇게 떡잎이 나오고 씨앗과 구경에서 뿌리와 줄기가 나오고 그 사이에서 주로 꽃이 나오죠.

그래서 번식을 위한 수단이 가운데 맺히잖아요. 그래서 사람에게는 뭐라고 합니까? 생식기 즉 '꼬치'라고 하잖아요. '꽃'이라는 것이라는 것이죠. 꽃이라고 하는 말은 번식을 위한 수단, 통로, 채널 이런 뜻입니다.

그래서 이 식물이 오랫동안 건강하게 살려고 하면 뿌리가 건강해야 되는데, 뿌리에 영양을 주는 것에 해당하는 것이 인접한 조상이라고 하는 것입니다.

줄기 뿌리 옆의 잔뿌리까지는 안 챙기더라도 제일 중요한 근간이 되는 뿌리, 즉 그런 뿌리와 소통을 하는 행위가 제사행위라고 하는 것입니다.

우리가 나무에 물을 줄 때 잎에 물을 준다? 줄기에 물을 준다? 뿌리에 물을 준다? 왜 줘요? 보이지도 않는데? 내 육신의 뿌리가 어디에 있기 때문에? 바로 조상에 있기 때문이라는 것입니다.

엄마 뱃속에서 수태고지(受胎告知)를 통해서 태어나는 것이 아니에요. 아버지 거시기 밑에 있다가, 기억이 안 나시죠? 그래서 나온 노래가 있습니다. '올챙이가 꼬물꼬물 헤엄치다가 뒷다리가 쑥, 앞다리가 쑥' 하면서 그렇죠?

아버지 몸속에서 헤엄치고 있다가 엄마 몸속에 들어가서 포육이라고 하는 과정을 통해서 안전하게 생명체로 나오게 되잖아요. 그래서 그런 엄마 쪽, 아버지 쪽 이렇게 해서 DNA적인 조합 속에서 결국 생명이나 건강이나 몸이 유지되어 나간다는 것이죠.

스님들은 왜 머리를 자르느냐? 육신의 조상과 절연하겠다는 것입니다. 그리고 법계에 내가 다시 태어나겠다고 하는 것이거든요. 그래서 머리카락의 숫자만큼 조상을 말하는 것입니다.

학생 – 숱이 많은 사람은?

선생님 – 그렇죠. 조상이 엄청나게 많은 것이죠. 그래서 여러분 E.T 보세요. E.T가 머리카락이 없는 것을 보면 조상이 아니라 고도의 문명 속에서 복제되어 온 조상일 수도 있다는 것이죠. 조상이 있는 외계인이 안 내려오고 복제된 것일 수 있다는 것이죠. 복제는 조상이 필요가 없잖아요.

인류는 적어도 수많은 육신적인 조상을 통해서 이 세상에 태어나서 살아가고 있는데 뿌리가 있고 없고 하는 것이 또 뿌리가 기운이 있고 없고 하는 것이 굉장히 중요한데, 이 뿌리에 힘이 없을 때 드러나는 것 3가지가 있습니다.

물론 제사행위와 맞물리는데 뿌리에 힘이 없을 때 생겨가는 것 보통 후손들이 난치나 불치성 질환이 다발한다는 것입니다. 그리고 두 번째로 그 아이들이 전체적으로 공부를 잘하는 놈과 못하는 놈이 편차가 심하다는 것입니다. 세 번째가 자손 중에 잘사는 사람 못사는 사람 편차는 있어도 뿌리가 끊어진 경우에는 편차가 심해서 그 사이가 좋지 못하다는 것입니다. 소나무 보면 이쪽은 다 말라 비틀어져 있고 이쪽은 파릇파릇한 것이 남아 있고 그 편차가 심하다는 것이죠.

그다음에 그것이 잘되어 있는 경우는 뒤집어서 생각을 해보면 되겠죠. 잘 되어 있는 경우에는 난치병 불치병 인자의 숫자가 매우 적다는 것입니다. 그다음에 아이들이 대부분 공부를 잘한다는 것이죠. 그다음에 세 번째 잘 사는 후손 못사는 후손 편차는 있어도 제일 못사는 사람은 먹고살 만한 수준은 유지한다. 이렇게 대비가 됩니다.

사실은 제사의 의미가 큰 의미가 됩니다. 제사상을 잘 차리는 것은 큰 의미가 없습니다. 제사상을 훌륭하게 차리라는 말이 아닙니다. 다음 개운법 수업을 할 때 설명할 것인데 어디를 보고 절을 해야 됩니까?

나무뿌리는 어디에다 심어야 됩니까? 흙에 심어야 됩니까? 허공에 심어야 됩니까? 흙에 심어야 되잖아요. 흙에 심는 기준법을 다음 시간에 개운법 시간에 정리를 해 드리겠습니다.

앞의 명조 설명하다가 옆구리가 많이 터졌지만 제사를 바로 잡아주어야 되는데 제사를 바로 잡아 주는 원리를 다음 시간에 정리를 해 드리겠다는 것입니다.

어디 설명하다 여기까지 왔습니까? 冲하다가 왔죠. 역시 冲이라고 하는 것이 어디까지 뛰게 될지 모른다니까요.

아까 子月의 戊午일주 같은 경우 매일 운동하고 하다가 가버렸죠. 그런 양반 말고도 우리가 신문을 보고 하면 그렇게 건강하던 사람이 겨울에 북극곰 대회 나가고 하던 사람이 아침에 조깅하다가 심장마비로 가 버리잖아요. 그런 것들이 冲의 해로움이라고 하는 것입니다.

명 내에 冲이 있다고 하는 이런 것들도 어떤 무력, 유력 이런 것들도 무권(無權) 유권(有權) 즉 '권세가 있다, 없다.', '힘이 있다, 없다.' 이런 것에는 중요한 판단의 기준이 되지만 오히려 수명은 불안함을 조성하는 인자가 된다고 보시면 되죠.

학생 — 월을 冲하는 것과 일시를 冲하는 것과 차이가 있습니까?

선생님 — 그것도 차이가 있습니다. 그것도 차이가 있는데 사실은 월을 冲하는 것이 제일 강하게 작용을 합니다. 그다음에 일시 冲도 그것보다 60~70% 영향을 가진다고 보면 됩니다.

학생 — 나이가 들수록 더 시의 영향을 많이 받는 쪽이 됩니까?

선생님 — 나이가 들수록 日時의 영향을 많이 받죠. 그리고 年月 冲이든 月日 冲이든 日時 冲이든 이것이 세대의 분리를 의미하거든요.

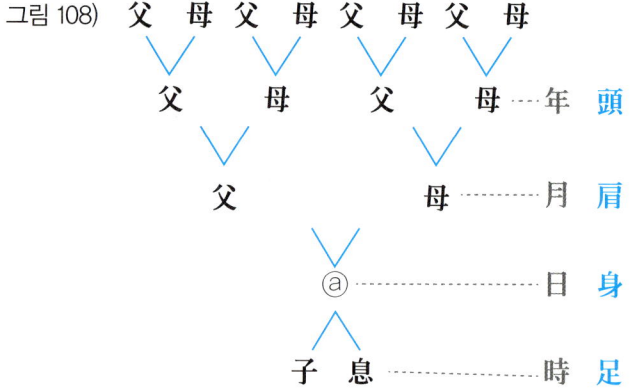

그림 108)

그림처럼 年月日時가 되잖아요. 이것을 세대 분리가 생기는 그런 것으로 보는데 할아버지와 아버지와 인연이 박하거나 떨어져 산다 이런 것이 되죠.

年月日時가 頭肩身足 이라고 했죠. 그래서 頭肩의 갈등은 이 것이 冲에 의해서 분리되는 작용이 생기면 보통 디스크가 잘 오거든요. 頭肩의 冲은 목 디스크, 월일 冲은 전형적인 허리디스크, 日時의 冲은 무릎관절, 그다음에 하부 디스크 이런 것으로 봅니다. 그런 것으로 보고 나이도 뒤로 갈수록 冲의 해로움이 발생을 하겠죠.

破

　'명의 神殺'에서 명 안에서 그런 것이고 破는 외부를 크게 훼손하지 않고 내부적으로 자꾸 충격을 주는 것이지 않습니까? 뼈 안에 구멍이 나는 것이 무엇입니까? 뼈 안에 구멍이 나는 것이 천공이죠.
　子酉 破에서 子라고 하는 것이 五行的으로 水에 속하는 놈이고 水는 방광, 신장, 치아, 뼈 이런 것들이 다 거기에 응하게 되어 있죠. 뼈를 계속 전자레인지처럼 흔들면 파괴작용이 일어나겠죠. 그다음에 정신(精神) 이런 것도 일어나겠죠. 그런 것이 破가 일어나는 모양이 되는 것이죠.

害

　害는 글자 자체의 외부적인 조화력을 많이 떨어트리는 것으로서 보통 사회성 저하 이런 것을 의미하는 것이니까 이런 것이 주로 정신적인 스트레스의 누적 이런 것인데 남과 분절되는 것이잖아요.

卯하고 戌하고 合을 하는데 卯가 辰을 보면 또 戌이 酉를 보면 害가 되잖아요. 害가 되면 결국은 자기가 타고난 에너지 패턴을 생산적으로 化하지 못하게 하는 것으로 분리 현상이 잘 나타나는 것이죠.

그래서 분리현상이 생김으로써 심리적인 스트레스 이런 것들이 누적되어서 발생하는 그런 질환으로 많이 간다고 보면 됩니다.

空亡

年月日時의 부위별로도 해석할 수 있는데 年이 空亡을 하면 頭肩身足 기억이 나시죠.

물론 일의 空亡은 없는데 '年에서 보아서 日의 空亡이면' 이렇게도 봅니다. 그것도 空亡이 있는 것으로 보는데 空亡의 부위가 頭肩身足 이렇게 보시면 됩니다.

학생 – 건강을 체크할 때 年 기준으로 건강을 보는 것인가요?

선생님 – 空亡을 볼 때는 오히려 일간적인 요소보다 전체 五行요소를 많이 봅니다.

時	日	月	年
○←오→			○
○	○	○	○

果 ← 오 ←

時	日	月	年
○	○	○	○
○	○	○	○

時	日	月	年	坤命
戊	壬	戊	丁	
申	子	申	酉	

　운명을 해석할 때는 이것을 상기의 그림을 춘하추동 서문에 해 놨습니다. 분리적 입장에 대해서 해 놨죠. 우리가 干支를 해석해 나갈 때 그림과 같은 형식으로 만난 것처럼 해석하는데 건강을 볼 때는 8가지 인자가 모두 다 섬바디 somebody에게 영향을 주어서 결과가 나온다는 것입니다. 이렇게 보시라는 것입니다. 전체 五行이나 인자가 영향을 주어서 영향을 주게 되는 것인데 대응이 된다면 대체로 年이 頭部에, 월이 어깨에, 일이 몸에, 시가 신체하부 이렇게 대응이 잘 된다는 것이죠. 그래서 五行은 전체가 다 영향을 주게 된다고 보면 됩니다.

　학생 – 지금 年을 기준으로 空亡을 보는 것은 어디에 영향을 주는 것입니까?

　선생님 – 空亡을 해석을 할 때, 그러니까 몸이 空亡이냐? 아니냐? 일간은 空亡이 없잖아요. 年에서 기준으로 보면 그런 것이죠.

時	日	月	年	坤命
戊	壬	戊	丁	
申	子	申	酉	

이 양반은 丁酉를 기준으로 하면 辰巳가 空亡이 되잖아요. 그런데 일지에 子가 있으면 空亡이 아니라는 것입니다.

魁罡

그다음에 魁罡, 白虎大殺, 羊刃 기타 등등 이런 것은 여러분들이 텍스트를 통해서 볼 수 있는 것이고, 魁罡이라고 하는 것도 보통 직업이라든지 사회적인 역량 이런 것에서 아주 긍정적인 작용을 많이 일으키지만, 건강에는 주로 마비성 질환 인자의 유도 인자로도 많이 봅니다.

'길을 가다가 호랑이를 만났다.' 이러면 깜짝 놀라면서 모션을 멈추게 되지 않습니까? 그것이 주로 마비성 질환을 유도하는 인자로 보기 때문입니다.

그런데 그것이 자기 명 내에 있는 사람은 결국 뒷날에 자기의 운세나 기세가 약해질 때는 자기가 거꾸로 마비되지만, 평상시에는 어떻게 합니까? 평상시에는 자기가 남을 마비시키는 "놀랬지롱!" 하는 파워풀한 힘이 되는 것입니다.

그것이 인생의 아이러니라고 하는 것입니다. 자기가 세상에 많이 놀라게 하고 화끈하게 무엇인가를 바꾸고 하는 능력이 되는데, 결국 그 능력과 권세가 어느 날 자기에게는 되돌아오게 되는 것이죠.

제가 여러 가지 키워드 중에 항상 떠올릴 필요가 있다고 하는 것이 희기동소(喜忌同所) 즉 결국 좋은 것과 나쁜 것은 항상 한 곳에서 일어난다는 것입니다. 길 작용이냐, 흉작용이냐?

핵발전소가 좋은 작용을 일으킬 때는 엄청난 효율성 좋은 발전소로서의 역할을 했다가 그것이 허물어지고 잘못되면 엄청난 재앙이 되잖아요. 그렇게 喜忌同所의 인자로서 白虎나 魁罡 이런 것들을 같이 해석해 줄 필요가 있는 것이죠.

학생 – 魁罡이나 白虎를 직업적으로 쓰다가 이것을 어느 정도 나이가 되어서 안 쓰게 되잖아요. 그러면 그것이 또 사주에 있으니까 나이가 들어도 써야 될 것 아닙니까? 그러면 젊었을 때 만약에…

선생님 – 그런 것을 취미로 쓰는 것이 이런 것이죠. 白虎나 魁罡이 있어서 상대편을 순식간에 놀라게 하기도 하고 순식간에 무너지게 하기도 하는 그런 게임 중에 하나가 바둑 같은 것입니다. 그다음에 고스톱도 거기에 해당합니다.

"빨리 죽어라!" 이러면서 광 팔고 죽어라 하잖아요. 상대방 보고 죽어라고 말을 하잖아요. 그다음에 상대방이 살아 있는 것도 내 돌을 붙여서 죽여 버리잖아요. 내가 죽기도 하는 것이죠.

사격같은 것을 권하지 않는 이유는 사냥 같은 것은 다른 카르마 Karma가 또 생긴다고 보기 때문입니다. 생명이 있는 것을 죽임으로써 쾌감을 얻는 것이 되니까 그렇죠. 살풀이는 되는데 그런 것을 두고 사냥을 한 번 하고 나면 속이 시원하다고 하는 사람이 있거든요.

학생 – 낚시를 해도 죽이는 일 아닙니까?

선생님 – 그렇죠. 낚시는 주로 刑이 있는 경우가 많습니다.

상대를 교묘하게 코를 걸어 올리는 것이죠. 그런데 그것을 생업적으로 걸어 올려서 하는 것이 아니고 그것을 죽어가는 과정을 즐겨버리는 카르마 Karma가 있는 것이죠.

법화경에 그런 내용이 나옵니다. '낚시를 즐겨하는 과보는 언청이 과보를 받는다.' 딱 낚싯바늘에 걸린 모양이 되는 것이죠. 그것은 너무 종교적이고 신앙적인 입장인데, 적어도 우리는 신앙적인 체계는 아니라도 범우주적인 에너지의 흐름으로 볼 때 카르마 karma는 있다고 보는 것이죠.

일반적으로 어부가 그물로 고기를 올려서 파는 것과 에너지의 레벨이 생명의 죽음을 즐기는 것과 다르잖아요. 돌멩이는 아무 상관이 없거든요. 흰 돌, 검은 돌, 흰 돌, 검은 돌 놓으면서 "너 죽었다." 또 "장군 멍군"해서 죽었다. 그렇죠?

아주 좋다고 하기보다는 가지고 있는 에너지를 선용하게 하는 것이죠.

그렇게 魁罡이나 白虎大殺, 羊刃 이런 것들을 해소시키는 좋은 방편은 될 수 있는데, 일단은 일이나 비즈니스에는 유능성을 가지게 되지만 결국은 자신의 건강에는 뒤에 부담이 되어 돌아온다는 것이죠.

이 우주는 인과의 법칙입니다. 내가 에너지를 뿌리는 대로 돌아오는 것입니다. 건강도 뿌린 대로 돌아오는 것이기 때문에 건강도 마찬가지입니다.

학생 – 명조 하나 봐 주십시오.

時	日	月	年	乾命
辛	壬	戊	戊	
酉	戌	戌		

己	戊	丁	丙	乙	甲	癸	大運
巳	辰	卯	寅	丑	子	亥	
69	59	49	39	29	19	9	

戊辰대운 들어오자마자 올해 환갑이잖아요. 2년 전에 어머니가 연로하셔서 돌아가셨습니다. 그런데 작년 올해 위장암이 왔다고 합니다.

선생님 – 魁罡, 白虎에 辛이 구멍을 낸다는 뜻입니다. 구멍을 낸다는 것은 후벼서 판다는 것입니다. 그래서 위장에 구멍이 생기는 것을 궤양이라고 하죠. 궤양이 오래되면 무엇이 됩니까? 암으로 보통 넘어가잖아요. 그래서 그런 것들의 에너지 누적이 있다고 보는 것이죠.

학생 – 직업이 종교, 심리분석 뭐 이런 쪽입니다.

선생님 – 직업적으로는 戊 羊刃과 형태상 正印이 格으로 갖추어져 있음으로써 보통 교육, 종교 이런 것들이 되는데 뭘 자꾸 추구하느냐 하면 완벽주의를 추구하잖아요.

印星이 格을 갖춘 것도 그렇고, 辛金 고유의 작용이 더러운 것을 안 보려고 하거든요. 그런데 木이 있으면 더러운 것을 감당합니다. 식물은 옆에 더러운 거름을 떨어트려 놓아도 가만히 감당한다니까요. 이런 사람은 그런 것을 감당을 안 하잖아요.

그다음에 운동으로 보더라도 酉 4陰, 戌 5陰, 戌 5陰으로 陰

氣가 한쪽으로 쏠려 있잖아요. 이런 경우가 결국은 암이나 羊刃 惡死의 인자를 가지고 있는 것이죠.

학생 – 대운도 戊辰대운이니까.

선생님 – 당연히 傷官이 入庫가 되잖아요. 작년에 六害, 亡身 즉 寅午戌 생에서 보면 酉를 만나면 六害 亡身이잖아요. 六害와 亡身은 한 그룹이라는 것입니다.

올해는 戊戌 偏官 偏官에다가 羊刃이 되니까 결국은 피를 봐야 된다는 것입니다. 피를 본 뒤에도 본인이 크게 개의치 않거나 마음을 바꾸지 않거나 제사의 복원이 없으면 수명을 반드시 재촉한다는 것입니다.

바꾸기가 쉽지가 않죠. 그것을 확 바꾸는 사람들이 한 번씩 TV에 나옵니다. '나는 자연인이다.' 다 내려놓고 산으로 올라가는 것이죠.

학생 – 立冬인가?

선생님 – 立冬 小雪 大雪 들어가잖아요. 그러니까 왕폼은 마지막으로 잡고 다니는데 결국은 재물을 누적하는 힘도 떨어지고 있으니, 지금부터 즉 小雪 전후부터 다가오는 立春까지 재물과 몸이 다툰다는 말입니다. 立春에 거지가 되어 있으면 건강하게 살아 있다는 것이죠.

이 인생의 비극적 아이러니라는 것이죠. 그런데 쥐는 힘이 이렇게 강한데 거지가 되려고 하겠습니까?

옛날 몇 회분 전의 수업에 했잖아요. 정치하는 사람이나 사업하는 사람이나 조폭이나 검사나 판사나, 죽을 때가 되어야 정신을 차린다고 했잖아요.

그것이 운명의 제 1법칙입니다. 전부 입으로는 다 비우고 버리고 베푼다고 하는데 뭐를 베푼다는 것입니까? 뭐를 비우고? 눈만 뜨면 돈을 향하여 파이팅 하는 것이죠.

학생 – 저 사람의 아버지가 90세가 넘었는데 아직 살아 계세요. 정정하신 편인데 辰이 年도 冲하고 월도 冲하잖아요. 그러면 어머니 가셨는데,,,

선생님 – 부모의 병고죠. 본인이 傷官 入庫를 감당해야 되고 羊刃 冲을 감당해야 되죠. 물론 酉가 말리기는 하지만 辰이 戌을 두 개나 건드리고 있잖아요.

학생 – 아버지도 불안한가요?

선생님 – 그렇죠. 당연히 불안하다고 봐야죠. 건강을 볼 때 참 아이러니 한 것이죠. 원숭이 사냥 이야기도 해 드렸잖아요. 그래서 명 내에 있는 인자로 충분히 파악할 필요가 있다는 것이죠.

1-4. 명의 調候

'명의 調候'는 아까 '명의 五行' 편에서 살짝 다루어 드렸죠. '명의 調候'에서 干支的으로 난치성 질환이나 암이 발병하는 그런 인자로서는 텍스트에 나와 있는 분도 있지만 炎火土燥 즉 팔자에 水氣가 없이 火氣가 지나치게 치열하거나 또 燥土 중심으로 戌未 이런 것들이 중복된 경우가 되죠.

辰은 두 가지 속성이 섞여 있으니까 戌未 巳午未 이런 것들이 중복되어 있는 경우에 陰으로 되어 있으려면 辰丑 亥子丑 이런 것들이 몰려 있을 때 調候가 失調가 되는 것이죠. 調候 失調에서 실제로 癌을 많이 봅니다.

지나치게 불기운이 많아서 燥의 상태이거나 아니면 지나치게 潤濕해서 寒冷한 상태까지 들어가 버린 것 그런 경우에 발암요소로 기본적으로 유도된 것인데 炎火土燥가 그 해로움이 더 심합니다.

몸이라고 하는 것이 이 세상에 태어날 때 전부 水氣속에서 수태와 생명활동을 시작하다가 젊어서 무럭무럭 길이가 길어날 때는 木氣가 되거든요. 그래서 청년은 전부 木氣가 성하다고 보면 됩니다. 木氣가 성하기 때문에 길이 성장을 하잖아요.

길이가 길어지다가 火氣에 의해서 좌우로 벌어지기 시작을 하죠. 그래서 甲乙丙丁할 때 丁이라고 하는 것이 기운이 올라오다가 벌어지기 시작을 하는 것을 의미하거든요. 그다음에 戊나 己의 단계에서 장년이 되는 것이죠. 丁이 청장년, 甲乙丙은 청년이라는 것이죠.

庚辛이 되면 서서히 노년이 되는 것이고 다시 壬癸로 가는 것인데 이때 木氣의 손상이라고 하는 것이 사실은 戊의 단계부터 진행되는 것이거든요.

丙丁戊가 무엇을 지나왔다는 것입니까? 炎을 지나왔다는 것입니다. 불꽃을 한 번 감당하고 왔다는 것이죠. 불꽃을 감당하고 나면 어떻게 됩니까? 타버리기 시작을 하잖아요. 타면 결국은 마르고 굳는다는 것이죠.

그래서 간염(肝炎)에서 즉 肝의 염증 상태 즉 자기가 항상성을 유지할 수 있는 온도를 넘어서서 불기운이 성해버리면 炎으로 가잖아요. 염증으로 가면서 동시에 둘 다 간이 붓잖아요.

우리가 욕을 하지 않습니까? "저놈 지거 간이 부었나?" 하잖아요. 부어오르다가 어디로 나옵니까? 배 밖으로 나오잖아요. 부어오르다가 간이 배 밖에 나왔다고 하잖아요. 그것이 戊 단계라고 하는 것입니다. 무성해졌지 않습니까?

불꽃을 지나고 나면 己庚辛부터 딱딱하게 굳잖아요. 그것을 뭐라고 합니까? 간이 딱딱하게 굳어지는 것을 간경화(肝硬化)라고 하잖아요.

생명력을 다시 되찾게 하기 매우 어렵다는 것인데 硬化 이후에 癌으로 가더라는 것입니다. 이런 단계가 기운의 순환성 속에서 이루어지는 것이죠.

예를 들어서 식물이 불에 한 번 탄 것은 그 자체에서 재생성이 아주 약한 것이죠. 그런데 얼어붙어 있었다고 합시다. 빙하에 얼어붙어 있었던 것은 어떻게 해요?

水氣에 갇혀 있었던 것은 다시 서서히 해빙되고, 해동이 되면 다시 木운동으로 넘어가잖아요. 그래서 炎火土燥가 더 해로우냐? 金寒水冷이 더 해로우냐 했을 때에 炎火土燥가 더 해롭다는 것이죠.

　죽도록 열심히 일하면 자기 몸을 한 번 불사르는 것입니다. 그래서 그렇게 살다간 위인들을 뭐라고 합니까? 불꽃처럼 살다 간 위인들이라고 하잖아요. 불꽃처럼 살다간 위인들은 다시 컴백을 안 한다는 것입니다. 몸도 마찬가지입니다. 건강도 한 번 태워버리고 나면 재생성이 굉장히 어렵다는 것이죠.

　학생 – 앞의 戊戌생 辛酉일주 사람의 白虎, 魁罡은 남들보다 더 심하게 훼손된다고 봐도 됩니까?

　선생님 – 그렇죠. 이분이 戊 羊刃을 능력으로 써 버렸기 때문에 보상과 성과를 얻었지만, 능력을 써 버렸다는 것은 이런 것이죠. 장대 뛰기를 할 때 10센티를 더 뛰기 위하여 엄청난 힘을 썼다는 것이거든요.

　남다른 능력을 발휘하기 위해서는 엄청난 노력과 에너지를 썼다는 것입니다. 그래서 그것으로서 사회적인 보상과 성과를 얻었다는 것이죠. 거기에는 에너지를 엄청나게 썼다는 것이죠.

時	日	月	年	乾命
	辛	壬	戊	
	酉	戌	戌	

　좋다고 설명할 만한 거리가 그렇게 많지가 않잖아요. 辛이 辰에 自庫하고 傷官이 辰에 入庫하고 그렇죠? 羊刃을 冲하고 그나마 酉가 하나 붙들어 주어서 羊刃이 극단적으로 冲하는 것

을 완충을 시키고 있지만 좋다고 말할만한 거리가 그렇게 많지가 않은 것이죠.

학생 – 戊戌年이 또 왔으니까,

선생님 – 그렇죠. 戊戌年이 또 왔으니까 羊刃의 重重이잖아요. 시에 아주 안정되고 좋은 글자가 있는 것이 아니면 저런 경우에는 수명을 좀 다툰다는 뜻인데 뒷부분에 저것 비슷한 것을 다시 한 번 다룰 것입니다.

학생 – 내년이 되면 傷官이 좋아지지 않습니까?

선생님 – 완화는 되죠. 완화는 되는데 기본적으로 天干을 차지하는 글자가 己 偏印 그리고 亥水에 傷官이지만 傷官작용만 보면 안 된다고 했죠. 劫殺작용이죠. 劫殺의 기본 작용이 무엇입니까?
'끝자락으로 간다.', '구석으로 간다.', '해외로 간다.' 그리고 잘못하면 '바닥끝으로 떨어진다.'는 것입니다. 잘못하면 바다끝에서 비행기를 못 타고 바다 쪽으로 가면 큰일 나잖아요.
그리고 이 부분은 제목은 안 달아놨지만, 건강은 항상 무엇을 보시냐 하면 항상 타임래그 time lag를 봅니다.

학생 – 저 사람은 한국에 없어요. 그럼 한국에 다시 돌아오지는 않나요?

선생님 – 컴백을 하는 것도 이동성을 의미하지만, 타임래그 time lag라고 하는 것은 올해 사실은 저승사자 羊刃이 오면, 아주 안정되고 좋은 운이 아니면 대부분 다 저승사자가 온 것으로 보세요.

그래서 저승사자가 노리는 것이 돈, 피, 짝으로 간다고 했죠? 이 양반은 어차피 가정적으로도 편안한 팔자는 안 되잖아요. 짝도 못 내놓겠다고 했을 때 저승사자의 액션이 시작됩니다. 독침을 찔러놓고 간다는 것입니다. 그 독침이 퍼지는데 약 6개월에서 1년 반 정도가 걸립니다.

학생 – 그러면 돈을 잃어야 되면 사람마다 다르겠지만, 어느 정도를 희생해야 됩니까?

선생님 – 그래서 나온 용어가 목숨값이잖아요. 돈을 확 잃어버리거나 하는 것이죠.

학생 – 병원에서 병원비로 내는 것은 의미가 없습니까?

선생님 – 그것은 원래 의료인으로 태어나는 것은 전생에 업보가 있어서 그런 것인데 의료인은 저승사자와 같은 한통속으로 보면 됩니다. 멀쩡한 놈도 일단 '옷을 벗어라!' 해놓고 칼로 찔러서 이렇게 해야 살아난다고 하는데 의료인에게 내는 돈은 저승사자에게 주는 뇌물수준이라고 보면 됩니다. 그런데 뇌물이 잘 먹힐 때도 있고 안 먹힐 때도 있잖아요.

'직접 받지 않았다.'라고 하면? '신과 함께'라는 영화 보셨나요? 직접 받은 적은 없다고 하면서 나는 분명히 의료인에게 전달했다. 그 정도 가지고는 다 치르지는 않더라는 것이죠. 그런데 거기에 엄청나게 의료적인 돈을 내면 그것도 뇌물이 워낙 컸기 때문에 '수명을 늘려주어라!'가 되는 것이죠. 장부 가져오라고 해서 수명을 늘려줍니다.

본인이 가진 고유의 기질이 이렇습니다. 이런 팔자는 사실은 본인이 리틀 교주입니다. 항상 나는 마음이 나를 업신여기거나 우습게 아는 놈은 천벌을 받는 놈이다. 이런 생각을 가진다니까요.

학생 – 그러면 저렇게 祿이 들어올 때 돈을 쓰거나 저렇게 羊刃이 시작되는 해 초반에 확 써버리면 조금 완화되는 것인가요?

선생님 – 그렇죠. 그래서 제가 고아원에 '돈을 조금 많이 가져다줘라!' 100명에게 이야기를 하면 2명은 듣습니다. 그래서 그것이 싫다고 다른 방법을 가르쳐달라고 하면 "당신이 식솔이라고 할 만한 것을 먼저 길러라." 합니다.

집에서 짐승을 기르기 귀찮으니까 새를 키우라고 하거든요. 새를 키워서 "당신이 직접 3개월 이상 모이를 주어라!" 그러면 저승사자가 보고 있다가 "새가 저 사람과 가족이구나!" 하는 것이죠.

神命의 세계에서는 육축(六畜)과 인명의 구분이 없다는 것입니다. 사람들이 지랄지랄 자기들이 제일 잘난 줄 아는데 神命의 세계에서는 그렇다는 것입니다.

단지 크기나 이런 것 따라서 수명의 카운터 점수가 조금 다를 뿐이지 생명은 생명이거든요. 그래서 3개월 정도 새장에서 새 모이를 주다가 풀어주면 그것을 잡으러 또 저승사자가 돌아다닙니다. 큰놈 잡는 것 보다는 작은놈 잡는 것이 좋다고 해서 숲으로 밭으로 헤매는데 그중에서 3마리를 풀어주면 2마리는 죽습니다.

우리가 텃새 같은 것을 기르다가 풀어주라고 하는데 그것을 거듭하면, 저승사자가 와 있을 때 자기가 모이를 주던 식구가 죽음으로써 땜을 한다는 것이죠.

학생 – 물고기는 안 될까요?

선생님 – 그 정도 가지고는 매우 약한데 안 하는 것보다는 하는 것이 좋습니다.

학생 – 독침을 찌를 때가 언제쯤 됩니까?

선생님 – 독침을 꽂아 넣을 때가 여러 가지인데 보통 亡身殺일 때 즉 상기 명조 같으면 巳酉丑 달에 즉 그다음에 天殺달 이럴 때에 독침을 꽂아놓고 가죠.

時	日	月	年	乾命
	辛	壬	戊	
	酉	戌	戌	

올해의 羊刃작용으로 볼 때에 올해 巳가 亡身이잖아요. 그다음에 酉가 다음 달이잖아요. 그다음 丑월이 1월 달이니까 내년 1월 달도 올해입니다. 그럴 때 독침을 심어놓고 가는데 독침을 심는 것은 떠나기 직전에 주로 많이 한다고 보면 됩니다.

그것도 체포기한이 있습니다. 돈을 뺏어 오는 기한이 있어서 기한 내에 못 빼앗아 오면 안 되니까 독침만 꽂아놓고 간다는 것입니다. 그러면 그 독침이 퍼지는데 약 3개월에서 6개월 또 길게 나타나는 사람은 1년 남짓 그 정도까지 효과가 나타납니다.

위 명조는 내놓을 사람도 아니고 저승사자가 인정할 사람도 아니니까 저런 명조의 경우에 대오각성의 마인드 전환을 하지 않고는 상당히 어렵다고 보죠.

1-5. 日干에 따른 영향요소

일간에서 주도적으로 사용되는 기운으로 봐서 보통 일간에 따른 질병 요소 이런 것들을 우선적으로 따져 본다고 보면 되죠.

甲乙이 간(肝), 담(膽)이 되고, 丙丁이 심장(心腸), 소장(小腸)이 되고 하는 이런 것 다 아시지 않습니까?

일간요소에 의해서 영향을 많이 받는 것들은 '일간이 증세 같은 것을 잘 투영시킨다.' 이런 정도로 개념을 잡으시면 될 것입니다.

庚辛은 폐(肺), 대장(大腸)이 되고, 壬癸는 신장(腎臟), 방광

(膀胱)인데 戊己에서 특히 己土의 조절력 이런 것이 약하니까 요즘 일간에서 많이 드러나는 것이 己土가 힘이 약하면 신경성 질환 즉 요즘 조울증 이런 것도 많지 않습니까?

현대사회가 스트레스가 많은 환경 속에서 살고 있기 때문에 己土가 五行的으로 木에 의해서 약하거나 水에 의해서 약하거나 할 때에 주로 정신과나 스트레스 질병에 관한 호소를 많이 하거든요.

己土일주 같은 경우에는 유독 많아진 것 같아요. 己土의 조절력이라고 하는 것이 딱 중앙에 있어서 비장(脾臟) 즉 위장이 주로 비장이라고 본다면 비장이라고 하는 것이 소위 '속이 상한다.' 할 때 그것을 제일 많이 완충하는 기운이 되죠.

속상하는 것이 1~2개면 모르는데, 속상한 것이 너무 많으니까 己土 일간이면서 조절력이 떨어지는 사람들이 스트레스 질환에 많이 노출되고 호소도 많이 합니다. 나머지는 강약에 의해서 나타나는데 己土의 조절력은 만성적이고 현대병과 많이 맞물리더라는 것입니다.

1-6. 계절에 따른 체질적 질병 인자

/ 氣의 운행적인 요소

丑寅卯辰 - 金絶 / 폐, 대장, 호흡기, 피부
辰巳午未 - 水絶 / 신장, 방광, 소화기, 간, 피부
未申酉戌 - 木絶 / 간, 소화기
戌亥子丑 - 火絶 / 심장, 시력, 소화기, 소장

▣ 丑寅卯辰 - 金絕

丑寅卯辰의 기본 작용이 무엇입니까? 金絕 즉 金氣가 끊긴다는 것이죠. 金 장부에 해당하는 폐, 대장, 호흡기, 피부 이런 것들이 대체로 문제가 되고,

▣ 辰巳午未 - 水絕

辰巳午未는 水絕 구간이지 않습니까? 그래서 腎臟, 膀胱 그 다음에 火多에 의한 해로움으로 소화기, 火가 치열해지면 木까지 약해지는 것이죠. 水와 火가 조절이 잘 되지 않는 水火不交의 상태에서 올 수 있는 여러 가지 질병 요소가 잘 발생하더라는 것이죠.

▣ 未申酉戌 - 木絕

未申酉戌은 五行的으로 木絕이니까 木이 크게 약화되는 구간에서 간, 소화기 이런 쪽에 질병 노출이 심하다고 보면 되는 것이죠.

▣ 戌亥子丑 - 火絕

戌亥子丑은 五行的으로 火나 土의 絕地에 이름으로써 심장, 시력, 소장, 소화기 등이 불리할 수 있습니다. 거의 체질적인 것인데, 몸은 다른 체질론과 나눌 필요가 있는 것이 父나 母의

한쪽에 있는 체질을 많이 가지고 오거든요.

　氣의 운행적인 요소에서 우리가 명리적인 체질을 크게 나눈다고 하면 상기와 같이 나눌 수가 있으니까, 그릇 자체가 비닐처럼 쿠션이 있는 것이라도 자꾸 氣의 운행에 의해서 사용을 그렇게 하면 운행이나 쓰임에 따른 문제라는 것이죠. 쓰임에 따른 체질이라고 보면 되겠죠. 그래서 몸에서 온 체질과 구별해 줄 필요가 있다는 것입니다.

　한의원에서 사상체질 이런 것을 할 때도 '少陽人이다.', '太陰人이다.' 이런 식으로 어디에 속하느냐 이렇게 하는데 명리적인 체질은 또 기준이 다른 것이죠. 운행적인 측면에서 똑같은 물건이라도 '굴려서 쓰느냐?', '흔들어서 쓰느냐?' 이런 문제이니까요. 거기서 발생할 수 있는 문제인데 대체로 시간이 흐르면서는 몸의 고유성이라고 하는 것이 삼각형이기 때문에 생기는 것, 동그랗기 때문에 생기는 것, 네모나기 때문에 생겨나는 것인데 네모라도 이쪽에 와서 자꾸 굴리면 구름에 의한 현상이나 해로움이 생겨난다고 보는 것이죠.

　잘 구르는 놈인데 이것을 흔들어서 쓰면 그 흔들림에 의한 해로움이 발생을 하는 것이니까 그 부분을 여러분이 구분하면서 해석을 해 줄 필요가 있는 것이죠.

학생 – 선생님, 가능성이 높다고 표현을 해야 되는 것입니까?

선생님 – 그렇죠. 세월이 가면 갈수록 그렇다는 것입니다. 선천적으로 주어진 구조의 문제라고 하면 '몸이 주는 DNA구성부터' 그리고 여러 가지 체질론적으로 구조상의 특성을 파악해 내는 것이라면, '五行的 구별에서'라는 것이죠. 이것은 기능이나 운용의 문제라고 하는 것이죠. 기능이나 운용에서 이런 속성으로 자꾸자꾸 바뀌어 가는 것입니다.

똑같은 바가지도 물을 자꾸 푸느냐, 흙을 자꾸 푸느냐? 따라서 손상되는 정도라든지 이런 것이 편차가 생기지 않습니까? 그런 것을 보시면 됩니다.

酉戌 달에 태어나는 사람들이 대체로 외계인 속성이 많습니다. 원래 만물이 숙살(肅殺)이 되어서 생명력을 잃을 때 오히려 생명력을 얻고 태어난다는 것입니다.

이것이 외계인이 가지는 여러 가지 특징인데 일반적인 질병에 잘 걸리지 않는데, 질병이 오면 굉장히 다루기 어렵거나 만성화되는 그런 속성이 잘 발생을 하죠.

실제로 명리적으로 건강파트를 깊이 들어가 보면 지금 현생 인류 100명 중에 4%정도는 순혈 외계인으로 봅니다. 전체 100에서 10% 정도가 지구인들과 혼혈이 되어 있다고 그런 모양으로 보거든요. 전체적으로 보면 순혈, 혼혈 합쳐서 14%가 외계의 속성하고 그대로 맞물려 있다고 보시면 됩니다.

외계인 병은 먹어서 낫는 병이 아닌 경우가 많습니다. 외계의 먹거리와 지구의 먹거리는 그 체계 자체가 다르거든요. 오히려 그런 사람들이 오히려 질병을 잘 다스리는 경우에는 보면 일단 굶는 단식, 호흡법 등이 있는데 호흡에서 추론이기는 한데 이식된 외계와 지구하고 중력 차이가 있었던 것 같습니다. 지구의 중력을 1로 했을 때 외계의 중력은 1.1 정도였던 것 같습니다. 중력이 더 강한 별에 있다가 이식이 되어 와서 중력 1의 행성에 와 있는 것이죠. 그래서 그런 것 때문에 특이성이 있는 것이죠.

그러니까 구조상으로는 문제가 없는데 호흡에 문제가 있다든지 그런 경우에 원인이 뭘까 추론을 해 보았을 때 중력 차이가 있었을 것이라는 것이죠. 중력 차이만 있었던 것이 아니에요. 조도(照度)차이가 있었습니다. 빛의 밝기도 지구보다는 조금 어두운 곳에 있던 사람들이 와 있다는 것입니다.

그다음에 여러 가지 천체인력 상에서도 우리와 다른 구도 속에 살았겠죠. 酉戌 이쪽에 있는 사람이 몸에 뭐가 탈이 났다고 하면 일단은 굶는다. 그다음에 먹어서라기보다는 기공, 호흡법, 요가, 명상 등 그리고 고향을 떠올리라고 한다든지, 이런 표현도 합니다.

이런 표현을 하는 사람이 있습니다. "나는 진짜 이 별과 안 맞다." 이런 표현을 하는 사람이 있습니다. 지구에 자기와 딱 맞는 먹거리가 없는 것이죠.

지구인들은 병세가 심해도 지구에서 약을 쉽게 구해서 조금만 컨트롤을 해주면 금세 밸런스를 찾는 경우가 많은 것이니까요. 하여간 명리적으로 깊이 연구를 해 보니까 분명히 이것이 외계에서 인종적으로 혈통적으로 이식된 그런 것이 있다는 것이죠.

학생 – 왜 겨울은 그렇게 생각을 하지 않고 酉戌만 그렇게 생각을 하는 것입니까?

선생님 – 겨울은 亥중의 甲木이라고 하는 것이 무엇입니까?

甲이 생명입니다. 亥 중의 甲木은 이미 생명이 태동되어 있는 것이기 때문에 지구의 보편적인 생명활동하고 맞물려 있는 것이죠. 그런데 戌월에 태어난다고 하는 것은 낙엽이 질 때 태어났다는 것입니다. 이것은 뭔가 이상한 것이잖아요. 이상한 기운 속에서 태어났다고 보는 것이거든요.

코스모스도 다 변태라고 하는 것이에요. 코스모스, 국화 이런 것 전부 다 꽃이 다 질 때 자기가 펴서 예뻐 보이는 것이지 진짜 예쁜 꽃과 비교를 하면 비교도 안 됩니다. 하다못해 봄에 피는 개나리꽃도 얼마나 예쁜지 아십니까? 가을에 펴서 자기가 드물어서 예뻐 보이는 것이죠. 일단 변태라고 보는 것이죠.

그래서 여러분이 보실 때 염두에 두시고 특히 戌월에 걸린 사람들이 잡기(雜氣)잖아요. 잡기(雜氣)속성을 가진 사람들이 소위 질병도 좀 복잡하다고 하는 것입니다. 복잡해서 약이 드문 경우가 굉장히 많습니다.

그런 사람들이 오히려 이런 것이죠. 침을 꽂아서 즉 쇳덩어리를 꽂아서 몸이 낫는다는 것이 말이 됩니까? 한의원을 가면 쇳조각을 꽂아서 병이 낫잖아요.

이런 것이 섭생 즉 먹어서 무엇인가 낫는 것이 아니라는 것이죠. 예를 들어서 광 접촉성 피부염 이런 것도 있고, 명칭이 여러 가지가 되던데 햇빛을 보면 피부에 염증이 생긴다는 것이, 지구에 살아온 놈 같으면 아무리 동굴생활을 했다고 해도 자연의 태양광을 받으면서 살았을 것이지 않습니까?

태양이 주는 일정한 수준의 자외선, 태양광을 받았을 것이잖아요. 그런데 빛을 받아서 염증이 생긴다면 이것도 지구로 보면 변태잖아요. 그러면 이 사람이 어디에서 왔느냐 하면 조도가 다른 별에서 왔다는 것이죠.

그래서 제가 에일리언 외계인 이런 이상한 표현을 하는데 그냥 스타피플 star people 즉 별에서 온 피플 people이라고 생각을 하면 아무것도 아니거든요. 그래서 스타피플 star people과 혼혈이 되면서 스타피플 star-people의 속성이나 경향을 보이는 것 이것은 외계적인 것과 섞여 있다고 보면 되는 것이죠. 그래서 조도, 천체인력, 중력 그리고 수분도 지구에서 형성된 수분하고 거기에서 있는 수분하고 분자 구조 이런 것이 조금 다르다고 봐야죠.

그래서 TV 광고에도 나옵니다. '내게 딱 맞는 물'

지구인은 아무것이나 퍼마셔도 되거든요. 그런데 나에게 꼭 맞는 물 이런 것을 먹어야 한다는 것이죠. 수소수가 되든 산소수 등 물을 가지고 이런 것이 몸을 구성하는 베이스가 되는데 그 수분의 구성 능력이라든지 이런 것들도 달랐다고 보거든요.

여러 가지 증거를 볼 때 그렇게 추론이 되는데 아직까지 결정적 증거를 현대 학문 체계 중심으로 증명을 못 했기 때문이기는 하지만 분명히 스타피플 star-people이 여기에 왔을 것이라고 보는데, 온 목적이나 이런 것에 대해서는 아직도 연구 중입니다.

왜 왔을까? 아니면 쫓겨 왔을까? 그 별이 생태계가 파괴되거나 아니면 지구를 유배지로 쓰자고 해서 유배지로 가서 고생 진탕하게 하는 것이죠. 그 목적은 두고 볼 문제인데 아무튼 몸을 오랫동안 건강이라는 것을 두고 관찰해보면 이것은 지구인이 아니다.

서울에 있는 모 한의과 대학의 교수 한 분은 '불치, 난치의 병

뒤에는 반드시 귀신같은 존재가 있다.' 이런 식으로 선언적으로 말하는 분도 있습니다. 그것이 그런 분들이 이런 외계적인 속성을 가진 분들의 질병을 다루면서 나름대로 내린 결론이 아니겠느냐 생각이 듭니다.

여기를 고쳐서 나아야 되는데 여기를 고쳐 놓으면 저기가 고장이 나고 이런 식으로 계속 돌고 도는 것입니다. 그래서 그런 것들이 지구인들이 가지는 보편적인 구조가 되는데 구조상으로는 닮았는데 기능상으로는 상당한 편차가 보이는 그런 인류, 인종이 있더라는 것입니다. 그런 것을 여러분이 염두에 두십시오.

법구경에 이런 구절이 나옵니다. '몸에 병 없기를 바라지 마라.' 하는 내용을 기억나십니까? 몸에 병이 없으면 사람이 교만한 마음이 생긴다는 것이죠. 법구경에 나오죠. 그래서 병도 생명으로서 지분을 가지고 있는 것이죠.

병이라고 하는 것이 굉장히 오래된 질병 이런 것들 그것도 立春 立秋이론으로 해석이 됩니다. 이것이 기본 60의 원사이클이지 않습니까? 발병했을 때 약간 난치성이나 이런 것이 있을 때, 그때 조그마하게 시작을 해도 대략 37. 5년 뒤에 어느 정도 피크가 됩니다. 그 사람이 가지고 있던 고질병 있지 않습니까?

고질병이 처음에는 증세가 가벼웠다가 37.5년 정도 지나서 즉 37.5년이 무엇입니까? 秋分이잖아요. 秋分이 되었을 때 자기 모양이 성해지고, 그때부터 약 7.5년 동안 성하다가 그 이후부터 자연적으로 쇠락하는데 이것은 큰 단위의 年에 쓰는 것이고 그다음에 개월 수로 치면 60개월이 되죠.

질병이라고 느낄 만큼 느껴지는 것은 15지점 정도가 되겠죠. 15개월 즈음에 눈에 뜨이는 질병 정도로 눈에 뜨인다고 보시면 되고, 그것이 37.5까지가 보통 올라갔다가 유지되다가 꺾이는 모양새가 되죠.

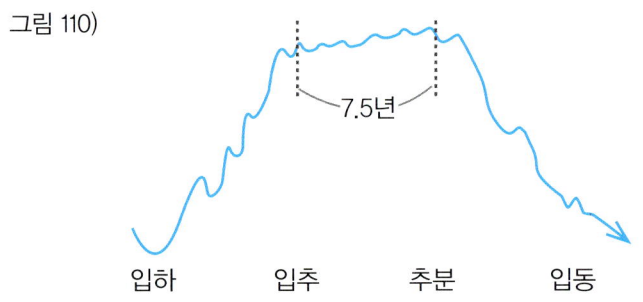

그림 110)

시작점이 立夏라고 보고 立秋, 그다음에 7.5년 정도가 秋分 정도라고 본다면 그다음이 立冬 이죠. 최초의 출발로 치면 37.5가 되죠.

秋分에서 부터 약간씩 꺾여서 본다면 立冬까지 45가 되지 않습니까? 우리가 날수로 치면 급성질환 이런 것들은 약 45일 즉 한 달 보름 정도 그 사이에 더 성해졌다가 꺾였다가 이렇게 보면 되겠죠.

그다음에 더 급한 것은 어떻게 보면 되겠습니까? 60시간을 時辰으로 하면 120시간이죠. 2시간이 한 時辰이니까 그렇죠?

120시간이 며칠입니까? 하루 24시간×5니까 5일이잖아요. 그러니까 3~4일째 원래 증세가 심해졌다가 꺾이는 것이죠. 그러니까 작심 3일 그렇죠? 병도 모양을 드러내고 3일 뒤가 되면 양상이 바뀐다는 것입니다.

한 주기는 어떻게 됩니까? 60時辰이 되겠죠. 시간으로는 120시간이죠. 천하 명인은 원래 왕진을 가면 없던 약속도 생기고 굉장히 천천히 갑니다.

'성문종합영어'에 나옵니다. 물론 시대적으로 그랬겠지만, 옛날에는 왕진도 왔잖아요. 매우 유명한 의사일수록 왕진을 하루나 이틀을 걸러서 천천히 온다는 것이죠. 거의 다 나아갈 때 처방을 내려 주거나 아니면 이미 죽었기 때문에 책임을 물을 일이 없다는 것입니다. 그것이 60時辰 한 사이클 때문에 그런 것입니다.

그것을 조금 길게 확대해서 보느냐? 치료가 아주 긴 것으로 보느냐? 그다음에 수명을 볼 때는 37.5년 이런 것을 수치로 참조하시면 됩니다.

예를 들어서 30대에 위장이 안 좋아서 뭔가 질병 차원에서 다루기 시작을 했다고 하면 30대 초반이라고 하면 37.5년이면 67~68세 즈음에 그때에 심각한 단계까지 드러날 수 있다는 것입니다. 병도 끝까지 자기가 생명력을 가지고 立春 立秋까지 원사이클을 가지고 가게 한다는 것이죠.

그래서 우리가 옛날에 하던 표현 중에 병손(病손님)이라고 했거든요. 病魔라고도 표현을 하지만 병이라고 하는 손님이 오면 그 손님을 살살 달래어서 보낸다고 하는 문화적인 코드가 있었는데 그것이 결국 병도 생명이라고 보는 것이죠. 생명주기를 그대로 가지고 가는 것이죠.

1-7. 亡身殺 및 고질 질병인자

亡身殺은 결정적으로 질병이 드러날 때에 이것은 정말 다루기 어렵다는 것입니다. 亡身殺 또는 亡身殺 그룹이 되는데 亡身

殺이 제일 많이 되겠죠. 寅午戌이 巳가 亡身이 되고 그렇죠? 巳가 장부에 속하면 心臟, 小腸인데 주로 心臟의 기능하고도 제일 많이 드러나거든요. 그래서 보통 증세적으로 잘 드러나는 것이 있고 가려져서 무통기간으로 머무르는 것이 있기는 한데 巳가 그렇습니다.

亥卯未가 寅이 亡身이잖아요. 주로 肝이나 膽에 질병이 드러났다면 이것은 내가 다루고 극복하기 어렵다고 보는 것이죠. 사실은 10명 중의 8명이 亡身그룹의 질병으로 세상을 뜬다는 것입니다.

申子辰은 亥水가 亡身이죠. 이것이 腎臟, 膀胱이 되는데 腎臟, 膀胱에 파생된 질병들이 무엇입니까? 당뇨 합병증, 생식 계통의 질병 이런 것들이 되겠죠. 그런 것들이 밖으로 삐져나오기 시작을 하면 매우 다루기 어렵다는 것입니다.

巳酉丑은 申이 亡身이잖아요. 申이 亡身이니까 肺, 大腸인데 주로 폐는 통증이 없는 기관이니까 잘 모르는 경우가 많은데 물론 폐로 가기도 합니다. 大腸은 통증 기관이니까 그래서 이 장부가 탈이 나면 다루기 매우 어렵다. 거의 고질적으로 봐야되는데, 지속적으로 관리를 해 나가야 된다는 뜻이거든요.

그래서 여러분이 이런 것을 아시고 지금 어떤 쪽에 암이 왔는데 亡身殺 癌이 왔다면 이것은 한 방에 다룰 수 없다고 단정을 해 놓고 시작을 하는 것입니다.

申은 물론 肺, 大腸도 되지만 보통 소화기라고 하는 것과 맞물리는 것이니까, 앞의 예제 중에서 丁酉생의 예도 있었죠.

| 時 | 日 | 月 | 年 | 坤
|---|---|---|---|
| 戊 | 壬 | 戊 | 丁 | 命
| 申 | 子 | 申 | 酉 |

 이 丁酉생도 申이 亡身이잖아요. 소화기 쪽으로 癌이 전이 되거나 드러나기 시작을 하면 정말 다루기 어렵다는 것이죠. 이 경우에 申이 亡身이 되니까 大腸, 소화기, 肺 이런 쪽으로 癌이 전이 되었다. 이런 경우에는 정말로 다루기 어려운 질병으로 보는 것이죠.

 자주는 아니라도 종종 묻는 것이 나이가 들어서 저런 종류의 질병이 드러났다고 하면 어떻게 하면 좋으냐? 이런 것을 묻는데 저런 종류는 이미 게임으로 치면 샅바를 빼앗긴 상태로 보는 것이죠. 亡身이라고 하는 것이 샅바를 빼앗긴 것이라는 것이죠.
 저승사자의 휘하 즉 '신과 함께 2편' 보셨습니까? 1편은 보지 못했는데 사실은 그것보다 더 멋있는 각본을 생각해서 모 영화 감독과 하나 찍자고 했습니다.
 제가 지은 제목이 '사자'입니다. 그러니까 저승사자가 와서 미션을 수행하면서 일어나는 해프닝인데 신명세계와 인간세계의 어떤 연결고리로서 살아가고 있는가? 그런 것을 보여주는 정보적인 측면, 호기심을 채우는 정보적인 측면 그다음에 결국 조폭 팔뚝에 있는 '착하게 살자!' 권선성이 있는 것이죠.
 물론 권선징악(勸善懲惡)적인 요소도 당연히 있는데, 착하게 사는 놈은 저승사자도 굉장히 괴로워하는 것입니다. 저승사자도 데리고 가야 되는데 갈등을 하는 것이죠. 신과 함께도 마찬가지잖아요.

거기서 神主가 막잖아요. 그것이 일종의 카르마 karma 요소가 그러한 여러 가지 판단에 개입한다고 하는 것이죠. 질병도 그런 것과 많이 맞물려 있습니다.

이것도 운명학적인 질병이 되는데 예를 들어서 그 직업군에 있는 사람은 너무 과대하게 해석을 할까봐 경계는 하는 것이지만 예를 들어서 꽃을 자꾸 꺾어서 그런 것으로 데코를 하고 꾸미고 그것으로서 하는 것은 생명이 있는 것의 번식 또는 생식기를 훼손하는 것으로 보는 것입니다.

그것이 작을 때는 상관이 없지만, 그것이 많이 누적되면 번식의 흐름에 장애를 주게 되는 것입니다. 그래서 자손을 잃는 사람을 본 적도 있고 한데 그런 것들이 건강하고 카르마 karma와 묘하게 맞물려 있는 것이죠. 그래서 우리가 웬만하면 베풀어야 되고 착하게 살아야 된다는 것입니다.

2) 운의 건강인자

2-1. 운의 五行(中和, 偏重, 調候)

운의 건강인자도 마찬가지입니다. 운의 五行은 어떻게 보면 格用論的인 강약, 抑扶 用神을 삼을 때의 강약 논리와 비슷하게 쓰인다고 보시면 됩니다.

이것이 오히려 抑扶 기운에 의한 해석들을 운명에서는 많이 다루지 않았는데 건강에는 오히려 五行論的인 抑扶 이런 것들을 상당히 채택해서 쓰니까 中和와 편중요소, 調候요소 이런 것들을 잘 관찰해 보세요.

五行에서 金寒水冷한 명조가 다시 金寒水冷의 중첩이 온다면 그럴 때 반드시 운명적 立春 立秋상관이 없이 그때 전체적으로 활동성이나 건강이 꺾이는 과정이 온다는 것이죠.

그래서 재물이 여러 가지 루트를 통해서 들어오는데 건강이 안 좋은 이런 것들이 五行的인 편중성, 失調 이런 것에서 발생하는 것이니까 계속 운을 보실 때 주기적으로 立春 立秋의 주기에서 좋은 주기가 왔다고 해도 五行이 지나치게 편중성을 가진다면 그것은 반드시 건강에 부담을 주게 된다고 이해를 하시면 됩니다.

학생 – 아래의 명조가 亥子丑으로 들어가면 調候상으로 건강이 안 좋겠네요?

時	日	月	年
戊	壬	戊	丁
申	子	申	酉

坤命

甲	癸	壬	辛	庚	己	大
寅	丑	子	亥	戌	酉	運

선생님 – 그렇죠. 癸丑 대운에 이 기운의 누적이 있다고 보는 것이죠. 대운도 일종의 타임래그 time lag가 있다고 보는 것이죠. 立春 立秋가 지나고도 한참 덥다가 處暑에 이르러서야 거의 더위가 꺾이잖아요. 그런데 處暑에 열사병으로 죽는 놈이 있다는 것입니다. 또 立春날 얼어 죽는 거지도 있다는 것입니다.

그것은 그동안 쌓인 누적분, 시그마 sigma값이죠. 시그마 sigma값이 얼마나 지나온 세월에 가슴 졸이고 애를 태우며 밤잠 설쳐가면서 일을 했겠습니까? 그런데 실조의 구간을 지나왔잖아요. 실조의 끝자락 또는 다음 대운 들어갈 때 이럴 때 그동안 누적된 누적분 즉 시그마 sigma값이 영향을 주게 되는 것이죠.

2-2. 운의 六親 1 (干支상 六親, 중요 인자의 상호관계)

干支상 六親

'운의 六親'이 1, 2, 3이 있습니다. 여기서 '운의 六親 1'입니다. 干支상 六親인데 干支 자체도 영향을 주는데 干支 자체에서 영향을 많이 주는 것이 子丑, 午未는 누누이 강조한 것이죠.

子丑, 午未를 지나왔다고 하는 것은 한겨울을 지나왔거나 한여름을 지나왔기 때문에 그 중반부나 후반부 이럴 때 여러 가지 그 기운의 누적분에 따른 데미지가 드러나게 되는 것이죠.

그다음에 대운 자체에서 白虎, 魁罡 그리고 天干의 辛 癸 이런 것들이 어둠의 세월 이런 것을 의미하거든요. 누구라도 辛이나 癸 이런 때는 동작이 둔화되는 속성이 잘 발생함으로써 그렇습니다.

물론 壬도 작용을 하지만 壬은 陰干 陽干에서 陽에 속해서 조금 덜 합니다. 辛 癸 이런 것들이 전부 다 '어둡다, 칙칙하다. 끊어진다. 구멍 낸다. 얼어붙었다.' 이런 것을 유도해 주는 인자가 되죠. 물론 이익을 챙기는 경제적인 측면에서는 얼어붙어 있는 것이 좋잖아요.

'네 것은 내 것이고, 내 것은 내 것이다.' 하면서 내 것을 쥐게 하는 힘으로서 재물 환경으로서는 辛과 癸가 내 것이 될 수도 있지만, 이것이 건강요소에서는 좋지 못한 것이죠.

그러니까 돈은 쥐고 있는데 매일 꼬랑꼬랑 하는 것들이 辛이나 癸인자 간섭에서도 잘 발생을 한다는 것이죠.

그다음에 六親 환경에서도 제일 많이 볼 수 있는 것이 六親이 기본적으로 食神의 入庫에서 絶, 胎地까지 넘어가는 것은 시간상의 타임래그 time lag 때문에 그렇습니다.

그다음에 傷官의 入庫라든지 絶地, 胎地도 영향을 받는 것이고, 그다음에 일간의 入庫 작용도 활동성이 크게 둔화가 되는 그런 것이죠.

일간의 入庫는 六親으로 한정을 하는 것은 아니지만 대체로 偏官이나 財星 이런 것에 많이 묶입니다.

그다음에 地支 劫財가 다는 아니지만 地支 劫財에서 陽干은 羊刃에 걸리잖아요. 羊刃의 요소가 발생했을 때, 이것은 반드시 건강이나 신상에 변고가 발생한다는 것입니다.

중요 인자의 상호관계

옛날에 '관직이 아니면 차라리 사약을 받겠노라!' 하는 그런 시절에는 格用論的으로 볼 때 用神의 入庫 또는 絶地 이런 것에서 "내가 이렇게 치욕스럽게 세상에 살아 있느니 죽음을 선택하겠노라!" 그것이 옛날에 '昇官發財' 즉 벼슬길이 출세의 길일 때는 이런 인자로도 들어오는데 실제 이런 시기에 用神의 入庫 이런 것에 의해서 사회활동이 크게 꺾여 있을 때는 죽은 듯이 살아야 되는 것이 되죠.

'死中生'이 세 가지가 있다고 했죠? 기억이 납니까? 죽어 있는 모양인데 살아 있는 것이죠. 병원에서 다리에 쇠고랑을 차고 누워있는 것, 옥에 갇혀 있는 것, 영웅이 사는 집 즉 '大雄殿'인데 大雄이 살기 때문에 殿을 붙여주죠. 大雄殿에 가서 속세와 절연(絶緣)한 모양으로 숙이고 살아 있을 때 그렇고 그 밑에 閣하고 친해도 됩니다. 山神閣이라고 있습니다. 산신하고 친해서 조용하게 잠수타고 있으면 되고 또 산신하고 옆집에 살고 있는 사람이 '자연인'이 되는 것이죠. 죽을 운이랑 비슷한데 살아 있는 것이죠.

그다음에 음식을 3일 이상 끊어서 호흡에서 음식을 태우는 냄새가 나지 않을 때가 되는데, 저승사자는 시력이 안 좋습니다. 시력이 안 좋아서 형체를 보고 잡는 것이 아니고 색깔을 보고 잡아들입니다. 그다음에 냄새를 맡고 잡아 갑니다.

그런데 음식을 3일 이상 끊어버리면 음식을 태우는 호흡에서 냄새가 나지 않습니다. 특히 서양 사람들이 한국 사람들을 보면 무슨 냄새? 마늘 냄새, 김치 냄새 그렇죠? 우리가 서양 사람을 보면 치즈 냄새가 나죠, 노린내 이런 것이 나잖아요.

호흡으로 음식 냄새가 나는데 그것이 끊어져 버린 사람은 죽을 운인데도 저승사자가 함부로 체포를 못 하더라 하는 것이죠. 신명 세계에서는 목숨을 앗아갈 때 특히 동명이인을 잘 못 잡아 왔다든지 다른 사람을 잡아 오면 엄히 다스립니다.

'신과 함께 2'에도 나오지 않던가요. 어떻게 증인 서다가 죽는 것 봤잖아요. 장부에 없는 잘못된 집행을 굉장히 꺼리기 때문에 잡아 갈 때 정확하게 잡아 가야 됩니다.

우스게소리 이지만 잘못 잡혀간 3케이스가 있었습니다. 여러 고을에서 3명을 잡아 왔는데 잘못 잡아온 것이죠. 장부하고 대조해 보니까 동명이인이 잡혀 온 것입니다. 그래서 염라대왕이 급히 수습하려고 한 것이죠.

"야, 큰일 났다. 빨리 내려 보내자. 장사 치르고 나면 큰 일 난다. 그냥 내려 보내면 저 친구들이 억울하다 할 것이니까 소원을 하나씩 들어주자." 이렇게 된 것이죠.

첫째 사람보고 "너는 장부가 잘 못되었으니까 다시 돌아가는데 소원하나 들어줄 테니 이야기를 해라!"

"저는 벼슬이나 하나 해서 폼 좀 잡고 살게 해 주세요."

"너 동네 현감이나 해라!" 해서 장부에 기재해 준 것입니다.

두 번째 사람은 "저는 재물이나 많이 얻게 해주십시오." 하니까 "너는 50석 그릇밖에는 안 되는데 500석으로 해줄게!" 해서 다시 보낸 것입니다.

세 번째는 "저는 바라는 것은 별로 없고 먹고 사는 것 큰 걱정이 없으면서 산속에 조그마한 집을 짓고 吟風弄月을 하면서 시나 쓰고 그 정도 살아갈 수 있게 해 주십시오."

염라대왕이 대답을 안하는 것이에요. 조금 있다가 울그락 불그락 하더니 "네 이놈! 그렇게 좋은 것이 있으면 내가 하겠다." 하는 것이죠. 그것이 소박한 꿈인데 절대로 세상이 그렇게는 안 되게 되어 있는 것이죠.

어찌되었든 그렇게 잘못 잡아 가면 안 되는데 그렇게 음식

태우는 냄새가 나지 않는 경우가 死中生 이라는 것입니다. 수시로 단식을 하는 것은 죽을 운도 한 번씩 비켜가는 그런 작용이 있는 것이니까 참조를 하십시오.

학생 – 地支 劫財 羊刃이 건강에 도움이 되는 시기가?

선생님 – 운의 흐름이 좋은 흐름으로 갈 때는 주로 走馬加鞭 즉 달리는 말에 채찍을 더해주는 그런 효과도 만듭니다. 건강 말고 주로 비즈니스적인 측면이고 건강에도 마찬가지입니다.

학생 – 地支 劫財 羊刃이…

선생님 – 그것이 보통 유년에 올 때 그렇고 대운이 좋잖아요? 대운이 좋으면 '앓고 있던 이를 뽑아낸다.' 또 어차피 몸에 칼을 댈 것을 칼을 대서 '제대로 되돌린다.' 이런 작용을 합니다. 그런 작용이 옴으로서 운의 흐름이 큰 상승의 흐름 속에서 만난 羊刃이냐, 劫財냐? 이런 것을 보시라는 것이죠.

학생 – 일단 피는 보는 것이네요?

선생님 – 피는 보죠. 그런데 앓던 이를 뺐으니까 훨씬 좋아진 것이잖아요. 그다음에 몸 안에 계속 두면 문젯거리가 될 것을 오히려 피를 봐서 정리하는 것이니까 큰 흐름이 좋을 때는 이것이 긍정적인 작용을 하는 것이죠.

피를 흘린다고 하는 것은 생명이라고 하는 기준에서 볼 때 상당히 많은 부분에서 삭감하는데 운이 좋은 흐름으로 갈 때는 긍정적 작용과 맞물리게 되는 것이죠.

이렇게 보면 됩니다. 신명 세계에서는 피를 황금의 양으로 환산해서 해 줍니다. '피를 흘려버리는 것', 그래서 저런 시기가 올 때 앞에서 설명한 '새도 키우기 싫다. 나는 게을러서 그런 것도 안된다.' 이러면 헌혈을 하라고 합니다. 3달에 한 번이나 6개월에 한 빈씩이라도 헌혈하라는 것입니다.

학생 – 검사용으로 뽑는 피가 있지 않습니까?

선생님 – 그 정도 가지고는 양이 너무 작습니다. 검사용으로는 너무 작고 적어도 헌혈 수준으로 400cc정도는 빼야 되는 것이죠.

학생 – 헌혈은 봉사하거나 남을 도와주느라 빼는 것이고, 검사 피 뽑는 것은 자기 검사하고 버리는 것이잖아요.

선생님 – 그렇죠. 자기의 생명력을 남을 주는 것이니까 다르죠.

학생 – 刑이 뜰 때 하면 됩니까?

선생님 – 그렇죠. 刑도 되죠. 羊刃이 왜 劫財가 주도하느냐 하면 삭감을 해 간다는 것입니다. '앗아간다.' 이런 개념이기 때문입니다. 그래서 내놓을 '돈이 없으면 피라도 내어놔라!'고 하는 것이죠.

　주사바늘로 남에게 피를 나누어 주기 싫다고 하면, 저승사자가 횡단보도에서 발로 차서 차에 밀어 넣어서라도 받아 가려고 한다는 것입니다. 그래서 횡단보도 가다가 넘어지는 것이 있지 않습니까? 이것이 사실은 굉장히 안 좋은 징조입니다. 파란 신호 아닌데 한 발 디디는 이런 것 있지 않습니까? 이런 것이 저승사자가 쓱 미는 것입니다.

　수행을 하고 기도를 많이 해 버리면 험한 꼴까지는 안 당하는데, 제가 2005년도에 羊刃이 왔을 때 '마누라가 아프지 않을까?' 생각이 드는 겁니다. 차라리 원룸을 조그마한 것을 얻어서 일주일에 하루나 이틀을 왔다 갔다 했습니다. 그런데도 羊刃이 해소가 안 되는 것 있잖아요.

　물론 그때 돈도 조금 많이 뜯겨 나갔는데 "이 정도 가지고는 안 되는 것 같다. 조금 더 가져가야 되는 모양이다."

　그렇게 해서 羊刃에 대한 희생요소를 감당했는데, 그때 술을 적당히 마신 뒷날 아침에 출근하려고 했는데 빨리 안 깨잖아요. 침대 머리맡에 걸터앉아 고개를 꾸벅꾸벅하고 졸고 있는데 검정 양복을 입은 두 사람이 왔었습니다.

　"사자가 왔는가봐요?" 하는데 얼굴을 바로 보지는 못하겠더라고요. "그렇다." 이래서 "왜 2명이에요?" 물어보니까 "우리는 특수부 소속이라서 2명이서 다닌다." 이러는 겁니다.

　"뭐를 더 드리면 됩니까?" 이렇게 물어보니까 "출근을 해야 됩니다." 대답하는 겁니다. 그래서 "왜 출근을 해야 됩니까?" 하고 물어보니 "저위에 장부에는 아직 고생을 더 해야 된다. 당신이 나가서 좋으나 싫으나 저 위의 빚을 갚기 위해서 일을 하러 나가라!" 하는 것입니다. 그 정도 하고 넘어가더라고요.

학생 – 아무것도 안 하고 넘어갔네요.

선생님 – 아니 그 해에 그때 돈도 많이 나갔다니까요. 돈도 많이 나가고 일부로 떨어서 지내기도 하고 했습니다.

학생 – 둘이서 와서 해를 주지는 않았네요?

선생님 – 해를 주지는 않았는데 권위와 힘 이런 것이 반항을 못 할 권위 같은 것이 있다니까요.

학생 – 작년에는?

선생님 – 작년에는 제가 三災를 거치면서 복잡한 여러 가지 일들에 의해서 금전적으로 여러 가지 희생을 감당하면서 그렇게 보냈고 "올해 초에는 왜 검정양복이 안 올까?" 했었습니다.
　이것은 실제의 꿈에서 있었던 이야기입니다. "분명히 누가 왔다 가서 티를 내어야 되는데" 하면서 "왜 작년과 올해 안 오지? 올해는 조금 천천히 오나?" 이렇게 생각을 했는데 우주 우버택시 같은 것이 오더라고요. 우버택시인데 노란색이었습니다.
　노란색의 우버택시 같은 것이 와서 잘 생긴 미국 청년 같은 친구가 타라고 하는 것입니다. "이게 웬 택시냐?" 하면서 아들 보고도 타라고 했거든요. 타라고 해서 타고 "이것은 정말 좋은

택시인가 보다." 했는데 갑자기 비행접시 버전으로 중력을 무시하고 가는 것이에요. 중력을 무시하는데 좌우로 흔들리는 것도 안에서는 별로 안 흔들리더라고요.

이것이 중력을 무시하면서 가는 것처럼 느꼈는데 올라가는 것도 순식간에 올라가는 것이에요. 우리가 올라가면 약간 피 쏠림 같은 것이 있지 않습니까? 엄청난 속도인데도 내려올 때만 그것이 느껴지더라는 것입니다. 중력을 넘어서서 확 내려오다가 지상에서 1미터 조금 안 되는 자리에서 서는 것이에요.

그때 제가 순간적으로 관성(慣性)이 오더라고요. 그러고 나서 아침에 눈을 떴는데 이석증(耳石症) 같은 것이 오는 것이에요. 어지러워서 제가 한 10일 정도를 고생했습니다.

우리가 멀미를 심하게 하듯이 빙빙도는 것입니다. 갈 때 표정이 저를 보고 씩 웃으면서 내리라고 하는 것이죠. 오히려 놀이기구 태워주는 그런 버전으로 지나가더라는 것입니다.

우주 택시를 타고 갔다면 그냥 가는 것인데 순간적으로 먼 거리까지 단숨에 가고 이렇게 놀이기구 타고 가는 것처럼 하더니 약간 협곡과 같은 곳에 공간이 조금 있는 곳에 내려와서 갑자기 세워주더라는 것입니다. 싱긋이 웃으면서 내리라고 하는 것이죠. 그러다가 꿈이 깼습니다.

학생 – 우주 UFO하고 관련성이 있는 것 아닙니까?

선생님 – 관련성은 있을 것이라고 생각은 하는데 지금은 정보라든지 이런 것이 클라우딩 clouding 같은 서버 server에 저장을 하고 수많은 정보체계 즉 사진부터 모든 것을 저장하잖아요.

 그런데 앞으로 이미 우리보다 앞서서 고도로 진화된 문명에서 보면 우리가 지금 불과 몇 십 년 전에 휴대폰도 없던 시절에 불쌍한 사람으로 보잖아요. 그런 것처럼 고도로 진화된 문명에서 보면 여러 가지 제어하는 기술이나 이런 것이 있다고 봐야 되죠.

 지금은 꿈도 연구를 해서 영상화하고 제어하는 기술 이런 것을 하잖아요. 그런데 이미 고도화된 문명에서는 그것은 끝이 났다고 봐야 되기든요.

 "와야 되는데 왜 안 오지?" 하니까 그것을 딱 보여주더라는 것입니다. 저는 개인적으로 그런 경험들이 많이 있습니다.

 손님 중에도 이런 일이 있었습니다. 대구에서 왔던 분인데 여동생이 납치되어 갔는데 자기의 여동생이 죽었는지 살았는지 모르겠다고 하는 것이죠.

 "어디로 갔는지 알 수가 있겠느냐?" 질문하는데 명조상으로 보면 당연히 문제는 있죠. 당연히 있는데 이 사람이 꼭 어떤 상태이다. 어디에 있다고 말해주기는 힘이 들잖아요.

 저녁에 궁리하고 잠을 잤는데 야산 중턱에 폐가는 아닌 농가에 어느 한 켠 헛간 같은 곳의 의자에 앉아 블라우스가 반쯤 풀린 모양으로 머리를 떨구고 있는 것입니다.

 느낌상으로는 죽은 것 같은데 말을 못 하겠더라는 것이죠. 그 다음 날 아침에 언니라는 분과 통화를 했는데 대구에서 멀지 않은 야산 중턱 이런 곳에 가서 그런 곳을 찾아보라고 한 것이죠. 기찻길과 가까이 있는 느낌이 있었다. 그래서 이 양반이 경찰들과 그런 집을 수색을 해서 찾아내었어요. 그런데 이미 포크레인에 묻혀 있는 것이에요. 포크레인으로 묻어 버린 것이죠.

물론 복식의 상태는 블라우스가 반쯤은 벗겨진 상태 그런 정도였는데 그래서 저에게 원망 하소연을 하더라고요. 원망해서 "좋다. 다음에는 귀신처럼 다 말해줄 것이다." 하고 있었는데, 두 달 뒤에 어떤 사건이 있었느냐 하면 이분은 김해 모 안과 원장님의 아이인데 다른 아이들은 수능시험이 남았고 이 친구가 한예종에 빨리 붙어 버린 것이에요. 그래서 서울에 가서 자기 친구하고 노는데 남자 3명을 불렀는데 여자 3명까지 같이 온 것이에요. 자기 혼자만 싱글인 것이죠. 그런데 학교에 붙었으니까 이 친구보고 술을 사라고 한 것이죠. 술을 한껏 먹고 짝을 지운 이 친구들은 많이 놀리고 하니까 열을 받아서 계산까지 했겠죠. 택시를 태워 보냈는데 실종이 된 것이죠.

이분의 지인이 부산에 사는데 이분은 또 저하고 오랜 지인이라서 이런 사건이 터졌는데 어떻게 되었느냐? "OK, 내가 봐줄게!" 하고 그 친구 팔자를 보고 잠을 잔 것이죠.

어떻게 보이느냐 하면 강변의 도로가에 핏자국이 보이는 것이죠. '이 친구가 죽었구나!' 보이는 것이죠. 그래서 사고를 당한 곳이 강변 도로 같았습니다. 서울의 강변북로 아니면 88도로 같은 곳에 양수리 쪽으로 더 가까이 가는 그런 쪽인 것 같았습니다. "잘못된 것 같다." 이야기해 준 것이죠.

이래서 한 열흘을 찾다가 경찰병원을 가는 것이에요. 무연고가 되어있었던 것이죠. 그러니까 택시 기사가 이 친구를 데리고 가는데 이 친구가 완전히 술이 만신이 되니까 지갑을 빼버리고 이 친구를 강변에 두었는데 강변에서 이 친구가 그 도로를 건너려다가 술이 된 상태에서 사고가 난 것이죠. 그래서 궂은일을 당한 일이 있었는데, 그것을 맞추어 봐야 뭐하겠습니까?
 그런데 앞의 케이스가 두 달 전에 그런 케이스가 있으니까 그냥 말해주었으면 하는데, 그것을 말 안 해주기도 그렇고 해주기도 그렇죠.

학생 － 羊刃이 들어오는 해의 羊刃의 작용이 집중되는 달의 그것을 合을 하는 달이 그렇습니까?

선생님 － 合을 하는 것이 아니었고, 하여튼 食神이 크게 동요되는 달이고, 그다음으로 운도 전체적인 기세적으로 크게 좋은 것은 아니고 조금씩 좋아지는 운에 유년이 굉장히 안 좋았거든요.

학생 － 일반인에게 羊刃의 해가 들어오면 羊刃의 해로움이 발생되는 달을 예측 가능하냐고 하는 것입니다.

선생님 － 달에 있잖아요. 고정적으로 있지 않습니까?

학생 － 羊刃과 해(年)와 合을 이루는 달이 그런 해로움이 발생을 합니까?

선생님 － 아니죠. 羊刃은 合을 만나면 '貴가 되고' 이거든요.

학생 － 戌年이 그렇다면 寅午戌 달이 그런 부분이 많다는 말입니까?

선생님 – 그것은 12神殺의 문제이고 팔자 내에 예를 들어서 이런 것입니다.

庚일주가 流年에서 酉를 만나면 羊刃이잖아요. 그런데 팔자 내에 辰이 있다고 하면 偏印이 평소에 좋은 인자가 아니잖아요. 부정적 해석을 더 많이 하는데 酉 羊刃을 막아주는 좋은 작용도 일으키는 것이죠.

이런 경우에 오히려 羊刃이 칼집을 만나는 것이죠. 칼이 칼집을 만나면 칼의 권위가 생기면서 오히려 해로움보다는 권위가 생기는 것으로 보거든요. 그것은 유년에서 오는 羊刃이 팔자 내에서 合을 만나는 경우가 되죠.

그다음에 유년(流年)에 巳酉丑 이런 것을 만나는 것을 말씀하시는 것 아닙니까? 이것은 무리 지어서 오히려 加勢를 하는 그런 작용을 많이 하는데 合에 의해서도 加勢가 되기도 하고 冲에 의해서 加勢가 되기도 합니다.

亥卯未에 칼이 튀잖아요. 칼이 튀게 하는 작용을 하면서 오히려 칼이 움직이는 작용이 많이 발생하는 것이죠.

학생 – 다음 해로 넘어갈 수도 있을 것 아닙니까?

선생님 – 羊刃은 타임래그 time lag를 많이 안 씁니다. 羊刃은 칼 아닙니까? 저놈과 칼같이 끊는다고 하지 않습니까? 즉시성을 말하는 것이죠. 羊刃은 타임래그 time lag를 거의 안 씁니다.

저승사자가 독침을 꽂아놓은 것만 침의 독이 퍼지는 시간이 있다고 봐서 건강에서 타임래그 time lag를 적용을 해주죠.

학생 – 羊刃이 들어올 때 배우자가 合의 글자를 가지고 있다면,

선생님 – 나의 羊刃을 배우자가 가지고 있다고 해서 해소되는 것은 아닙니다.

학생 – 그게 아니고 庚일주가 酉가 왔는데 辰을 내가 안 가지고 있고 배우자가 가지고 있어도?

선생님 – 그것은 꽝입니다. 요즘은 개별적으로 주민등록증이 나가기 때문에 기운은 독립채산제 라고 보시면 됩니다.

여러분이 기본적으로 六親에 의한 유년을 보실 때 干支와 六親을 해석할 때에 이런 것들이 여러 가지 유년상 기준이 되는 것이죠.

2-3. 운의 六親 2

운의 六親 2는 무엇이냐 하면 실제 삶과 六親의 작용이거든요. 예를 들어서 앞에서 庚辰일주 칠판에 적어 놨잖아요.

이 경우에는 庚辰일주가 官星이 없잖아요. 官星이 없는데 官星과의 동거요소를 길게 만들면, 예를 들어서 이 그릇은 원래 물을 담는 그릇인데 물을 담지 않고 '페인트를 담았다.', '화학제품을 담았다.' 이런 것이잖아요. 그러면 거기에 그릇이 손상되

거나 안에 있는 내용물이 손상되거나 이런 것이 발생하죠. 이렇게 미스매치가 누적이 되었을 때 그럴 때 마음에 골병이 발생하는 것이죠.

時	日	月	年	命
戊	壬	戊	丁	
申	子	申	酉	

이 사람도 배우자와 인연성이 좋아요, 나빠요? 인연성이 별로 안 좋잖아요? 申子 합에 의해서 관계성이 유지된다는 모양이고 동거의 에너지는 약하잖아요.

이런 경우에 서방님이 '마도로스였다.', '군인이었다.', '파일럿이었다.' 이러면 상관이 없어요. 뭐가 상관이 없느냐? 유방암이 안 온다는 것입니다.

학생 – 남편이 정년퇴직하고 돌아왔단 말이에요. 그때가 문제가 되잖아요?

선생님 – 몇일 전 상담한 분이 계시는데 이분이 甲午일주입니다.

時	日	月	年	坤命
乙	甲	乙	乙	
丑	午	酉	未	

이분이 배우자가 正官格이잖아요. 正官格인데 일지 동거의 에너지가 약하거든요. 그다음에 年을 기준으로 보면 驛馬가 됩니다. 酉丑 合에 의해서 天乙貴人과 맞물려 있기는 한데 이분의 남편 되는 분은 대기업의 임원으로 잘 나가면서 전 세계를 무대로 삼아서 주로 폼을 잡고 살았다는 것입니다.

살다가 2013년~14년 이후에 활동성이 꺾이면서 좋지 못한 자리를 받았다가 법적 책임도 지면서 그다음에 드디어 법적 책임도 끝이 나고 올해 봄부터 동거가 시작된 것이에요.

전 세계를 다니면서 돈만 보내줄 때는 너무나 사이가 좋았거든요. "I love you, baby, have a nice day!" 이러면서 평생을 살았습니다.

동거 한지가 올해 2월 달에 나와서 지금 동거한지 6개월이 되니까 뭐라고 하느냐 하면 "저 심각해요. 숨이 막혀 죽을 것 같아요." 이러는 것이죠.

올해 이 양반의 운기는 뭡니까? 戊戌年이죠. 12神殺이 가지는 戌의 운기는 무엇입니까? 天殺이 되고 그다음에 午戌에 의해서 남편의 이동성이 발생해 있죠? 갔다가 온 것이잖아요. 天殺을 만났고 그렇죠?

戌 자체가 개인적으로 食神 入庫, 그다음에 戌는 天干 偏財가 되는데 天干 偏財는 정신적으로 번거로운 것을 의미합니다. 이렇게 해 볼까, 저렇게 해볼까? 성가신 일이 되는 것이죠. 그래서 같이 산지 6개월인데 남편이 뭐라고 하느냐 하면 "좋다. 내가 여기서 인생을 포기할 수 없다." 한 것이죠.

甲午생 남편입니다. 그러니까 인연법으로 만났잖아요. 인연법은 딱 맞는데 이 양반이 잘 나갈 때 전 세계를 돌아다니면서 철강파트를 다루었는데, 대한민국에 이름을 대면 알만한 그룹입니다.

"내가 힘한 일을 당했다고 해서 이대로 주저앉을 수 없다." 해서 공부를 하는 것이에요. 경기고, 서울대 출신입니다.

영어를 워낙 잘하니까 통역사 이런 것이라도 따서 활동을 해보겠다고 하면서 집은 서초동에 있는데 도서관을 다니는 것이에요. 그런데 아침, 점심, 저녁을 집에서 먹는 것입니다. 삼식이 생활을 하는 것이죠.

상기의 여자분이 죽으려고 합니다. 정말 씨리어스 serious하다 이거에요. 그런데 이미 이야기를 하지 않았느냐?

'食神 入庫에 답답하다.', '매여질 일이 생긴다.', '남편의 궤도수정이 발생한다.' 그다음에 天殺 즉 '어이가 없어서 하늘을 쳐다보는 일이 생긴다.', '노인 같으면 당신은 누워있다.' 왜? 丑戌未까지 갖추어져 있으니까 그런 것이죠.

두 번째 주제예요. '2-3. 운의 육친 2(실제 삶과 六親의 작용)'

팔자에는 傷官 즉 자식을 담는 그릇이 위주가 되어 있고 午중의 己土는 財星이잖아요. 하여튼 '돈이 있으면,' 인데 甲의 짝은 무엇입니까? 庚이 아니고 辛이 아니라니까, '돈이 있으면,'

이분이 지금은 임대료도 잘 안 들어오는 것이에요. 집은 비싼 집에 살고 있죠. 삼풍백화점 옆에도 집이 있고 삼호가든이라고 있습니다. 그것만 재개발해도 수십억이잖아요. 본인은 서초자이에 살고 있습니다. 그런데 정작 임대료는 안 들어오는 것이죠. 서방은 연금 조금 받아서 본인 생활하기 바쁘죠.

본인은 품위 유지가 안 되는 것이죠. 그런데 午 傷官에 酉가

들어오니까 무슨 작용이 일어납니까? 破작용이 일어나잖아요. 물론 午와 卯가 기본적인 破이지만 똑같은 작용이 발생하는 것이죠. 이것이 미치는 것입니다.

학생 – 그런데 거기에서 끝나지 않고 한쪽이 생명이?

선생님 – 거기에서 드디어 전쟁이 시작되죠. 내년에 己亥年이 되면 어떻게 됩니까? 甲이 己에 대한 추구성이 발생을 하고 未가 亥를 따라가겠죠.
"나 미국 가 있을래."
아들은 어디에 있느냐 하면 홍콩에 있다가 다시 서울을 왔다 갔다 하고 있습니다. 아들은 영국에서 유학해서 아들한테 가 있겠다는 소리를 할 것이란 말입니다. 그러면 남편의 입장에서는 "나는 뭘 먹고 살라고? 내가 밥을 해서 먹어?"
밥해먹어야죠. 午생이 亥를 만나면 12神殺로 뭐가 됩니까? 劫殺 주먹을 쥐는 것이잖아요. 주먹을 쥐고 "네 이년! 네가 이때까지 산 것은 것이 무엇인데? 지금 와서 돈 몇 푼 못 번다고 이렇게 하느냐?" 주먹을 딱 쥐는 운이잖아요. 그러면서 주먹과 함께 라면을 끓인다는 것입니다.
'I love 햇반'
그 장면이 이미 나와 있잖아요. 이것이 두 번째에요. 사람이 병 걸리는 것이 왜 사주대로 보면 안 되느냐? 이 사람이 사주에 있는 그릇이나 모양새와 어긋난 六親 생활이 시작되잖아요. 여기서부터 사람이 가는 것입니다. 멘탈 mental도 가고 육체도 가는 것이죠. 그래서 그 노이즈를 사람들이 잘 감당을 못한다는 것이죠.

서방님이 언제 떠납니까? 子年이 와야 떠나잖아요. 子午 相冲이 드디어 간첩생활을 하러 "그래 나는 이 동네 사람들하고 등지고 내가 멀리 갈게."

그리고 상기 명조에서도 子午相冲이 오면 남편 자리가 흔들려서 재편이 된다는 것이죠. 있던 사람은 가고 내가 싱글이면 들어오는 것이잖아요. 그래서 언제까지 참아야 됩니까? 내년 봄까지만 일단 참으라고 하는데 아침, 점심, 저녁을 해주면서 4달이나 어떻게 참느냐는 것이죠.

남편이 시험은 10월 달인가, 11월 달인가 친다고 합니다. 어지간하면 합격을 하겠죠. 왜냐하면 '華蓋를 만나서 복원을 한다.', '다시 궤도 위로 올린다.'는 뜻입니다. 그리고 평생을 비즈니스 영어를 한 사람이니까 합격하겠죠.

이런 작용인데 이것 하나만 가지고도 한 3주 수업을 해야 돼요. 그래서 시어머니가 내 곁으로 오면 시어머니가 불이 타든지 내가 불이 타든지 하는 그런 패턴의 일주들이 있잖아요.

예를 들어서 여인이 庚午일주라면 기본적으로 일지에 正官 正印이 놓여있어서 도덕적 조절력이 있을지라도, 즉 남편의 엄마가 되는 寅이 나타나면 寅을 불 태워버리든지 내가 午 正官을 寅 이쪽으로 말아 넣어 버리든지 하는 것이죠. 그러니까 午를 丁으로 봐서 丁이 病地 死地가 되어 버리잖아요. 서방이 죽든지 시어머니가 타죽든지 내가 죽든지 여기서 병이 생기는 것입니다.

이것이 다룰 내용이 굉장히 많습니다. 매스매치 mismatch의 모양을 보시니까 아시겠죠. 이분을 98년도에 만나서 '서방복

이 없다고 할 수도 없고 있다고 할 수도 없는데, 드러난 서방복은 대단하다. 그런데 동거의 복이 없다.'

"선생님, 제가 桃花殺이 있다고 하던데요."

桃花殺이 일지 午에 紅艷이죠. 이것의 위치가 안방에 있잖아요. "당신은 바람을 피우는 桃花가 안 된다."

지금 이 나이에도 운동을 많이 해서 몸이 장난이 아닙니다. 승마하는데 과천에 말을 타러 가서 몸에 군살 없이 좋은 형태인 것이죠. 紅艷인데 바람을 피우는 紅艷이 안 되는 것이에요.

학생 – 일지에 있어서 안 되는 것이에요?

선생님 – 일지에 있기도 하고 午未 合을 만나있기도 하고 해서 그렇습니다. 돈과 合을 하고 있잖아요. 그래서 본인도 시간이 날 때 교육적인 일, 과외 같은 것을 함으로써 그렇게 활동하기는 하는데 그래서 남편 복은 있는데 동거의 복이 없다고 이야기를 한 것입니다.

이렇게 해서 한 번씩 묻기도 하고 해서 오랫동안 세월이 흘러서 히스토리를 아는 것이죠.

최근에 미치겠다고 하는 것이 즉 이것도 그릇의 분에 속하죠. 그릇의 분과 어긋난 六親의 分에 들어가니까 돌아다니는 것이죠. 해외에 나가 있다가 잠깐 열흘 있다가 나가고 이럴 때는 아무 상관이 없었거든요.

학생 – 계속 안 되겠네요? 몸이 안 받쳐주니까,

선생님 – 제가 정밀 진단 및 상담을 해 드려야 되는 입장에 있습니다. 마음을 좀 비우게 해야 되는 것이죠. 그래서 갑자기 다른 사람이 부러워서 하소연을 저한테 하는 것이죠.

그것이 운의 六親에서 많이 질병 요소가 발생하니까 그렇기는 한데 여기에 대한 치병법은 무엇입니까? 서방이 떠나면 그 병은 낫는다.

학생 – 내가 떠나든지 서방이 떠나든지…

선생님 – 그렇죠. 내가 미국을 가든지 아니면 서방이 일 때문에 객지로 가면 당신의 병은 그 다음 날부터 낫는다는 것이죠.

2-4. 운의 六親 3(직업적 활동에 따른 상호작용)

우리가 명을 볼 때 명이 보통 사주명리에 쓰는 것이 干支체계인데 干支 체계를 어떻게 사람의 몸에 적용해 볼 것이냐? 하는 것이 문제죠?

그림 111)

時	日	月	年

時	日	月	年

ⓐ   ⓑ

사람 몸과 干支체계 전체를 분리해 보는 것 설명을 해 드렸죠. 지나치게 사람을 사주에 끼워서 해석하는 이런 원리에 매몰이 되어 있죠. ⓐⓑ두 개를 다 적용을 하지만 ⓑ 이쪽 논리 중심으로만 해석하는 오류를 조금 바로잡아줄 필요가 있다는 것입니다.

ⓐ의 그림처럼 사람 자체에 영향을 주는 것하고 그다음에 실제로 부모로부터 물려받은 체질적인 요소라고 하는 것이 있죠?

부모 또는 조상으로부터 부여받은 체질적인 요소에 干支라고 하는 것은 일정한 패턴으로 불어주고 있는 바람이 되는데, 윈드 wind라고 하기에는 조금 그렇고 일종의 흐름을 계속 조장함으로써, 체질적으로 부모로부터 받는 요소가 정형화되어 있어도 똑같은 형제가 체질적인 공통성은 가지고 있지만, 살아가면서 다른 질병 체계를 밟게 되는 것이 결국은 그 사람이 가진 고유의 干支체계 즉 氣의 흐름이라고 봐도 좋습니다. 지속적으로 불어주는 바람이라고 해도 좋고 그런 것에 의해서 편차가 생긴다고 하는 것이죠.

오늘 다루고 있는 것이 이 흐름도 운의 강약이라든지 속성, 운의 강약과 속성에 의해서 어느 한쪽으로 주로 많이 불 때가 있고, 또 이 바람이 강했다가 약했다가 하는 시기가 있고 또 이 바람과 다른 반대편에서 부는 바람이 있습니다.

이렇게 명 내의 요소가 비교적 고정적으로 영향을 주는 흐름이라고 하면, 운이라고 하는 것은 흐르던 것이 휘어져 흐른다든지 운에 의해서 흐름 자체가 바뀔 수 있다고 보면 되거든요.

이것이 해석의 요소가 많은 것이죠. 원래 체질적으로 올 수 있는 여러 가지 패턴들이 있을 것이고, 그다음에 干支 체계에 의해서 고정적으로 불어주는 바람, 이런 것들이 영향을 주는 것이 있을 것이고, 운의 강약이 있을 것이죠.

지난 시간에 했던 것은 고정적 바람에도 별로 없고, 명 내에 있는 기본조건에도 별로 없고, 운에서도 강하지 않은데 실제 그 사람의 삶과 삶의 패턴 즉 현실적인 삶이죠. 이런 내용하고 흐름하고 맞지를 않으면 거기서 또 많은 노이즈가 생기는 것이죠.

바람이 불어서 깃발이 그쪽으로 펄럭일 때는 흔들림만 생길 뿐이고 깃발의 손상이 별로 없잖아요. 그런데 현실적으로 자기가 살고 있는 삶은 깃발을 펴고 있을 때, 플래카드 같은 것이 계속 바람을 맞는 구조라고 하면 어느 부분이 균열이 생기면서 찢어져 버리잖아요. 그런 것이 현실 속의 삶의 내용인데 주로 많은 것이 六親환경, 직업적인 요소가 되죠.

뒷부분 나올 것입니다. 똑같은 명조를 가지고도 사업을 할 수도 있고 조직생활을 할 수도 있는 패턴의 干支체계가 있습니다.

時	日	月	年	乾命
癸	乙	甲	癸	
未	酉	寅	亥	

예를 들어서 이런 干支구성을 가지고 있는 사람이 직업이 무엇이었느냐 하면 직업 유추의 패턴을 따져봅시다. 官이 어디에 있고? 官이 日支에 있고, 印星 소통이 있기는 있는데 年에 떨어져서 隔角되어 있잖아요. 官印 소통이 매끄럽지 못하고 그다음에 食神生財가 매끄럽지 못하죠.

財星은 있는데 이것이 空亡이잖아요. 空亡에 食神이 寅중에 또 未중에 약하게 있음으로써 食神生財도 애매하고 官印소통도 애매하죠? 이런 패턴이 조선시대에는 어떻게 나오느냐 하면 '세월이 많이 걸려서 지방 장관에 해당하는 벼슬에 이르렀다.' 이렇게 나오죠. 어찌 되었든 官이 최고라고 했잖아요.

지금도 官이 있으면 깡패 짓을 해도 됩니다. 官이 좋은 놈인데 官이 일지에 있으니 이런 경우에 천천히 관직을 연다는 것이 일반적인 해석이 되는 것인데 현대사회에서는 일반 직장에 안정이 잘 안 되므로 자격, 교육, 전문기술, 전문직 등 이렇게 내려가죠.

전공은 藥學입니다. 전공은 藥學을 해서 직장생활도 하다가 자기 업도 열었다가 하면서 세월을 보내고 있는 중인데 2015년 乙未年에 개업을 해서 재미가 시들하고 해서 접었습니다. 지금 올해 戊戌年에 무엇을 하고 있느냐?

天殺 작용이 기본적으로 있죠? 그다음에 傷官 入庫가 되어 있죠? 食傷이 드러나지 않았지만, 食傷을 활동성의 인자로 본다면 傷官이 入庫해 있고 그렇죠? 天殺, 亡身, 淫慾 이런 것들이 다 걸리는 것이죠.

올해 淫慾은 어떻게 썼는지 물어보니까 사흘 전에 헤어졌다고 합니다. 이 이야기는 옆구리 이야기이고 이런 패턴들이 인생을 다 안 살았잖아요.

官에 가 있기도 힘이 들죠. 官이 元嗔에 의한 손상이 발생해 있고, 印星의 소통이 있는데 작용은 매끄럽지가 못하잖아요. 그래서 시에 空亡해 있는 무엇을 좇아갑니까?

偏財를 좇아가는데 空亡 때문에 偏財가 空亡을 하면 사업적으로 활동을 활발히 했을 때 一進一退 즉 한 번 성공하고 한 번 미끄러지고 이런 것이 잘 생긴다는 것이죠. 끝내 이쪽을 좇아서 성공하겠지만 갔다가 미끄러졌다가, 갔다가 미끄러졌다가 하겠죠. 확률적으로 시기에 따라서 간섭을 받으면서 직업이 넘나들 수 있는 것으로 보거든요.

자기 사업을 해보고 난 뒤에 "소회가 어떤가?" 물어보니까 "저는 사업보다는 직장이 맞는 것 같습니다." 하는데 직장을 들어가면 본인이 맞다 생각을 하겠습니까? "역시 직장은 저의 체질이 아닌 것 같습니다." 하고 또 돌아오겠죠?

전반전에는 그런 상황이 벌어지고 뒷날에는 어차피 偏財 空亡을 좇아서 열심히 사업성을 추구하게 될 것인데 저런 패턴을 가진 사람이 뒷날 50대 중반이나 60대 초반까지 열심히 일해서 돈을 벌었다고 합시다.

돈을 벌었다는 자체가 에너지를 많이 썼다는 것입니다. 마침 얼마 전에 누가 10년 된 중고차를 샀는데 횡재를 했다고 하더라고요. "차를 어떻게 샀길래 횡재를 했느냐?" 물어보니까 중고차를 샀다는 것입니다.

이것을 어느 사모님이 타던 차인데 10년 동안 몇 킬로를 달렸느냐 하면 13,700킬로를 달렸답니다. 자기 차를 탈 일이 없는 것이죠. 차를 탈 일이 없어서 깨끗하게 두었다가 어쩌다가 한 번씩 탔는데 국산차가 아니라 외제차라니까요. 10년 동안 13,700킬로를 탄 것인데 "타보니 어떻던데요?" 하니까 "새 차입니다. 새 차!"

외제차 중에 괜찮은 차라도 만약에 13,000킬로 달린 차와 10년 동안 13만 킬로 달린 차와 비교했을 때 차 상태가 어떻겠습니까? 어느 차가 더 크고 오래가겠습니까? 말할 것 없이 13,700킬로를 달린 차이지 않겠습니까?

그것이 偏財를 좇아서 매일 매일 살아가면서 에너지를 써버렸으면 결국은 어떤 현상이 발생합니까? 13만킬로를 뛴 차가 되는 것이고 그다음에 官星에 들어가 있다는 것은 偏財를 좇아간 에너지 소모가 별로 없다고 보는 것이기 때문에 13,000킬로는 아니라도 5만 킬로를 달렸다 이렇게 보면 되죠. 차를 그렇게 많이 뛴 차와 곱게 탄 차와 뒷 판에 가면 시간은 같아도 결과는 다르잖아요.

결국, 이런 양반들이 말년에 돈을 벌잖아요. 시 空亡의 해로움이 있겠죠? 말년에 그 재산을 누리고 쓴다? 아니면 누군가를 위해서 결국은 空亡작용의 해로움을 겪겠습니까? 해로움을 겪는다는 것이죠.

결국, 누구에게 주게 되느냐 하면 자식에게 주게 됩니다. 그래서 재물을 벌면 몸도 가고 결국 재물을 누리지도 못하고, 직장 생활을 하면 비록 경제적인 보상에 한계가 있다고 하더라도 말년에 空亡 즉 돈이 없어서 넉넉하지 않아서 불편할 뿐이지 건강에 관해서 크게 데미지를 입고 소모적인 삶을 살지는 않는다는 것이죠.

동일한 干支체계를 가지고도 나이가 들어서 실제로 질병의 유무라든지 수요 즉 수명의 길고 짧음 이런 것에는 반드시 편차가 생깁니다. 한날한시에 태어나서 한날한시에 죽는 것은 매우 희박합니다.

학생 – 만약에 명조의 시에 偏財가 드러나 있는데 본인이 그

偏財를 의도적으로 추구하지 않으면 어떻게 됩니까?

선생님 – 추구하지 않으면 아까 말씀드린 것처럼 깨끗하게 탄, 13,700킬로를 탄 10년 된 차처럼 큰 어려움이 없이, 굴곡 없이 가는 것이죠. 단지 뭐냐고 하면 재물의 추구성이 없었기 때문에 시기에 따른 보상이 소금 석다. 또 기회가 왔을 때 응당 5번 기회에 1~2번만 취하고 만다는 이런 정도의 과정 때문에 경제적인 보상에는 한계성이 생기죠. 그런데 건강이나 수명에는 매우 이롭다고 보시면 되죠.

뒤에 그런 논리를 고전에서는 이렇게 써 놨습니다. 財를 馬로도 표현합니다. '나이가 들어서 재물을 많이 취한다는 것은 노인이 말의 등에 올라탄 것이다.' 이것이죠.

말의 등에 올라타면 언제 떨어질지 모른다는 것입니다. 고전 책에는 財馬라고 표현이 되어 있는데 나이가 들어서 큰 재물을 장악하고 이룬다는 것은 다른 희생이나 소모를 치른다고 보시면 됩니다.

이 경우는 空亡까지 있으니 추구성은 굉장히 강해집니다. 空亡이라고 하는 것은 항상 채우고 싶어하는 그런 작용이 더 강하게 일어나니까 그런 것이죠.

실제로 어떻게 살았느냐가 똑같은 구성 체계를 가지고 태어나도 결과는 다르다고 볼 수 있어야 되는 것이죠.

나이가 들어서는 "오래 사시겠습니까?" 했을 때 자연적으로 건강이 좋지 못한 이런 시기가 있지 않습니까? 즉 六親的으로 食神의 入庫가 온다. 羊刃이 온다. 그다음에 팔자 내에 중요한 글자에 沖이나 刑이나 破가 발생한다. 당연히 안 좋은 것으로 나오죠.

그런데 이때 죽는다는 것을 단정하기에는 힘이 드는데, 젊은 날에 재물을 이루기 위해서 엄청나게 애를 많이 쓰고 살았다고 할 때는 강하지 않은 바람에도 부러져 버린다는 것입니다.

그래서 사람들이 고생할 때 '세가 빠지도록' 이라는 표현 말고 또 뭐가 빠집니까? '뼈가 부서지도록' 그렇죠? '뼈 빠지게' 일한다고 하지 않습니까?

짧은 기간에는 혀가 빠지고, 조금 길게 가면 뼈까지 빠지고 그다음에는 뼈에 골병이 들지 않습니까?

그것은 젊은 날에 작은 기운에 엄청난 에너지를 사용해 버렸다는 것입니다. 그래서 내리막이 올 때 심하게 와 버리는 것이죠. 그런 점들을 여러분이 감안해두고 '어느 시기에 위기다. 위기다. 위기다.' 하는 것이죠. 그것을 안 벗어납니다.

오늘도 87세 되신 분의 자제분이 전화를 주셔서 "어떻게 되느냐?" 하는 것이죠.

수년전에 적어주기를 '87세에 수명이 위태로운데 넘기면 89살이 될 것이다.' 이렇게 메모를 해 드린 것을 기억하고 서울로 모시고 가면서 전화를 했었습니다.

그분은 여자 분이니까 일반적인 고생을 했어도 남자들처럼 뼈가 부서지도록 안 하신 것이죠. 그러니까 87세까지도 비교적 건강하게 사시면서 온 것이죠.

時	日	月	年	坤命
癸	丙	壬	壬	
巳	辰	寅	申	

그분이 丙辰일주거든요. 이런 구성에 戊戌年 자체에 일어나는 현상 중에서 일어날 수 있는 것을 봅시다. 팔자에 寅巳申이 다 있잖아요. 이 분이 강단(剛斷)이나 자기 제어나 이런 것을 잘하시는 분에 속하잖아요.

寅巳申이 있다는 것은 좋은 칼과 좋은 주방용기가 있다는 것입니다. 그래서 자기가 무슨 문제가 생기면 제어하고 컨트롤하고 하는 것을 압력을 주어서 할 수 있다는 말이거든요.

辰이 이런 것들을 여러 가지로 완충을 하잖아요. 申辰과 辰巳가 이렇게 天羅地網이면서 일종의 方合이 되는 것이죠. 그리고 寅은 偏印의 작용을 辰이 隔角으로서 제어해 주는 작용을 하고 있음으로써 辰자가 굉장히 중요한 작용을 하거든요.

그것을 올해 戊戌年에 건드려 버리고, 申에 대해서 隔角 그리고 丙이 戌에 入庫가 되죠. 그다음에 癸水가 丙火의 입장에서 그렇게 반갑지는 않지만 여러 가지를 제어 조절해 주는 역할을 하는데 戊土가 와서 운무(雲霧) 즉 구름으로 이 丙火가 밝기를 유지하는 것을 꺼트려 버리잖아요. 물론 壬水의 작용이 戊의 작용을 나누어 가버리는 효과는 있습니다.

이런 분들이 만약에 여자 분이 아니고 남자 같으면 사업을 했으면 벌써 갔습니다. 32년생인데 이분이 만약에 남자라면 무엇을 쫓아갔겠습니까? 偏財를 쫓아갔을 것 아닙니까? 偏財를 쫓아서 일찍이 기술사업, 驛馬사업으로 기타 등등 偏印과 偏官이 어우러진 형태의 사업을 했겠죠? 그래서 운명의 주기상 돈을 많이 벌 때는 엄청 벌었을 것인데 운이 저물어갈 때 그때 심하게 저문다고 하는 것이죠.

학생 – 명조 하나만 여쭈어 봐도 되겠습니까? 몇 년 만에 만난 분인데 이번에 식도암으로 이제 정리를 하신다고 하는 분입니다.

時	日	月	年	乾
辛	癸	壬	辛	命
酉	酉	辰	丑	

乙	丙	丁	戊	己	庚	辛	大
酉	戌	亥	子	丑	寅	卯	運

丙戌대운의 戌이 가지는 작용이 뭡니까? 食神의 入庫작용이죠. 六親的으로 패턴이 있습니다. 지나간 운이 사회활동을 활발히 하고 번영을 이룬 과정은 당연히 있겠죠?

원래 팔자 안에 偏印星이 重重하게 있으면 수명에 대해서 항상 압박을 줄 수 있는 인자가 가해져 있고 그다음에 지난 시간에 했었죠. 火多나 火無 또 水多나 水無 그렇죠? 그래서 상기 팔자처럼 火가 드러나지 못하잖아요.

그러면 무게 중심이 한쪽으로 쏠리면서 차가 기울어진 상태로 달릴 수 있으니까, 직업적으로는 본인이 완성도를 많이 높일 수는 있어도 건강이나 수명에 대해서는 항상 압박이나 부담이 된다는 것입니다.

그런데 운이 좋지 못한 흐름으로 들어가 버리면 문제가 되는 것이죠. 암이 왔다는 것 자체가 사실은 제사가 왜곡되어 있는 것이거든요. 다음 시간에 우리가 개운법 하면서 정리를 해 드리겠지만 제사의 왜곡, 이것이 이분도 제사를 제대로 지내지 않는 환경 속에 있거나 또 제사가 질서 없이 되어 있거나 그렇다고 보시면 될 것입니다.

결국, 꼭 살아야 되겠다고 생각을 하면 2~3가지 길은 되는 것이죠. 2~3가지 길은 제사의 복원, 그다음에 癸水가 酉를 만나서 스스로 깨끗한 상태를 유지하는 모양이 되려면 어떻게 해야 되겠습니까?

酉가 무엇입니까? 사종(寺鐘) 즉 절에 종소리가 들리고 있는 그런 공간에서 물이 고요하게 있는 모양이 무엇이냐 하면 수행하는 사람처럼 지내는 것이죠.

그러니까 예를 들어서 이런 팔자를 가진 사람이 財星과의 인연성을 잘 맺지 못하고 산 중의 스님이 되었다면 수명하고는 아무 상관이 없습니다. 그러면 질병과 아무 상관이 없는 것이죠.

그런데 財星을 만나서 짝을 짓고 자식을 낳아서 官의 작용이 계속 발생해 버리고, 사회적으로 성과를 내어 버리면 짐칸에 짐을 다 실었다는 말이잖아요. 그런데 다 싣고 살 수 있는 기본 패턴이 아니잖아요. 그것이 그릇의 분을 어기고 살아가는 것이죠.

그러니까 옛날에 동네 모퉁이에서 하나도 안 맞다 말했던 그 3류 철학 영감님의 말이 맞는 것입니다. 그 3류 철학의 영감은 뭐라고 했느냐 하면 "자네는 중이 되면 좋은데…"

인생 다 살고 지금은 맞는 것이죠. 그렇죠? 그때 말을 들었더라면 질병에 노출도 안 되고 수명에 앞날을 말할 수 없는 단계까지는 안 오죠. 그래서 동네 3류 철학 영감님도 잘 봐준 것이라는 겁니다.

학생 – 자연인이 되면 괜찮습니까?

선생님 – 그렇죠. '나는 자연인이다.' 그렇게 하면 되는 것이죠. 3번이 '나는 자연인이다.' 입니다.

학생 – 식탐을 부리는데 마지막이라서 그렇습니까?

선생님 – 식탐이 왜 오느냐 하면 그 사람이 기름지고 맛있는 것을 좋아라고 해서 그래요. 그분에게 여쭈어 보세요. 기름지고 맛있는 것을 좋아했다니까요. 그것이 쌓이고 쌓여서 문제가 되는 것이죠.

우리는 기운의 세계를 보는 것이죠. 보통 양방적인 이해라고 하는 것은 어떤 물질이 화학적인 변성을 거치고 그다음에 인체의 반응을 거쳐서 세포변이를 거쳐서 하는, 이런 눈에 드러난 어떠한 물질구성의 변성을 보는 것이지 않습니까?

易을 본다는 것은 그것이 아니거든요. 물질 구성이 아니고 그 사람의 행위적인 것, 그다음에 그 마인드가 일으켰던 경향, 생각을 일으켰던 그 경향이 계속 영향을 주는 것이죠.

일종의 전자레인지에 밥을 덥혀 먹으면서도 우리는 하나도 신기해하지 않는다니까요. 거기에는 장작불이 들어있는 것도 아니잖아요. 장작불이 아니면 가스레인지가 들었어요? 거기에는 불도 없잖아요.

불도 없는데 그것이 따뜻하게 덥혀지는 정도가 아니고 뜨거워서 용기 뚜껑이 뒤집어지잖아요. 그 힘이 어디에서 왔느냐? 바로 파장과 파동에서 온 것이잖아요. 파장과 파동이 저 사람이 저런 마음의 파장과 에너지를 많이 일으켰구나! 하는 것이죠.

그래서 이 양반이 당연히 偏印星이 있으면 소화기와 팔다리에 문제가 생기는데 소화기도 부위가 다르잖아요. 1차 소화기관부터 해서 2차 소화기관 해서 흡수기관까지 나누어지는데, 결국은 목에 문제가 왔다는 것은 무엇인가 목에 오는 에너지가 더 심한 파장이 있었다고 하는 것이거든요.

그러면 목구멍을 즐겁게 하는 것이 뭡니까? 맛있는 것이거든요. 기름진 것, 맛있는 것 이런 것을 좋아하면 거기에 바로 문제가 온다는 것이죠.

항상 건강요소는 어느 정도 지나치면 반드시 문제성이 발생합니다. 이것은 보편적인 원리 속에 있는 것이죠. 과유불급이라는 것입니다. 그것을 이야기하면 본인이 대답을 못 해요. 진짜로 맛있는 것만 골라 먹고 돌아다녔다니까요.

그래서 상기 팔자에서 壬辰월은 魁罡이 되죠. 五行 편중, 食神이 없음이 되죠. 그나마 辰중의 食神이 어느 정도 食神의 보완성을 가지지만 年의 丑이 羊刃이 되죠. 羊刃이 辰의 작용을 항상 제안하고 있잖아요. 이런 것들이 반드시 수명이나 건강에 문제를 준다고 하는 것이죠.

이런 분들이 수명을 늘리고 싶으면 방법은 그것밖에 없죠.

학생 – 따뜻한 곳에 가라고 하면 안 됩니까?

선생님 – 調候요소는 몸 전체의 기운적인 편중성을 보는 것이고 실제 보는 調候的인 것은 몸에 많이 발생할 수 있는 즉 따뜻함이 있고 뜨거운 물이 있잖아요. 따뜻함보다는 뜨거운 물의 작용 이렇게 보면 되거든요.

당연히 온열 요법이 도움될 것이다 하는 것은 맞는데, 그것보다는 내부적으로 꼬여 있는 것이 너무 많잖아요. 그런 것들을 행위적으로 바꾸어주기만 해도 사실은 트랙을 벗어난 정도만 아니면 저 정도 난치로 가기 전의 상태에서 충분히 어느 정도 되돌릴 수 있거든요. 이미 트랙에 한번 부딪힌 것이죠.

그래서 나온 말도 있잖아요. 이시영 박사님 건강 프로 할 때 "고기 좀 그만 먹어라!"고 했잖아요. 맛이 나는 것을 계속 편중성을 가지고 찾아다녀 버리면 반드시 문제가 온다는 것이죠. 그것도 몸에 좋다 하고 맛있는 것만 찾아다닌 것이라고 이렇게 보면 됩니다.

개념적으로 정리를 해 드리기 위해서 정리를 한 것입니다. '2-4. 운의 육친3(직업적 활동에 따른 상호작용)'의 내용이 이 앞에 설명 해 드린 것 그리고 한 단계 넘어온 것 그렇죠?

時	日	月	年
癸	乙	甲	癸
未	酉	寅	亥

乾命

이런 양반에게 운명을 크게 봐주는 예에서 예를 들어서 산중 고승에게 인생을 묻기도 하고 운명을 물었더니 "너는 돈이 좋으냐, 건강이 좋으냐?" 이렇게 이 양반에게 화두로 주었다고 합시다. 그러면 그때는 어떻게 생각을 해요. "참 싱거운 스님이네!" 그렇죠?

나는 둘 다 좋은데 그런데 우리가 깊이 있게 원리적으로 전제하고 본다면 돈을 좇는다면, 空亡한 偏財를 쫓아서 기운을 엄청나게 소진하고 결국은 자기가 많이 누리기는 어렵고 건강을 쫓는다면 결국 돈의 유혹을 어느 정도 덜어내어야 된다는 것이죠.

이 말을 함축해서 해 주었는데 듣는 사람은 그렇게 이해 안 하잖아요. 참 싱거운 스님이라고 하는 것이죠. "나무관세음보살!"

여러분들도 아주 거시적 관점에서 보더라도 저런 함수관계를 알고 있어야 그 사람에게 함축적으로 기준으로 삼을 수 있는 것을 제시할 수 있는 것이죠.

직업을 어떻게 가지느냐? 그것을 우리가 체크를 해봐야 되는 것이죠. 그것이 험하게 살았느냐? 험하지 않게 살았느냐? 기준이 된다는 것이죠.

이것은 세월 지나고 그렇게 썩 유쾌한 내용도 아니지만 제가 여러 곳에 대중강의 다닐 때 사람들이 질문하고 하면, 예를 들어서 S 그룹에 L 회장님 같은 경우가 있습니다.

"무슨 복이 많아서 그렇게 사느냐?" 사람들은 그렇게 이야기를 하지만 그때 제가 "참으로 딱하고 안 된 분이다." 그렇게 이야기를 하니까 그게 무슨 말이냐 이거죠. 그래서 "재물과 몸을 다투는 구간을 지나면서 재물이 들어오고 있기 때문에 재물을 많이 얻으면 반드시 몸이 무너지게 되어있다. 그 사실을 여러분은 2013년이나 14년 정도가 되면 알게 될 것이다."

자기가 그 양반의 반의 반만 벌어도 좋겠다고 하는데 참 딱한 이야기입니다.

'2-4. 운의 육친3(직업적 활동에 따른 상호작용)'이라고 제목을 해 놨죠. 그 사람이 어떤 직업을 가지고 살았느냐? 그런 부분에서 건강을 관찰할 수 있죠. 실제로 직업 자체에서 많이 사용한 것은 많이 사용했기 때문에 그 부분에 문제성이 발생한다는 것이죠.

아까 식도암 같은 경우는 몸에 좋고 맛있는 것만 찾아서 그런 것이 아니고 그분이 하고 싶은 말이 있거나 자기 마음속에 두고 있는 말을 절대 감추지 않고 말하고 던진 행위나 과정이 많았다고 보면 됩니다.

그러니까 성대와 식도에 관련된 부위의 에너지를 많이 썼겠죠. 그래서 하고 싶은 말을 참지 않고 반드시 하고 마는 그런 성격적인 부분이나 행위적인 면의 누적도 있다고 보면 됩니다. 그것을 이 양반의 배우자나 가족은 알고 있습니다. 보시면 그런 스타일 아닙니까?

학생 – 굉장히 강한 분입니다. 일에 대한 부분도 그렇습니다.

선생님 – 일에 대한 완성도는 높은 것이고 일에 대한 완성도를 높이려면 어떻게 해야 됩니까? 고함을 질러야 됩니까? 고함을 안 질러야 됩니까? 그것을 생각해 보시면 됩니다.

학생 – 그렇게 일을 하다가 갑자기 지금은 겸허하게 나는 죽겠다고 합니다.

선생님 – 그런 것들을 각성해서 확 바꿀 수 있는 사람 같으면 어려운 질병도 극복할 수가 있는 것이죠. 직업과 행위의 누적이라고 하는 것이 그만큼 영향을 많이 준다고 하는 것이죠.

우리가 干支구성만 보고 종양성 질환이 올 수 있다. 소화기 질환이 다발한다. 이것만 해도 운세적인 측면에서 해석은 잘해 준 것이죠. 잘해준 것이기는 하지만 거기서도 왜 식도암이냐? 이런 것들은 그런 행위의 누적이 있다고 보시면 됩니다.

학생 – 종양성 질환은 火無에서 오는 것입니까?

선생님 – 火無에서도 오고 이 양반의 壬辰월 魁罡에서도 오고 그렇습니다. 그다음에 羊刃도 깔려 있지 않습니까? 偏印과 羊刃이 깔린 이 자리는 에너지가 응축되어 있는 것으로 보거든요.

응축되어 있는 것으로 보는데 年月日時를 頭肩身足으로 보지 않습니까? 辛丑 두부(頭部)와 壬辰 어깨가 만나는 자리가 丑辰이 되겠죠? 일지 酉, 시의 辛酉, 이 偏印이라고 하는 것이 팔다리의 불편함으로 가게 되는 것이죠. 지팡이를 짚든지 이런 식의 과정도 발생한다고 보면 되죠.

2-5. 운에서 만나는 干支의 속성

寅申巳亥, 子午卯酉, 辰戌丑未, 白虎, 魁罡…

체질과 干支의 흐름, 운의 변화성 했죠. 운의 변화성 중에 저렇게 운이나 명내에 어울리지 않는 六親환경 그다음에 똑같은 동일 干支라도 어떤 직업을 가지고 어떻게 살았느냐 따라서 일어나는 현상이나 질병양상, 수명의 길고 짧음이 달라진다는 것을 전제하세요.

운에서 만나는 대운에서 대체로 무리 지어서 봐도 됩니다. '寅申巳亥의 속성', '子午卯酉의 속성', '辰戌丑未의 속성'에서 대체로 이것이 寅申巳亥는 外, 子午卯酉는 內, 그리고 辰戌丑未는 섞인 것으로 보면 되죠.

그래서 辰戌丑未운에 걸려서 질병이 드러날 때는 대체로 병이 복합적인 형태에서 오게 되니까 辰戌丑未의 운에서 걸려 있을 때, 이것을 손쉽게 극복하기는 쉽지 않으니 지속적인 관리를 할 필요가 있다고 전제를 할 필요가 있는 것이죠. 內外가 섞여있는 것이 辰戌丑未니까 그렇습니다.

寅申巳亥는 주로 밖으로 드러난 어떤 질병 양상을 주로 많이 가지기 때문에 실제로 외상을 만나기도 하고, 이 자체가 驛馬그룹이니까 많이 돌아다녀서, 주로 지나치게 일을 많이 해서 생기는 허로병 요소가 많이 생기는 것이죠.

그다음에 內에 있다는 것은 子午卯酉는 말 그대로 바깥에 주로 머물던 질병이 안으로 서서히 자리를 잡아서 보통 질병의 명칭이 子午卯酉는 주로 순일성이 많으니까, 무슨 병이냐고 하면 당뇨병이면 당뇨병 이렇게 규정이 되는 모양이 되죠.

그다음에 辰戌丑未는 잡병이라서 이쪽을 고치면 저쪽이 탈이 나고, 저쪽을 고치면 다른 곳에 탈이 나고 이렇게 병이 돌아다니거든요. 돌고 도는 속성이 있다면 子午卯酉는 관리만 꾸준히 하면 되는 식인데 예를 들면 혈압이라고 하면 혈압만 꾸준히 관리를 해 나가면 관리를 하기 조금 수월한 모양이 됩니다.

이것이 밖에서 온 병손, 병적(病敵)이 되겠죠. 病을 몰고 다니는 적군이라면 그 병을 몰고 다니는 적군이 寅申巳亥는 '대체로 밖을 찌른다.', '子午卯酉는 안을 찌른다.', '辰戌丑未는 안팎으로 왔다 갔다 하면서 뒤섞여있다.'는 의미가 되겠죠?

뒤섞인 놈이 병을 규정하기 어렵고 하나 고쳐놓으면 다른 곳에 탈이 나고 저쪽 고치면 이쪽이 탈이 나고 이런 식으로 되는 것이죠.

그래서 적군의 명칭이라고 생각을 하셔도 됩니다. 적군의 속성이 내부적인 전투를 좋아한다. 뒤섞여 있다. 이런 것을 가지고 질병을 다루는데 거기에 장부에 관련된 五行의 강약 이런 것들을 관찰하시면 이렇습니다.

木火金水의 12운성상의 강약을 보셔도 되고 五行상의 강약을 보셔도 되고 어느 부위의 장부에 더 취약하다는 것이죠.

그다음에 六親을 부여해서 申이 偏官이다. 午가 偏官이다. 하는 것도 약간은 구별이 되겠죠. 그 경계가 애매한 부분도 있기는 한데 이런 것이죠.

꼭 병이라고 하는 것이 외부에서 온다고 해서 피부에만 있는 것이 아니잖아요. 몸이라고 하는 것은 내외가 상통하여 있는 관계이기 때문에 그렇기는 한데, 예를 들어서 申이 와서 偏官이라고 하면 대체로 외상적인 요소에 의해서 偏官的인 속성을 많이 만나고, 실제로 다치는 속성이라고 한다면 子午卯酉는 세균에 의해서 偏官이라도 내부에 무엇인가 偏官작용을 많이 일으키는 것, 寅申巳亥처럼 외부에 偏官작용을 일으키는 것을 약간은 구별을 해서 볼 수 있는 것입니다.

여러분이 조금 더 정밀하게 나누려고 하면 그런 것도 적용될 수 있다고 보시면 됩니다.

그다음에 운에서 만나는 白虎, 魁罡 이것은 보통 이런 의미입니다. 저런 경우에 子운이라고 하는 방향으로 흘러가다가 丑 방향으로 간다고 하면 陰의 기운이 더 강해진다면 아래의 그림과 같이 가겠죠?

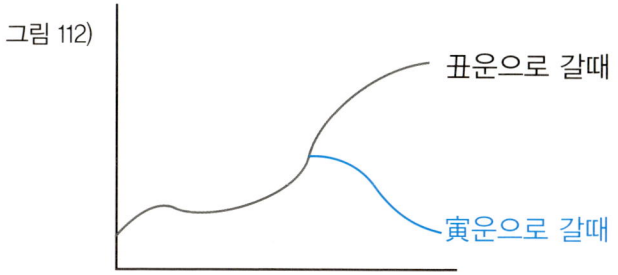

그림 112)

丑운으로 갈때

寅운으로 갈때

이런 일반적인 속성을 따르고 寅으로 간다면 다시 중반부부터 꺾여 가겠죠?

그런데 魁罡이나 白虎의 운을 간다면 중간에 갑자기 피크를 만들고 감으로써 주로 白虎大殺 대운 그러니까 10년 동안 白虎大殺 대운이라고 하면 꼭 한번 아니면 두 번 정도가 호랑이의 출몰같은 피크 같은 것이 지나갑니다.

그동안 열심히 지어온 농사가 태풍이 지나가면서 싹 다 쓸려 내려가듯이 그런 현상도 많이 발생하고 건강도 열심히 일을 해서 잘 해보려고 했더니 건강에 크게 탈이 나서 문제가 생기는 경우가 있습니다.

이럴 때도 해외에 머무르는 경우, 호랑이 그림이 있는 곳에 가서 같이 있으면 땜을 한다고 보면 됩니다. 호랑이 그림이 어디에 있던가요? 산속에 가면 산신각에 하얀 수염의 영감하고 같이 있더라는 것이죠.

학생 – 집에 호랑이 그림을 붙이면 안 됩니까?

선생님 – 호랑이 그림을 붙이는 것도 일종의 벽사부(僻邪符)죠. 삿된 것이 못 오도록 하는 일종의 호부(護符, talisman)의식이 됩니다. 보호하는 부적 의식인데, 귀신이 실물과 가짜를 잘 구별하지 못하는 그런 속성을 이용해서 일종의 벽사의식으로서 호랑이를 그려 놓는데 행운을 불러들이는 개념이 아니고 나쁜 것이 들어오지 못하도록 막아주는 그런 정도의 힘 정도로 보시면 되는 것이죠.

학생 – 잘 못하면 오히려 반대로 당하는 일도 생길 수 있지 않습니까?

선생님 – 벽사를 강하게 하기 위해서 호랑이가 입을 벌리고 있는 이런 것이 그렇게 썩 좋은 것으로 안 보거든요. 도를 닦는 사람은 괜찮습니다. 산신 옆에 호랑이 주둥이를 벌리든 말든 상관이 없고, 수행하는 사람들은 상관이 없습니다.

일반적인 집에 호랑이가 입을 벌리고 있는 이런 것은 오히려 남과의 싸움을 많이 조장하는 그런 효과를 부르기 때문에 싸우려고 하지 않는 사람도 싸움을 불러일으키는 효과가 있습니다.

그렇게 하면 집에 호랑이 그림을 걸어두려면 쌍으로 두는 것이 좋습니다. 새끼까지 하나 더 있으면 더 좋습니다. 그런 것들이 일종의 비유취상을 할 때 그 집에 있는 그림이나 문양을 보고도 그 집에 있는 기운을 보거든요.

집에는 엄마 아버지 있는 것이 좋고 그 밑에 새끼가 있는 것이 좋잖아요. 그래서 호랑이도 암호랑이 수컷 호랑이같이 있는 것이 좋고, 입은 닫고 새끼 호랑이도 있는 것이 좋다고 보는 것이죠. 벽사효과도 노리면서 일종의 비유취상의 상징으로 좋다고 보면 됩니다.

그러니까 옆구리가 새는 느낌인데 우리가 집 모양을 볼 때 집이 좋냐, 안 좋냐? 가상학석인 특성, 풍수적인 특성을 체크해 달라고 가보면 거기에 있는 그림 같은 것을 유심히 보거든요. 그림을 유심히 보는데 그림이 주는 상징이 그 사람의 삶의 내용과 거의 맞물려 있습니다.

가수가 부르는 노래대로 가거든요. 사람이 노래 부르는 것, 노래가 자주 하는 말이거든요. 그 사람은 매일 돈돈돈 노래를 부르더니 돈을 벌더라는 것입니다.

그렇게 입에서 나오고 있는 기운이 그 사람에게 머물고 있는 기운입니다. 그런데 그림도 그 사람의 운명적인 기운과 그대로 닿아 있더라는 것입니다.

집에 벽사 의식을 위해서 그런 것을 두는 것은 좋은데 대체로 유감이 잘 되는 것, 가정과 어울리는 것 이런 것을 해 놓는 것이 좋죠.

우리가 지금은 잃어버렸지만, 그 그림을 다 잃어버렸는데 이발소 가면 항상 거울 옆에 액자로 해서 걸려 있는 것이 두 가지가 있었습니다.

우리 동네는 그랬는데 돼지에게 새끼들이 젖을 물고 새끼들이 줄줄 달려 있잖아요. 그런 것이 굉장히 좋은 비유취상으로 보는 것이죠. 그것이 번성의 모양이거든요.

그다음에 그 옆에 액자가 하나 있는데, 거기에는 이렇게 적혀 있습니다. '삶이 그대를 속일지라도,' 밑에 작대기 그어놓고 '푸시킨(Aleksandr Pushkin, 1799~1837)' 기억이 나시죠.

그것이 그 사람이 그런 에너지 속에 노출되고 유감하다고 보면 되거든요. 이 구간은 호랑이가 출몰할 수 있으니 각별히 주의하시기 바랍니다. 이럴 때 건강 말고 운명에 활용하는 것이 대체로 '중심에 머무르지 말라.' 이런 표현을 하죠. 그러니까 서울에 주소지를 두지 말라고 하거든요.

서울보다는 지방에 두는 것이 좋고 지방보다는 해외에 주소지를 두는 것이 白虎의 현상이나 작용이 아주 가볍게 넘어가더라는 것입니다. 실제 건강에도 영향을 미칩니다.

서울에 있는 분에게는 일부로 경기도로 주소를 옮겨라 하죠. 白虎大殺 대운에 걸려 있는 경우에 차라리 성남으로 하든, 분당으로 하든, 일산으로 하든지 주소를 옮겨놓고 볼일을 보라고 하거든요.

호랑이는 제일 큰놈이나 중심에 있는 놈을 물어뜯는다는 것입니다. 사자와 하이에나의 생태를 보면 이렇습니다. 암사자가 고생해서 먹이를 하나 물어왔잖아요. 물어뜯고 있는 중에 하이에나 떼가 쫙 달려들죠. 그 하이에나에게 대부분 다 뺏깁니다. 그래서 불쌍한 사자인데 그런데 그때 수사자가 나타나죠. 수사자 몸값은 그때 빼고는 안 하거든요.

수사자는 사냥하지 않습니다. 가만히 보고 있다가 그 하이에나 무리 중에서 제일 우두머리 한 놈만 골라서 그놈만 쫓아가서 물어 죽여 버립니다.

그래서 사자 아닙니까? 그러면 하이에나들이 전부 다 도망을 가버리고 그 고기를 지키게 되는데 호랑이나 사자는 전투를 벌이면 중앙에 있는 것, 제일 센 놈을 물어뜯는다는 것입니다. 그래서 중앙에는 가급적 머무르지 않는 원리가 이런 원리하고도 거의 흡사하게 비유될 수도 있다는 것이죠.

지금 우리가 전쟁이 벌어지면 좋은 포탄은 어디로 쏘겠습니까? 신의주부터 쏘겠습니까? 평양부터 쏘겠습니까? 평양이죠.

포탄도 호랑이라니까요. 순식간에 사람을 진압해 버리거나 완진히 뭉개 버릴 수 있는 힘이 있는 것이 다 白虎人殺류에 속한다고 하는 것이죠.

보통 白虎, 魁罡 이럴 때 마비성 질환 이런 것이 잘 옵니다. 그래서 마비성 질환이 주로 중풍, 국소적으로 마비가 된 것인데 일종의 암도 사실은 국소적인 마비거든요. 그 장부가 제대로 움직이지 않고 기능하지 않는 것이기 때문에 마비로 보면 됩니다.

혈류에 의한 마비는 주로 중풍, 그다음에 국소적으로 장기에 와 있는 것이 암이니까 마비성 질환이 다발할 수 있다는 것입니다. 이럴 때 거쳐서 건강을 챙겨야 되는 분들에게는 수시로 검사를 받게 만드는 이런 것이 되는 것이죠.

干支의 속성에서 언급하지는 않았지만, 앞부분에 丙辛巳酉 이런 것 설명을 드렸죠? 그다음에 午未 子丑도 했었죠.

운에서 만나는 干支에서 이런 글자들은 사회적인 번영이나 모양새 이런 것을 갖추어주는 인자로 작용하지만 결국은 이런 운의 끝자락 정도가 되면 그 해로움이나 소모가 생긴다고 하는 것이죠.

특히 연예인들 보면 이런 운에 확 떴다가 끝 부분에 약물 중독 이런 것으로 丙申巳酉 이런 글자의 작용 속에도 있는 것이니까 너무 사람이 잘 나가면 오히려 조심해야 됩니다. 뜰 때 조심해야 됩니다.

午未나 子丑은 무엇입니까? 올해 폭염을 겪어 보셨잖아요. 폭염 현상이 오면서 일반적인 열에 의한 손상 문제도 있지만, 운명적으로 모든 것이 지연되거나 더디어지거나 제대로 작동을 하지 않는 그런 작용이 잘 발생하는 구간이기 때문에 이럴 때 질병이 발생하면 어떻게 됩니까? 만성화가 된다는 것입니다.

왜냐하면, 병을 관리하는 것도 편중성 속에서 관리해야 되기 때문에 만성화되는 그런 속성이 있다고 보면 됩니다.

특히 여자들이 子丑운 이런 운을 지나갈 때 예를 들어서 干支 구성이 편중성이 있어서 우울증이 왔다고 하면 빨리 안 낫습니다. 그러니까 이 子丑이 만성화를 불러일으키는 인자가 되잖아요.

강이 한 번 얼기도 어렵지만 한 번 얼어버리면 어떻게 됩니까? 봄이 와도 빨리 안 녹잖아요. 그런 작용으로 보면 됩니다.

이런 시기에 우울증이나 우울증 비슷하게, 내내 정신과 약을 먹고 지내는 사람 많이 봅니다.

남자도 干支가 편중되면 어떻게 됩니까? 子丑 午未는 인간 전부가 조심스럽게 건너야 되는 구간이지 않습니까? 대체로 子丑은 陰기운이 더 많이 드러나 있음으로써 여자가 해로움이 더 많고 午未는 남자가 더 해로움이 많기는 한데, 이런 편중성이 발생할 때 질병이 드러나면 만성화되어간다고 이해하시면 됩니다.

이것은 다른 부분에서도 매칭을 해서 여러 번 이야기를 해 드렸기 때문에 그렇게 보시면 됩니다.

2-6. 운의 神殺

刑, 冲, 破, 害, 空亡, 魁罡, 白虎大殺, 羊刃, 기타…

'2-5. 운에서 만나는 干支의 속성'은 대체로 큰 단위 중심의 주로 대운 단위나 큰 단위로 보시면 되고 '2-6. 운의 神殺'은 주로 세운 또는 월운의 흐름에서 발생하는 것들인데 주로 예를 들어서 食神을 刑한다고 하는 것은 무슨 말입니까?

刑의 각도 보셨잖아요. 밥숟가락이 여기로 와야 되는데 밥숟가락이 옆으로 밀리잖아요. 冲은 흔들어서 아예 떨치는 것이죠. 冲은 반대방향이니까 들려고 하면 내리는 것이잖아요. 刑은 밥숟가락 들려고 하면 옆으로 밀어 버리는 것이죠.

食神이라고 하는 인자에 刑 그다음에 祿을 刑, 冲, 破, 害 하는 세운 또는 월건 이럴 때에 여러 가지 변화성이 잘 발생을 한다고 하는 것이죠.

인연법 할 때나 冲의 논리를 확장할 때도 봤었지만 이런 것들도 건강 같은 것을 보실 때에 조금 더 참조할 수 있는 논리가 이런 것입니다. 예를 들어서 팔자 내에 寅이 있는데 申이 와서 冲을 하면 기본적으로 어떤 글자가 움직입니까? 卯, 未 이런 글자가 그렇죠?

서로 맷돌이 거꾸로 도는 것을 완충하기 위해서 卯와 未가 끼어든다고 했죠. 그다음에 寅을 붙들어주는 돼지 亥, 巳 이런 것들이 제어해줌으로써 冲의 해로움을 완충한다고 했죠. 그래서 寅이 있는데 申이 와서 冲을 하면 申이 끌고 나가는 방향이 있잖아요.

대운이라고 하는 것은 陽대운, 陰대운 거꾸로 왔다갔다 하지만, 세운은 이 돼지 亥사 쪽으로 끌고 산다는 것이죠. 돼지 亥자의 작용도 일종의 六親처럼 해석을 할 수 있으면 이렇습니다. 비천록마격(飛天祿馬格) 이런 것을 보면 '팔자에 드러나지 않았는데 있는 것으로 해석한다.' 이런 논리가 있죠?

相冲을 하면 相冲하면서 밖에서 불어주는 또 하나의 흐름이 이 인자로서 생각해 볼 수 있는데 그러면 申이 있는데 寅이 오면 회오리 작용이 생기므로 巳와 亥가 발동해서 巳와 亥가 또 하나의 六親 인자라든지 기운으로서 작용하고 있다고 보면 됩니다.

그것이 맷돌이 돌아가는데 밑의 돌은 멈추어 있고 윗돌은 돌린다고 할 때 즉 비유해서 바다 위에서 공기의 흐름이 맷돌작용이 일어나면 물이 소용돌이를 치다가 어떤 현상이 옵니까?

빨려 들어가죠. 빨려 들어가면서 또 물기둥이 생기면서 무엇이 만들어집니까? 얼마 전에 태풍이 지나갔잖아요?

이런 태풍작용도 水火작용에 의해서 태풍이 발생하는 것이거든요. 水氣가 과하게 들리면 水가 위로 올라가 버리고 火가 밑에 머무르는 과정에서, 땅에 내려와 있는 丁과 하늘에 있는 壬과 이렇게 어울려서 결국은 공간 사이에 맷돌 작용을 일으켜서 일어나는 것이 바람이죠. 이렇게 지나가는 것이 丁壬에 의한 木氣 작용입니다.

그런 것처럼 돌아가는 것은 물방울이 돌아가는데 바람도 따라 돌더라는 것이죠. 그 정도로 일단은 이해하세요.

예를 들어서 丙일주가 寅을 소중하게 쓰고 있는데 申이 寅을 冲하면 이것이 예를 들어서 '格用論的으로 보면 用神을 冲하여 어쩌고저쩌고, 이렇게 되었다.' 이렇게 하겠죠. 그런데 돼지 亥 자의 작용력이 따라 들어온다는 것입니다. 돼지 亥자가 天乙貴人이기는 하지만 어떤 작용이 있습니까? 偏官작용이 오죠.

그러면 이 사람의 행위적인 면에서는 申이 偏財죠. 偏財를 좋아했더니 偏財라고 하는 것이 돈도 되지만 '남의 여인을 사랑했더니' 나하고는 어떤 작용이 일어나서? 寅申 相冲의 작용이 일어나서 이 偏官을 몰고 오더라는 것이죠.

학생 - 문제가 생깁니까?

선생님 - 그렇죠. 잡혀가는 것이죠. 잡혀 가든지 병들어 눕든지 하는 것이죠.

주자십회(朱子十悔訓)에 나오잖아요. 색을 근신하지 않아서 병을 얻은 다음에 후회한다는 것이죠. 부모불효사후회(父母不孝死後悔),,, 朱子十悔 모르십니까? 부모에게 불효하면 죽고 난 뒤에 후회하고 취중망언(醉中妄言)은 즉 술 처먹고 엉뚱한 소리를 하면 술 깨고 난 뒤에 후회한다는 것이죠. 그것이 10가지가 있습니다. 색불근신병후회(色不謹愼, 病後悔) 즉 여인을 항상 가까이하고 좋아하면 병을 얻은 다음에 후회한다는 것이죠.

丙일주에 寅월의 예처럼 申이 와서 冲하면 같이 몰고 오는 인자(巳, 亥)가 있는 것이거든요. 冲으로 밀고 들어오면 그런 작용이 있는 것이죠. 그런 것을 여러분이 조금 더 확대해서 볼 수 있으면 항상 술은 먹더라도 여인은 간격을 둘 줄 아는 그런 것이 되는데 그것은 저도 안 돼요. 자연이 그렇게 기운을 만들어 놓았기 때문에 어쩔 수 없습니다.

저번 주에 접대할 사이는 아니라서 그렇기는 한데 이분이 갑자기 나이트를 가보고 싶다고 해서 갔다가 여학생으로부터 엉덩이를 떼서 앉아 있으니까 "아! 왜 그렇게 앉습니까?" 해서 "조심해야 됩니다." 해놓고 있다가 어느 순간부터 같이 노래 부르고 어깨동무하고 있더라고요. 결국은 저런 작용이라는 것입니다.

하나의 기운이 와서 冲에 의해 받히면 冲사이에 견인되는 인자들이 싹 펼쳐져서 바람이 불고 있다고 보시면 됩니다.

刑도 마찬가지입니다. 刑이 ╲이 방향으로 불고 있으면 巳는 ╱이 방향으로 부는 것이죠. 그럴 때 이 균형을 잡기 위해서 寅에게 巳작용이 오면 어디로 끌고 가겠다는 것입니까? 申으로 끌고 가겠다는 것이지 않습니까?

寅이 옆으로 미끄러지는 작용이 발생하면서 딛는 것이 申을 우선하여 딛고 亥를 그다음으로 딛고 이렇게 가거든요.

학생 – 丙일주를 庚일주로 바꾸었을 때 申이 와서 寅을 冲하면 결국 寅申 冲작용에 의해서 亥가 따라 오는 것이잖아요.

선생님 – 이것은 비즈니스 작용에 의해서 申이 왔는데 冲을 하잖아요. 이것은 독립이지 않습니까? 祿이니까 '내가 독립을 할 것이다.' 그렇죠? "나는 더 이상 머슴은 못한다." 나는 申을 선택한다고 했을 때 생겨나는 것이 食神 즉 내 사업장이잖아요.

학생 – 絶處逢生이 일어나는 것인가요?

선생님 – 그것은 寅木이 申을 만나서 자기가 최대한 꺾였다가 다시 서서히 木의 기운을 회복하러 가는 그 중간 상황이 絶處逢生이 되는 것이고, 그다음에 이 사람의 주위에서 일어나는 현상은 나는 독립을 할 것이라고 했다가 "에라이" 하면서 寅木을 차 버렸잖아요. 내가 활동하고 있던 무대, 직장 일을 버리고 그것을 차고 나니까 亥를 만드는 과정으로 흘러들어가더라는 것입니다.

寅申 相冲이 활발할 때는 조그마합니다. 亥年에 이르러서 모양을 갖춘다는 것입니다. '항상 사랑이 무엇이냐고 물으신다면' 그러니까 相冲에 씨앗이 일어난다는 것입니다.

태풍의 눈이 큽니까, 작습니까? 처음에는 작잖아요. 그 시작은 미약할지라도 그 끝은 창대한데 그 창대의 씨앗이 寅申相冲에서 돼지 亥자가 온다는 것을 여러분이 바로 아셔야 됩니다. '자그마한 것을 시작했구나!', '씨를 뿌렸구나!' 이것을 동시에 보셔야 된다는 것입니다. 그런데 질병도 이미 여기에서부터 뿌려지게 되어 있거든요.

학생 – 저것을 원래대로 해석을 해도 되요? 申달하고 亥달하고…

선생님 – 달끼리의 작용은 굉장히 제한적입니다. 달 자체에 일어나는 변화성이 제한적입니다. 구간이 이런 것입니다. 세운은 조금 더 큰 파도 속에 있어서 파도의 위와 파도의 아래가 상호성이 있는 것이고 달은 물결의 흐름 속에서 작은 움직임과 같은 것이거든요.

자세히 관찰을 해보면 큰 노을파도도 있는 것이고 그다음에 年은 분명히 연결고리를 가지고 가고 있는 것이고, 달은 그 상황 상황이 바뀌는 아주 잔잔한 물결이라고 생각을 하시면 되죠.

월건에서는 주로 현상적인 면이 많고 세운에서는 씨앗이 뿌려진다는 것이죠.

학생 — 월건에서는 六親으로 속성을 파악해야 됩니까?

선생님 — 그렇죠. 六親하고 神殺이죠. 六親 神殺의 잔파도라고 생각을 하시면 됩니다. 물론 이것도 약간의 연결 고리선을 가지고는 있지만 제일 큰 테마는 세운이 주는 속성 그다음에 원인 이런 것들이 더 크게 작용을 한다고 보시면 되죠.

내용을 너무 함축해서 강의하다 보니까 조금 그런데, 사실은 최소 한 달 반 정도 해야 될 강의를 2시간 만에 마치는 것이거든요.

학생 — 寅申 冲이 될 때 卯未는 바로 나타나는 현상이 되는 것입니까?

선생님 — 그렇죠. 옆 동네나 가까이 있는 존재들이 이 冲을 해소시키거나 완충하기 위해서 끼어드는 존재 이렇게 보면 됩니다. 庚일주라고 친다면 寅申 冲에 의해서 "나는 독립을 할 것이다." 하니까 옆의 卯가 申을 보고 "야 너 왜 그러는데 왜 독립을 하려고 하는데?" 이러면서 말리죠.

寅도 "네가 좀 양보해라!" 하고 未가 그렇죠? "庚이 할 만큼 안 했나?" 그래서 네가 좀 양보하라고 해서 중재하는 존재로서 바로 작용을 하고 그다음에 돼지 亥자라고 하는 방향을 향해서 이 시기에 씨앗을 만든다는 것이죠.

그런 작용이 같이 움직이는데 보통 병도 이런 논리하고 그대로 많이 맞물려서 가는데 질병에서는 질병도 자기 존재를 갖추기 위해서 준비를 한다는 것이죠. 병이 오기 전에 싸인을 준다는 것이죠.

학생 – 食神이 온다는 것은 좋아지고 있다는 것이죠?

선생님 – 그렇죠. 이 寅월의 庚일주 입장에서는 食神이 만들어지는 것이잖아요. 이때 자기의 계획을 개인적으로 세우고 있는 것이죠. 물론 申중의 壬水가 당연히 숨어 있죠. 寅申 相冲에 亥가 씨앗의 형태로 만들어졌다가 제대로 갖추는 것이 亥에 가서 갖추어지는 것이죠.

학생 – 자기 사업 같은 것을 亥年에 한다는 것입니까?

선생님 – 申이 머무를 때는 작은 것을 합니다. "그러면 너는 뭐를 가지고 할 것인데?" 하면 "안 그래도 전전세 얻어놨습니다. 걱정하지 마세요." 하는데 이것이 전전세를 얻어 놓은 모양이라고 하는 것이죠.

그렇게 하다가 亥에 전세로 전환이죠. 모양을 이제 제대로 갖추었다고 보는 것이죠. 질병인자에 대해서도 이런 인자가 그대로 적용이 된다고 보시면 되죠.

학생 – 올해 戌年이 와서 辰戌 冲을 하는 사람은 올해 작게 해서 丑年에 커진다는 것입니까?

선생님 – 그렇죠. 그렇게 보시면 됩니다. 커진다고만 한정할 수는 없지만, 그때 지금 만들어 놓은 것의 양상이나 결과가 두드러진다고 하는 것이죠.

지금 뿌려놓은 씨앗, 지금 나쁜 씨를 뿌려놓았으면 그때 오히려 험한 데미지를 치르게 되고, 지금 좋은 씨앗이 만들어져 있으면 그때 제대로 모양을 갖춘다고 보면 됩니다.

3) 수요장단(壽夭長短)과 수명 시기론

질의응답 속에도 뒤에 나오기는 나옵니다. 갑작스러운 사고 이런 것은 다 함께 어쩔 수 없이 감당하는 공공의 업 같은 것이죠. 전란(戰亂)이라든지 비행기 사고라든지 이런 것들에 의해서 나온 말이 비명횡사(非命橫死)죠.

심한 욕 중에 '밤길 조심해라. 非命해 간다.' 이런 것이죠. 非命은 말 그대로 팔자에 없는 것을 감당해서 가는 것 아닙니까?

그다음에 非命이나 거의 같은 개념으로 쓰는 것이 橫死 즉 내가 길을 가는데 갑작스럽게 예측 못 한 것들에 의해서 수명이 끊어져 버리는 그런 경우죠.

비명횡사의 환경이 여러 가지로 산업적인 환경에서도 올 수 있는 것이고 국가의 戰亂, 자연재해에 의해서도 오기도 하죠.

물론 아시아나 비행기 추락을 했을 때 그때 살아난 사람하고 저하고 같이 밥도 먹어보고 했는데 정말로 三奇가 있더라니까요. 점심 먹고 저녁까지 시간을 보낼 기회가 있어서 팔자를 열어 보니까 '三奇가 있으면 비행기에서 떨어져도 살아난다.'고 했는데 정말로 乙丙丁 三奇가 있었습니다.

그런 행운 인자를 많이 가지는 사람들이 사고를 비켜나가는 경우는 있어도 자기가 평범하고 일반적인데도 그렇게 험한 흉을 당하는 것도 발생하니까 수명문제나 건강 문제는 이렇게 가변성이 상당히 있는 '어떤 영역의 것'이라고 그렇게 생각을 하시면 되겠습니다.

3-1. 장수 인자와 요절 인자

장수인자는 여러분이 다 아시는 내용이니까 생략하고 요절에 개입하기 쉬운 것들이 어떤 것들이 있겠습니까? 압력인자죠. 압력인자가 주로 羊刃, 偏官, 偏印…등 아까 샘플이 있었죠.

偏印이 너무 에워싸여 있으면 요절이라는 표현보다는 단명이 맞겠죠. 단명은 수명을 못 채우는 개념이지만 요절(夭折)은 정말로 어려서 죽는 것을 요절이라고 하는 것이고, 그다음에 白

虎, 魁罡 그다음에 神殺 상에서 冲의 중복이라든지 또 三刑의 교란 즉 三刑이 있기는 한데 위치가 복잡한 그런 구조가 있죠.

그다음에 五行편중이 심하다고 하는 것이죠. 五行太過 또는 不足 즉 지나치게 많거나 지나치게 부족한 이런 것들도 단명의 인자로 보는데, 약간의 극단성을 조장하는 이런 것들이 사고를 유도하는 인자도 되고 수명에 대해서 갑작스럽게 훼손하는 것들도 잘 유도하게 되는 것이니까, 이런 인자들의 중복이 있다고 보면 됩니다.

그런데 이상하게도 이런 것이 안에 한 두 개씩은 있어야 힘을 쓰고 산다니까요. 그러면 이것이 싹 다 없으면 좋으냐? 싹 다 없으면 오래는 사는데 그냥 시골 촌부로 사는 것이죠.

옛날에 '이경규가 간다.' 그 프로에 장수마을 방문해서 할머니가 108살인가 된 분입니다. 그분하고 인터뷰하는데 "할머니 뭐가 제일 좋으세요?" 하니까 "당연히 막걸리지." 하는 겁니다. "막걸리 다음에 뭐가 제일 좋으세요?" 다시 물어보니 "담배지!" 하는데 편집을 안 하고 내보내서 보기는 했는데, 이런 운명적인 에너지가 강하게 형성되는 인자가 아니면 극단성도 없다는 것이죠.

그러면 그분은 어떻게 사셨느냐? 그 동네에서 태어나서 평생을 농사를 짓고 살아온 것이에요. 시집도 바로 옆 마을로 갔고 그래서 뭐가 없습니까? 출세가 없다는 것입니다.

이 세상에 나서서 財나 官과 함께 격하게 맷돌을 한 번 돌려서 陰陽이 한번 對待作用을 일으켜서 변화를 일으켜야 되는 것이죠.

이런 것이잖아요. 陰陽의 對待作用이라고 하는 것이 봄과 여름을 만나서 싹을 틔우고 꽃을 피우고 작은 열매를 맺어서, 이 작은 열매를 가을에 큰 열매로 바꾸기까지 이 과정이 큰 陰陽의 對待作用이 있는 것이거든요.

봄에 꽃 피우고 여름에 자라나서 열매 맺고 자라나는 이 부분에서 굉장한 에너지 소모가 있거든요.

식물들도 열매를 한껏 거름을 주고 열량을 주고 수분을 주어서 확 한번 키우고 나면 겨울에 앙상한 가지만 남든지 씨만 남는 이런 과정에서 열매를 키우는 시기에 너무 많은 것을 이루면 이때 마르고 굳고 떨어져 죽는 이런 것들이 많이 생깁니다.

이런 과정이 없으면 싹으로 자라서 싹으로 살다가 싹으로 살짝 노래졌다가 겨울에도 푸르름을 유지하고 이런 인자로 산다는 것입니다.

어느 것이 더 좋은 것이냐? 물론 가치관의 문제죠. 가치관의 문제인데 이렇게 당면 유도인자가 압력의 인자인데 압력이라고 하는 것이 숨이 막히는 열량의 누적과정 이런 것들이 다 압력이거든요.

여기서 더 큰 성공이라고 하는 것은 남들보다 더한 압력을 감당해 내는 힘 이런 것이기 때문에, 사회적인 번영이나 성공의 에너지가 충분히 되는데도 불구하고 건강에 대해서는 쇠퇴할 때 심하게 떨어지게 만드는 이런 인자로 작용하게 된다는 것입니다.

이런 인자들이 많으면 그것을 건강이나 수명에는 무조건 문제성이 있는 것으로 파악하더라도 운명적인 해석하고는 별도로 해 줄 필요가 있다는 것이죠.

食神 空亡 이런 것들도 흔히 볼 수 있는데, 食神이 空亡을 하

면 이것이 운명적으로는 두 가지가 걸려서 해석이 되죠.

食神이 空亡을 했다는 것은 자기가 이룬 열매를 자기가 수확하여 누리지 못하는 한계성을 가지는 것이죠. 그다음에 건강이나 수명에 대해서도 결코 유리한 인자가 되지 않는데, 성공에는 食神이 空亡을 하면 남들보다 더 열매를 맺으려고 하는 운동 이런 것이 훨씬 더 강합니다.

사회적인 성공에는 기본적으로 성공의 영역에서 길작용 흉작용이 나누어지는 것이죠. 그래서 그런 차이를 여러분이 두셔야 된다는 것이죠.

장수(長壽)의 인자에서는 '五行이 중화'라는 것은 다 아시는 것이라서 메모를 안 하셔도 되죠. 그다음에 食神이 有氣하다는 것이죠. 그리고 成格한다. 格을 갖추었다는 것은 트랙게임을 한다는 것이죠.

자기가 정해 놓은 틀과 원칙대로 밀고 가는 이런 것들이 成格한 것이 되는 것이죠.

傷官格이나 假傷官格은 워낙 변화성이 많은 것으로 보기 때문에 成格者 중에서는 장수나 수명에서는 成格 했다고 해도 成格의 점수가 많이 안 나오는 것이죠.

成格이 되었다는 것은 이렇습니다. 예를 들어서 正印格 같은 경우에도 印綬格 이것이 食神 傷官을 훼손하는 것인데도 불구하고 병이 오면 즉 食印綬格은 神이 약해질 것 아닙니까? 食神이 약해지는데 관리를 잘 해나가는 장점이 있다는 것입니다. 그래서 몇 시에 약을 먹어야 된다고 하면 그 시간에 약을 먹고 그리고 개수까지 맞추어서 먹고 그렇게 합니다. 그렇게 관리중심이 됩니다. 관리 중심이 잘 되는 것은 주로 成格者 중심이 됩니다.

학생 – 교란형태는 어떤 것을 이야기하는 것입니까?

선생님 – 교란 형태는 三刑의 교란 이런 형태가 이런 것입니다.

時	日	月	年	乾命
己	乙	己	庚	
卯	未	丑	戌	

 이런 형태는 교란 형태까지는 아닙니다. 이 형태는 丑戌未가 三刑에 쓰이면서 戌을 중심으로 보면 丑이 天殺 그룹이지 않습니까? 그런데 天殺그룹에 未에 의해서 또 冲이 발생해 있죠.
 이 冲의 의미를 해석해도 되고 刑의 의미를 해석해도 되죠. 그래서 이것이 丑중에 土로서 형태상 偏財格이니까 어차피 사업성을 발휘하는 인자로 가는데 丑중에 있는 水의 움직임이나 또 金의 움직임 이런 것들도 같이 봐주는데 丑未 相冲은 제일 많은 것이 주로 건축, 의료, 조경 이런 것들입니다. 그리고 그 자체로 驛馬로 많이 쓰는데 이 양반은 뭘 하느냐 하면 전기쪽을 하고 있습니다. 이것도 어차피 驛馬殺이거든요.
 戌중의 丁火하고 未중의 丁火하고 그리고 卯未의 운동이나 동작이 주로 건축입니다. 건축 또는 건설이 됩니다.
 그래서 乙일주가 庚金하고 에워싸고 있죠. 그래서 큰 조직과

손을 잡은 기술업인데, 기술업은 주로 驛馬殺에 해당하고, 예는 건축에 제일 많고 驛馬중에는 항공, 해운, 무역, 건설, 외교, 통신, 전기전자 인데 건설과 많이 연관성이 있는 기술에서 큰 곳과 손을 잡고 할 것이라는 것이죠.

그런데 庚이 正官이죠. 印綬 소통이 없기 때문에 이 양반이 직장생활을 어차피 오래 못하잖아요. 庚金의 속성이 뭐예요? 국가잖아요. 한국전력하고 매칭을 해서 하는 용역기술업을 하고 있는 것이죠. 이것은 정형이고 이런 것에서 어지럽게 놓여있는 것이 중간에 刑도 비비꼬여 있는 것이 있거든요.

時	日	月	年	乾命
丁	乙	癸	庚	
丑	未	未	戌	

예를 들어서 이런 식이 되면 丑戌未 三刑이 맞기는 하지만 전체가 다 어우러지는 그런 모양이 아니고 중간에 未未 글자의 중복 이런 것들이 끼어 있잖아요.

글자의 중복 이런 것들이 끼여 버리면 刑이 멋지게 안 되는 것이죠.

케이크를 세 놈이 와서 자르는데 아까 앞의 명조는 丑戌未로 예쁘게 나와서 잘랐잖아요. 그런 모양이 안 되고 癸未월 이 팔자는 이렇습니다.

그림 113)

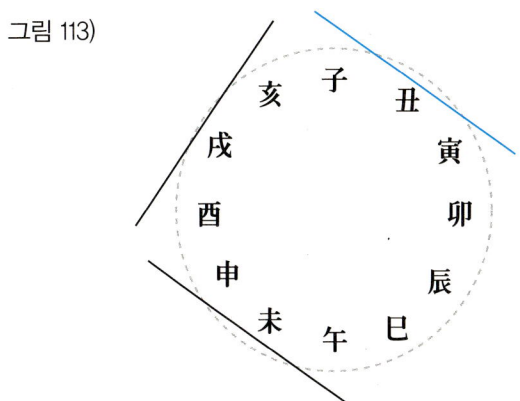

子와 丑이 그림과 같이 자르고 있고 戌도 상기 그림과 같이 자르고 있고 未未는 두 번 자르고 있잖아요. 이런 것들이 '三刑이 힘의 균형이 무너진 상태' 이렇게 보는 겁니다.

時	日	月	年	乾命
丁	乙	癸	庚	
		未	戌	

차라리 상기 명조에서 戌과 未만 있는 것이 낫다는 것이죠. ↗ 이렇게 가는 것을 ↘ 이렇게 돌려주는 것 즉 ⌒ 우향우를 만들어 주는 것이죠.
이런 것들이 일반적으로 교통정리가 된 것으로 보는 것이고 가려고 하는데 未가 하나 더 튀어나와 버리면 이런 것들이 오히려 三刑의 모양을 즉 힘의 균형을 무너트려 버렸다고 보는 것이죠.

학생 – 未 옆에 戌이 있으면?

선생님 — 그것도 힘의 균형이 무너져 버린 것이잖아요. 그러면 未가 ＼ 이 방향으로 가려고 한다면 戌은 ／／ 이렇게 가는데 이중으로 가 버리니까 그렇죠? 이것도 균형이 무너진 형태가 되는 것이죠.

사실 인자는 조금 더 세세하게 나눌 수 있는데 저런 인자를 중심으로 운명과 건강은 따로 주제를 별도로 다룬다. 이렇게 생각을 하시면 됩니다.

3-2. 수명에 관한 운의 간섭 인자 1 (五行 편중)

이것도 앞부분에 했는데 운에서 크게는 계절로 나누기는 나눕니다.

子丑寅卯… 이렇게 干支가 흘러가면 인간의 활동이 활발해지는 시기는 卯에서부터 酉나 戌까지가 되는데 酉부터 亥子丑寅 이런 것들이 대체로 활동성이 많이 열려 있는 구간으로 봅니다. 이것은 대운의 글자 그대로 보는 것입니다.

대운 글자 그대로 봐서 활동영역의 인자가 강하냐, 약하냐? 이런 것을 나누는 기준으로서 그대로 쓰기도 하고 그다음에 五行의 편중이라고 하는 것이 酉戌亥子丑이 五行的으로 따지면 대체로 金이나 水가 되지 않습니까?

金이나 水라고 하는 것은 운동이나 활동에 대체로 위축성을 주는 인자로 보는 것이기 때문에 五行편중성에서 대체로 金水가 조금 더 우세한 것을 대체로 건강이나 활동성에 좋지 못한 것으로 보는 것이죠.

대체로 木이나 火가 즉 火는 지나치면 火의 조열함에 의한 희생이나 소모를 만들게 되죠.

대체로 노인들은 木火金水로 나누면 어떻게 됩니까? 木 소년, 火 청년, 金은 청장년으로 들어가는 그리고 水는 노년 이렇게 보면 장년이나 노년에 가면 모두가 다 위축이 오죠.

나이가 들었다는 것은 건강이나 활동성이 위축이 온다는 것이죠. 단지 유리한 것은 금전이나 실리추구 이런 것에 대해서는 金水가 더 좋은 작용을 많이 일으킵니다.

五行의 편중성이라고 하는 것은 실제로 간단하게 볼 때도 五行의 편중성이 확연하게 드러나는 팔자들이 많이 있습니다. 그래서 운에서 어떤 인자들이 더 많이 간섭하느냐? 하는 것이죠.

3-3. 수명에 관한 운의 간섭인자 2 (六親작용, 格 포함)

운에서 오는 六親은 財, 官의 대운 그다음에 세운도 포함되는데 세운의 작용은 기간이 있는 것이잖아요. 財官 대운이 세상살이나 성공, 번영 이런 것에는 긍정적 작용을 더 많이 주지만 사실은 건강을 서서히 까먹어 가는 흐름을 조성하게 되는 것이죠.

철학적인 입장 내지는 시각 측면에서 태어나는 순간부터가 되는 것이죠.

그림 114)

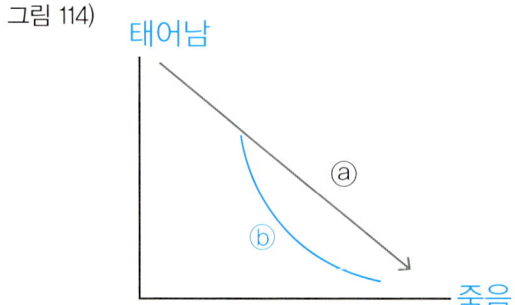

태어나서 수명이 남은 것을 그래프로 그리면 상기 그림과 같이 가지 않습니까? 그래서 태어나면서부터 우리는 죽어가는 것이죠. 죽음이라고 하는 것을 향해서 가는 것이 수명이 남아 있는 정도가 되죠?

그런데 財官의 기운에 들어오면 ⓐ선 정도의 평균적인 모양이라고 하면 財官의 운을 지나갈 때는 수명이 ⓑ선의 모양으로 깎여 나간다는 것이죠.

돈을 많이 번다는 것, 높은 벼슬을 한다는 것 이런 것은 다 목숨을 걸고 하는 것입니다. 六親에서 財官대운을 써먹고 넘어 왔다고 했을 때 그런 것을 여러분이 유심히 볼 수 있는데 오늘 온 손님도 그런 손님이 있었습니다.

사업을 하고 어느 정도 성공을 하고 또 그 성공을 통해서 폼을 크게 잡아 놨는데 크게 폼을 잡고 나서 그것을 유지하려고 5년, 10년 세월이 흐르고 난 뒤에 겨우 정리 수습을 했는데 이제 몸에 탈이 나기 시작을 한 것이죠. 왜 안 낫느냐, 하는 것이죠.

그런데 병의 뿌리가 언제부터 시작되었습니까? 돈을 벌 때부터 시작된 것 아닙니까? 이것을 천하명의를 찾아서 갑자기 해결하려고 한다는 것은 다 도둑놈 심보입니다. 절대 빨리 낫지 않는다는 것이죠. 그러니까 병이 드는데 시간이 걸렸으면 병이 낫는 것도 시간이 걸린다는 것입니다. 그것을 가지고 한 참 실랑이를 하면서 설명을 해 드리고 했는데 그 양반이 이런 팔자로 기억합니다.

時	日	月	年	乾命
辛	壬	丁	甲	
丑	辰	丑	午	

癸	壬	辛	庚	己	戊	大運
未	午	巳	辰	卯	寅	

팔자의 이런 구성에서 그냥 변화 적은 조직 연구원 이런 것으로 조직생활을 꾸준히 해서 나름대로 열심히 일하고 거기에 따른 보상도 받고 했습니다. 물론 큰 재물을 이루는 모양은 아니잖아요.

年은 空亡이 되어 있고, 월에 丁火 正財가 노출이 되어 있으니까 그렇기는 한데 그래도 언제든지 내 사랑은 무엇입니까?

그래서 열심히 일하고 재물을 모으고 지내왔는데 퇴직을 2016년도에 했습니다. 퇴직하던 그 해에 얼마 지나지 않아 혈액에 좋지 못한 것이 온 것이죠.

그래서 빨리 낫게 하려고 그 병을 연구하는 것입니다. 이분이 연구원 출신이니까 그것을 연구하는 것입니다. 혈액을 연구해서 제일 좋다고 하는 것 이런 것을 한 것이죠.

병원에서는 잘 듣지는 않는데 이 약이 듣는 사람이 간혹 있으니 먹어보자고 했는데 의외로 잘 들어서 지금 유지는 하고 있는데 심리적으로는 굉장히 불안한 상태에 있는 것이죠.

그 이유가 食神이 空亡은 했더라도 乙未, 丙申, 丁酉, 戊戌…

年으로 干支상 흘러가는 것을 보세요. 食神이 未에 入庫, 申에 絶地, 酉에 胎地, 戌에 養地에 들어와 있지 않습니까?

그리고 큰 흐름에서는 財官을 써먹는 대운의 흐름을 지나왔 잖아요. 그래서 본인이 생애에서 쓸 수 있는 많은 에너지를 이미 써버린 상태이다. 그럼에도 불구하고 엑셀레이터를 밟으면 더 빨리 갈 수 있을 것이라고 생각을 하고 해결을 하려고 하는 것이 굉장히 무모한 것이라는 겁니다.

지금부터 관리만 잘 해나가는 것도 질병을 다루는 중요한 방법이라고 그렇게 한 참 설명을 해 드렸는데, 사람마다 욕심이 있으니까 그것이 잘 받아들여지지는 않죠.

格이 깨어질 때가 있는데 아마도 이분도 거기에 걸려들 것입니다.

이분도 雜氣財官인데 형태상 正印格이 되어 버렸잖아요. 正印格이라고 하는 것은 正官과 잘 무리를 짓거든요. 그것을 어떻게 하는 구간(癸未대운)에 들어왔다? 格을 훼손하는 구간에 들어왔다. 옛날같이 폼이 나지 않으니까 거기에서 오는 심리적인 스트레스나 갈등도 많다고 봐야 되겠죠. 그것이 심했을 때는 그렇지 않습니까?

"전하 차라리 저를 죽여주시옵소서!"

그것이 자기 格과 맞지 않으면 죽여 달라고 하잖아요. 지금 생각해 보면 참 정신 나간 것이죠. 格의 훼손이라고 하는 것이 단순하게 직업을 잃어버리는 차원만이 아니고, 그 사람이 가진 구조물에서 핵심을 훼손해 버리는 효과가 있거든요.

그런 것 때문에 기운적으로 망가지더라는 것이죠. 그것을 빨리 훼손된 대로 살아갈 궁리를 하면 되는데 훼손된 것에 집착하는 사람들은 정신적으로 굉장한 어려움을 겪습니다.

산천에 있는 모든 초목은 格을 바꾸어 가면서 살거든요. 봄에는 食神格으로 자라고, 여름에 또 食神格 그다음에 여름과 가을 사이에 財格으로 가잖아요.

財格이라고 하는 것은 살림이나 열매를 키워나가는 작용이 되고, 가을이 되면 더 이상 크지 않고 官格으로 바뀌어서 열매를 맺고 또 굳고 자기제어를 하지 않습니까? 그리고 낙엽을 떨어트리죠.

그러니까 이 산천초목은 세월이 주는 분수대로 格을 바꾸어서 사는데 사람은 욕망 때문에 그런 것이 안되는 것이죠.

겨울이 오면 초목은 씨로 돌아가잖아요. 돌아가서 말없이 엎드려 있지 않습니까? 사람은 그것이 아니잖아요. 겨울에도 나대고 있으니까 결국은 氣의 소모, 에너지의 소모가 오욕칠정(五慾七情)에 의해서 훼손되어 나간다는 것이죠.

3-4. 수명에 관한 운의 간섭인자 3 (春秋주기)

'수명에 관한 운의 간섭' 인자 중에서 대운에서 財官 대운을 지나느냐? 어떻게 쓰느냐 하는 것을 봤죠?

時	日	月	年
庚	癸	甲	己
申	丑	戌	卯

坤命

이 친구가 재수하다가 도저히 못 견디겠다고 해서 가출을 한 것입니다. 자기가 가출을 하면 아버지가 자신을 어떻게 생각을 할까 해서 그 다음 날 다시 와서 마음을 추스르고 있는 중인데, 상기 명조의 패턴에서 立春 立秋가 癸亥 癸巳에 떨어지죠.

癸巳가 立春이 되잖아요. 癸巳가 立春에 떨어지니까 戊戌이 驚蟄이죠. 驚蟄이니까 '깜짝' 이런 기운이잖아요. 인생에서 가장 깜짝 놀라는 이런 기운 속에서 "도대체 내가 왜 이렇게 살고 있지?" 이렇게 하는데 올해 戊戌年에서 戊가 하나의 주기 속에 있는 것이지만 戊이 뭐가 됩니까?

神殺상으로 天殺이 되죠. 天殺작용이 발생을 하고 丑과 戌이 밀치고 있는 작용 속에 다시 戌에 의해 다시 밀치는 작용이 발생하죠. 그다음에 食神의 入庫작용이 있죠. 食神 入庫, 天殺, 일지 刑의 가세(加勢), 주기상 驚蟄이잖아요. 戊戌年이 驚蟄이 되는 것이죠.

이때 뭐라고 설명을 했느냐 하면 본인이 그렇게 감당하기 어려운 여러 가지 일도 생기지만 몸도 아프다는 것이죠. 그런데 이 나이에 아플 것이 뭐가 있습니까?

물론 食神이 空亡을 해 있고 年 空亡이 되고, 年의 空亡을 월이 合으로 어느 정도 해소를 해 놓았지만, 젊은 나이에 몸이 반드시 아프다. 일반적으로 나이가 조금 들어서 오는 驚蟄은 너무 배고프다 그렇죠? 너무 배가 고프고 고프다가 아프다고 하거든요.

나이가 많이 들어서 오는 驚蟄은 무엇입니까? 먹어도 먹어도 입맛이 없다. 소화가 안 된다. 왜냐하면, 아프거나 고파야 되는 것입니다.

이 친구는 책만 보면 머리에 지진이 일어난다는 것입니다. 원래 머리가 나쁜 친구가 아니잖아요.

기본적으로 卯戌 春秋 이런 것이 있으면 문필력이 있는 친구고 여러 가지로 재주가 다양하고 또 羊刃에다가 刑도 있고 해서 다재다능한데 어느 시기에 걸립니까?

이런 立春언저리, 驚蟄언저리 그다음에 淸明 전까지가 이때에 대부분 다 건강이 무너져 버립니다. 나이든 분들은 반드시 무너져 버리는 것이죠. 젊은 친구도 머릿속에 지진이 나는 것이죠.

"왜 머리가 아픕니까?" 이렇게 물어보는 겁니다. "天殺이라고 들어봤습니까? 食神 入庫라고 들어봤습니까? 年 空亡의 해로움이라고 들어봤습니까?"

원래 팔자 내에서도 空亡의 부위에서 무력화되는 과정이 생기잖아요. 그래서 반드시 책만 보면 아플 것이니까 절대로 책을 보게 하지 말라는 것이죠.

올해 年 중에 壬戌월이 있습니다. 壬戌월이 들어오면 天殺의 중복이 들어오고 食神 入庫의 중복이 몰리니까 "이럴 때는 어떻게 할까요?"라고 하면 여건만 된다면 절에 들어가 있어라는 것이죠. 여학생이라서 어디에 가 있어라고 하기에도 그렇기는 하지만, 바로 이런 주기에 걸리기 때문입니다.

그래서 대체로 財官을 써버린 사람들 있죠. 그런 사람들은 언제부터 몸이 망가지느냐 하면 冬至부터 무너집니다. 冬至 가까이 가면 冬至부터 "아이고 삭신이야!" 이러면서 안 아픈 곳이 없이 서서히 시작됩니다.

立春 언저리에 가서 거의 다 있는 듯이 없는 듯이 지내는 것

을 의미하니까, 건강도 반드시 꺾여 있는 상태로 가버리고 그다음에 제일 심한 것이 驚蟄언저리입니다.

　정말로 財官대운을 써먹지 않고 그냥 농사를 지으면서 막걸리만 마시고 이렇게 사는 분들은 언제까지 가느냐 하는 것을 통계적으로 봤느냐 하면 立夏 언저리까지 가더라고요. 이것이 거의 '장수만세과'에 있는 분들이거든요. 여기까지 가는 사람들은 立夏를 넘기는 경우는 참 드물었습니다.

　그래서 이 사이나 驚蟄 그다음에 淸明언저리가 항상 건강적으로 활동적으로 훼손이 많이 발생을 한다는 것입니다. 이럴 때 멀쩡한 사람들이 있다고 했죠? TV 프로에 나왔잖아요. '나는 자연인이다.'

　제대로 수행을 하고 살았던 스님들 또는 신부님들 이런 사람들 중에는 저런 시기를 크게 아프지 않고 넘어가더라는 것입니다.

　학생 – 이 공부를 하는 것은 해당이 안 됩니까?

　선생님 – 이 공부도 해당이 됩니다. 대신에 이 공부를 통해서 많은 것을 이루고 이렇게 되면 기가 꺾이게 되거든요.

　학생 – 무보수로 하면?

　선생님 – 무보수로 하면 이것이 陰德이 쌓이고 수명도 지키죠. 陰德이 쌓이면서 수명도 늘어난다니까요.

　易이라고 하는 것이 道家五術 이잖아요. 道家의 五術이 山,

命, 卜, 醫 뭐 이런 것들이잖아요. 그래서 사실은 신선이 되는 공부를 하고 있는 것들이거든요. 그런데 신선이 되려고 하다가 자꾸 욕심을 부리니까 문제가 되는 것이죠.

"너는 왜 그렇게 예쁘니?" 그러면서 금덩어리를 보면 "너는 왜 그렇게 반갑노?" 이러니까 결국 에너지와 기운을 허덕이게 되는 것이죠.

이런 주기에 의해서 특히 어린 사람들이 영향을 받고 중년이나 청, 장년으로 힘이 한참 좋을 때에도 이런 시기에 자기 스스로 자기 인생에 대한 비관성을 가지고 정신적으로 자기를 잡아 가두고 하는데 주로 立春 立秋는 정서적 지배력을 많이 가집니다.

옛날에 개그콘서트라는 TV프로 중에 이런 것이 있었습니다. "뭐하면 뭐하겠노? 소고기 사묵겠제? 소고기 사묵으면 뭐하겠노? 힘 난다고 일 하겠제? 일하면 뭐하는데? 돈 벌겠제?"

이렇게 해서 결국은 회의론적인 정서 이런 것들이 만들어지는 것이죠. 건강에 대해서는 정서적으로 그런 회의론이나 허무주의로 서서히 이끌려 들어갑니다. 그러면서 건강도 "내일이 있는데 오늘은 못 먹겠나?" 이러면서 잔이 올라가고 있는 것이죠.

그래서 그런 것을 상담하는 사람들도 있습니다. 공직에서 퇴직하고 1~2년 무엇을 의욕적으로 해 볼 것이라고 산속에 집을 짓고, 글 쓰고 하다가 2년 뒤에 나옵니다. 나와서 슬슬 친구들 만나러 가는데 밤마다 말짱해서 "술은 낮술 아니가?" 이러면서 다니는 것이죠.

웬만하면 괜찮을 것인데 부인입장에서 이것이 심하고 과하다

할 정도로 하는데, 노름에 빠지면 이것은 더 빨리 가는 것이고 술에 빠지면 이것은 몸이 가버리잖아요.

그렇게 해서 또 상담하면 "이 사람 언제 술 끊습니까?" 하면 "못 끊는다. 줄이는 수밖에는 없다." 하는 것이죠.

왜? 겨울 정서에 와 버렸기 때문에 특히 冬至가 지나면 그런 정서가 막 작용을 해 버리니까 그렇습니다. 그 프로세스 process 연결 고리를 보면 그것이 대체로 뇌의 활성화 영역이나 호르몬 조절에 영향을 주는 것 같다는 것이죠.

그래서 건강에도 저것이 굉장히 영향을 많이 주는 인자가 되는 것이죠.

대체로 夏至 지나서는 건강 상태라든지 역동적으로 움직이는 힘은 괜찮은데, 그것이 누적되면서 가을 언저리, 立秋 가까이 가면 대체로 과로 병들이 조금씩 드러난다고 보시면 돼요.

그다음에 가을에는 여름 동안 누적된 피로병들이 하나하나 조금씩 드러나는데 대체로 寒露, 霜降 정도까지 써먹고 나면 그 언저리부터 과로의 누적에 따른 질병 이런 것들이 대체로 잘 드러납니다.

기운을 정말로 立夏 이후 또는 夏至 이후에 立秋까지 일을 너무 많이 한 사람들은 白露 지나서 秋分 정도부터도 꼬랑꼬랑 하는 것이죠. 돈은 잘 들어오고 있는데 몸은 꼬랑꼬랑한 그런 패턴으로 넘어갑니다. 그래서 그 사람이 운명적인 주기를 겪어 나가는 것을 보고 이것이 원인은 어느 것이 주로 배경이 되고 대체로 이런 주기에는 '관리 중심으로 가야 된다.', '어떤 생활을 해야 된다.' 이런 것들도 주기론적인 이해를 통해서 예시할 수 있다는 것입니다.

※ 남녀 적용차이

남녀 적용차이는 아까 말씀 드린 것처럼, 제일 맛있는 것은 막걸리가 되고 제일 맛있는 것이 담배인 그 할머니처럼, 봄과 여름 가을 겨울 한결같이 '콩밭 매는 아낙네야!' 그렇게 살아온 사람은 立春이 와도 운명적인 주기상 立秋 淸明에도 별 탈 없이 넘어가더라는 것이죠.

그것이 여자들은 비교적 대외활동이 적음으로써 그런 기의 소모가 적다고 보고 남자들은 대외 활동이 많음으로써 결국 秋分부터 돈을 벌어놓고 벌써 아프기 시작을 하는 거예요. 그런 패턴의 차이점이 있다고 전제를 해두고 보시면 될 것입니다.

※ 난치, 불치 질환의 배경

난치, 불치 질환의 배경은 개운법 때 다시 한 번 터치가 되지만 난치, 불치의 원인은 여러 가지로 지난 시간에 언급을 해 드렸죠.

거의 부모로부터 체질에서 오는 체질병 요소가 있을 것이고 대부분 다 이것을 체질론을 강조하는 사람들은 너무 이것 한 가지만이 다 모든 것의 원인이라고 단순화시키는 것에서 오류가 있는 것이죠. 전체를 다 해석하기에는 오류가 따릅니다.

* 命 – 氣의 흐름, 장기간 누적 효과
* 運 – 干支 변화, 속성(六親, 五行, 神殺…),
  立春 立秋, 春秋 절기의 속성에 의한 정서적 압력
* 生活 – 가족환경, 직업, 格, 財官의 성취요소

그다음에 명은 일종의 氣의 흐름이죠. 氣의 흐름에서 干支 체계 자체가 그 사람에게 불어 젖히는 바람 같은 것이니까, 氣의 흐름에 의해서

이것은 오랜 기간 동안 장시간 누적되는 효과를 만들게 되고 그다음에 운에서 오는 것은 오늘 다루어봤지 않습니까?

운에서 오는 것은 干支변화 또는 속성 이런 것들에 의해서 영향을 주는 것인데, 속성이라고 하면 六親도 있을 것이고, 五行도 있을 것이고, 각종 神殺도 있을 것이죠.

실제 생활면에서 가족환경, 직업 이런 것들이 어떤 것을 통해서 기운을 쓰느냐 마느냐? 그다음에 格이나 財官의 성취요소가 되고 운에서 春秋절기에 의한 정서적 압력 이런 것들도 발생하는 것이 되는 것이죠.

이렇게 여러 가지 이유가 발생할 수 있는데, 불치 난치의 기운이 상기 예에 대한 내용이 어느 정도는 상호 간섭 속에 일어나는데, 적어도 우리가 암이나 중풍같이 다루기 어려운 질환은 사실은 제사 행위입니다. 그래서 제사의 단절이라고 하는 것이 아무것도 아닌 것 같은데 어떤 효과를 주느냐 하면 이런 것과 같습니다.

잘 먹고 잘사는 것도 맞물리는데, 사는 것을 비교했을 때 단년생 초목도 한 해 살고 씨로 되돌아가 버리고 이렇게 사는 패턴이 있고, 다년생은 해를 거듭하여 다시 꽃 피우고 싹 틔우고 그렇게 뿌리를 그대로 살려두는 것이 있죠.

다년생 화초들은 겨울이 오면 똑같이 잎이 마르고 굳고 떨어지지만, 생명력은 뿌리를 통해서 보존되잖아요. 그렇게 불치 난치가 오는 것은 다년생 나무의 속성을 가진다고 보면 되죠.

그런데 여러분이 풀을 베어보면 보통 한해살이잖아요. 한해살이 풀들이 자기에게 좋은 계절을 만나면 숲이 우거지듯이 펼쳐지잖아요. 그런데 질 때 가을 겨울이 오면 한 번에 지잖아요.

암이나 중풍이라고 하는 것은 생명력에서 영속성을 많이 훼손해 버린 것으로 보거든요. 그 훼손이 어디에서 오느냐? 뿌리에서 옵니다. 육신의 뿌리는 어디에 있느냐? 조상입니다. 조상에 물을 주는 행위, 나무에 물을 주는 행위, 조상과 소통하는 행위가 결국은 제사 행위라고 하는 것입니다.

제사 행위가 장자나 장손을 기준으로, 제사권자를 기준으로 天殺방향으로 이루어질 때입니다. 대신 지내도 아무 상관이 없습니다. 동생이 지내도 되고 여동생이 지내도 됩니다.

제사권자라고 하는 것은 예를 들어서 장자가 있잖아요. 예를 들어서 아버지가 큰 오빠, 작은 오빠 그다음에 여동생인 나를 낳았다고 합시다. 그런데 큰 오빠는 이혼을 해서 제사를 안 모시고 작은 오빠는 미국으로 가 버렸다. 그래도 나 혼자 부모 치다꺼리를 해 드리다가 아버지가 돌아가셨다고 합시다. 그때 제사권자는 큰 오빠에게 있다는 것이죠. 큰 오빠가 살아있으면 즉 지구위에 있으면 큰 오빠의 天殺방향을 보고 본인이 대신 지내줘도 됩니다.

학생 – 장남이 돌아가시면?

선생님 – 장남이 돌아가시면 장조카가 있을 것 아닙니까? 장조카가 제사를 안 지내도 됩니다. 내가 대신 지내도 됩니다. 왜냐하면, 조상의 입장에서는 첫째 놈이 용돈을 주나, 둘째 놈이

용돈을 주나, 막내가 용돈을 주나 의미 차이가 별로 없습니다.

학생 – 아들이 없고 딸만 있으면?

선생님 – 딸만 있으면 차자로 가잖아요. 작은 오빠가 있으면 작은 오빠에게로 가잖아요.

학생 – 외동자식에다가 딸만 있으면?

선생님 – 그러면 절손(絕孫)이죠. 절손일 때라도 원래는 본인을 기준으로 天殺을 기준으로 지내면 꼭 조상만 호응이 되지는 않습니다.

학생 – 본인의 첫 딸이라고 하는 것은?

선생님 – 그러니까 큰 딸이죠.

학생 – 절에도 많이 올리지 않습니까?

선생님 – 절에 올려놓는 것이 그분이 살아생전에 영적인 수행을 많이 하다가 이 세상을 떠났다. 이럴 때는 천도의 형식을 통해서 영적 진화를 더 도와주는 공간에 모셔도 무방하다는 것입니다. 종교적인 신앙의 대상으로 삼는 신적인 존재들은 잘 먹고 잘살라고 한 적이 없습니다.
예수님이 언제 서울대학 가서 좋은데 취직을 해서 잘 먹고 잘살라고 했습니까? 그렇게 한 적이 없죠. 착한 일 많이 해서 천국으로 가서 영적으로 거듭나라고 했잖아요. 영적인 마스터 또는 영적으로 지도자로서의 존재잖아요. 육신의 번영과는 별개의 문제라고 하는 것입니다.

인간이 영적으로 진화를 계속하는 행위라든지 과정을 만드는 것도 인간의 삶에 매우 유의미하다는 것입니다. 그러나 우리가 인생에서 영적 진화만 할 수 있는 것은 아니잖아요. 먹고 살아야 되잖아요. 먹고 살아야 시주도 하고 헌금도 낼 것 아닙니까?

먹고 사는 것에서 결국은 육신의 번영이잖아요. 육신의 번영을 진정으로 에너지를 내려주고 있는 존재는 영적인 신앙의 대상이 아니고 엄마와 아버지입니다.

엄마 아버지의 할아버지 할머니 그 위의 조상들의 에너지가 흘러 내가 태어난 것이라는 겁니다. 그것이 나입니다. 육신의 나입니다.

학생 — 며느리는 시댁조상이 돌보나요? 아니면 친정 조상이 돌보나요?

선생님 — 친정 조상이 당연히 돌보지요. 뿌리를 보세요.

학생 — 제사의 단절이 오면 그 영향은 모든 사람에게 옵니까?

선생님 — 그것은 아닙니다. 제사의 단절이 오면 불치성, 난치성 질환이 잘 발생하는데 3가지 저번에 말씀드렸죠.

제사가 잘 안 모셔져 있는 경우에 1번이 그 집안에 불치, 난치의 질환의 사람이 전부 다가 아니고 다발한다. 여러 명이 나타난다는 것입니다. 두 번째, 태어난 해에 해당하는 아이들이 공부를 태만하게 한다. 세 번째가 후손 중에 잘사는 사람 못사는 사람의 차이가 생기는데 그 편차가 심하다는 것이죠.

학생 – 그런데 왜 그 집안 장자의 天殺방향으로 제사를 지냅니까?

선생님 – 나무는 직립입니다. 형제는 동기연지(同氣連枝)와 같다는 것입니다.
그림의 가지가 벌어지는 자리가 부러지면 안 되는 것이죠.

그림 115)

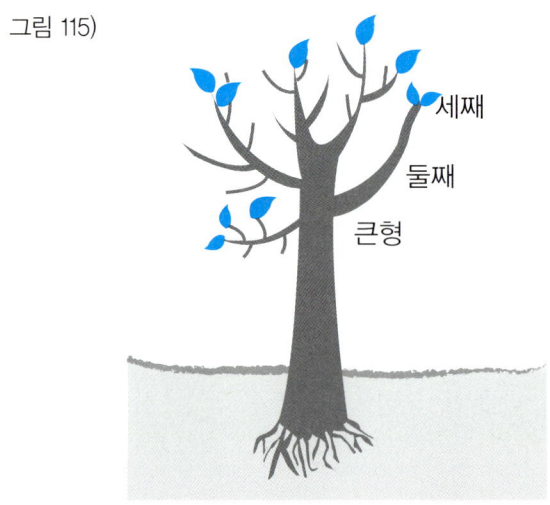

학생 – 요즘은 제사를 많이 없히잖아요. 그러면 그것도 안 좋은 것입니까?

선생님 - 그것도 그런데 너무 윗대까지 할 필요는 없고 뿌리도 중요뿌리만 닿으면 되거든요. 너무 길게 뻗은 뿌리까지는 일부로 물을 주려고 안 해도 된다는 것입니다. 가까운 조상까지만 하면 됩니다. 조금 넉넉하게 하면 증조대까지만 하면 됩니다.

학생 - 제사 지내는 시간은?

선생님 - 원래 우주의 하루가 지구의 1주일이기 때문에, 원래 이런 이야기는 이상한 사람 취급하기 때문에 잘 못 하는데 이렇게 보면 됩니다.

예를 들어서 15일이 제사면 벌써 보름 전에 천상에 영적으로 머물러 있던 조상이 벌써 그때 출발을 해서 벌써 와 있다는 것입니다. 그것을 우리가 태극기론이라고 하는데 한국 조상들은 태극기를 들고 옵니다. 이것은 정말로 도를 닦아서 보는 세계를 이야기를 해주는 것이라서 어떻게 받아들일지 모르겠는데, 여러분이 도를 좀 닦아서 문이 열리면 보이는 것인데 그 집의 조상이 한국 사람이잖아요?

한국 태극기를 들고 옵니다. 벌써 보름 전에 나와 있습니다. 우리가 제사상 차리려고 하고 있는데 태극기 들고 흔들면서 살살 따라다니고 있는 겁니다. 일본 조상은 일장기 들고 따라다니고 있습니다.

그렇게 나왔다가 들어가는 그런 원리를 이용해서 날짜를 모르면 그냥 보름 정도에 지내 버리면 됩니다. 보름에 지내면 이미 다 그 조상이 제사를 받고 갑니다. 제사를 받는다는 것은 이 우주적인 기준에서 굉장한 소통과정입니다.

성경에도 뭐라고 해 놨느냐 하면 반드시 짐승의 피로 제사를 지내라고 했거든요. 카인과 아벨(Cain and Abel) 이야기 아시는지 모르겠네요. 곡식으로 제사를 지내는 것은 꽝이라고 했거든요. 그래서 동물의 피로서 제사를 지내라는 것이죠.

그런데 우리가 수많은 케이스를 보니까 술만 올려도 그 우주적인 소통은 이루어지더라는 것입니다. 그래서 술 올리고 지방 쓰고, 위패 쓰고 해서 절만 해도 됩니다.

조상은 후손에게 아무것도 원하지 않습니다. 항상 줄려고만 하는데 자식에게 무엇을 원하겠습니까? 그때 태극기를 들고 오면서 왼쪽 주머니에는 하나씩 꾸러미를 들고 옵니다. 일종의 자식들에게 에너지를 줄 수 있는 그 주머니를 들고 와서 이렇게 놓아두고 간다니까요.

학생 – 제사 합치면 안 되겠네요?

선생님 – 그렇죠. 왜냐하면, 나무 주변에다가 여러 번 물을 주잖아요. 그렇다고 홍수 날 정도로 줄 필요는 없고, 여러 번 물을 주는 과정을 통해서 결국은 나무가 살아나고 지엽이 무성하고 꽃이 좋고, 열매가 많고 그래서 용비어천가 악장에 나오잖아요. '뿌리 깊은 나무는 바람에 아니뮐세' 즉 꽃이 좋고 열매가 많다는 것이죠.

학생 – 부모 제사를 합치면 안 좋다는 결론으로 가는 것이네요.

선생님 - 화분에 게으른 놈은 물을 한 번만 줘도 되고 부지런한 놈은 두 번을 준다고 생각을 하면 됩니다.

학생 - 그것이 현몽으로 나타나면 어떻게 합니까?

선생님 - 당연히 나타나죠. 한번은 동쪽에 물을 주고 한 번은 서쪽에 물을 주는 것인데 내가 엎쳐서 '동쪽에다가 물을 많이 부어 드릴게요.' 하면 그래도 엇비슷하긴 하잖아요. 그렇게 생각을 하시면 됩니다.

학생 - 제사를 지내는 사람에게 나타나야 되는데 제 3자에게 현몽이 된다는 것입니다.

선생님 - 제 3자에게 현몽이 될 수 있죠. 말을 안 듣는 놈에게 잘 안 나타나거든요. 신명세계의 기준에서 보면 말을 잘 안 듣는 사람에게 자꾸 나타나 봐야 뭐를 할 것입니까? 말을 듣는 사람에게 나타나서 메시지를 주는 것이 낫죠.

학생 - 저는 저의 친정 부모님 제사를 지내야 되는 것이네요.

선생님 - 당연하죠.

학생 - 그러면 자식은?

선생님 – 양쪽 다 지내야 되는데 친정집에는 또 장손이 있을 것이잖아요. 장손들이 지내고 있으니 남자들 같으면 친가 쪽 제사를 더 챙기는 것이고, 그다음에 여자 입장에서는 친정에 그냥 거기의 제사권자가 제사만 잘 챙기고 있어도 내가 그 기운을 받는 것은 족하다는 것입니다.

학생 – 그런데 나의 자식은 내가 어머니이니까 할머니 할아버지 양쪽 집을 다 지내야 되죠?

선생님 – 양쪽 집을 다 기본적으로 지내야 되죠. 당연히 엄마 제사를 지내야 되죠. 외할아버지는 외삼촌이 지내잖아요. 외삼촌이 없으면 내가 지내야 되죠. 그러면 화분 왼쪽에도 물을 주고 화분 오른쪽에도 물을 주고 하는 것이죠.

거기서 오는 에너지 변화라든지 기운이 작지 않기 때문에 절에 가면 부처님은 24시간 쉬지 않고 아침, 저녁으로 제사 공양을 받는 것입니다. 그것을 우리가 예불(禮佛)이라고 합니다. 아침에도 제사를 지내고 저녁에도 제사를 지내라는 것이죠. 제사상에 올라오는 것은 중요하지 않다. 그렇지 않습니까?

학생 – 보통 제사를 지내지 않고 산소 가서 술 한잔 치면 그것은 안 됩니까?

선생님 – 그것도 안 하는 것보다는 낫습니다.

학생 – 제사를 지내려고 밥을 해서 두잖아요. 할 때 제사를 지내는 그 순간에 반쪽이 나면 그것이 어떤 현상입니까?

선생님 – 그런 것들이 영적인 압력이 있다고 보는 것이죠. 그러니까 우리가 도를 한 참 닦고 본 것이 이렇습니다. 사람들이 돌아이라고 할까봐 말을 아끼지만 어떤 집에 제사 지내는 것을 보면 조상이 혼자만 와있는 것이 아니에요.

그분 제사를 모시고 있는데 두어 분 더 와 있습니다. 제사상 앞에서 왔다 갔다 하면서 춤을 추고 있습니다. 그것을 우리가 환영을 본 것이라고 생각하고 마는데 도를 닦다가 본 것이니까, 그것을 기운을 봤다고 생각을 하는 것이죠.

어지간하면 다 안다는 것입니다. 그런데 화분에 물을 안 주는 놈은 자기 스스로 벌을 받는 것이잖아요.

학생 – 제사 다 지내고 나서 음식을 조금 떼어서 물밥을 준다고 하잖아요. 그게 꼭 해야 되는 것입니까?

선생님 – 그것을 사자 밥이라고 하는데 그런 것들이 제가 확실하게 본 세계는 아니지만, 조상과 같은 자격으로 옆에 앉아서 먹습니다. "밥 먹자!" 하면 다 같이 먹잖아요.

만약에 신명의 세계에서 아직도 벌을 받고 있는 중이라면 누가 같이 따라 나오겠습니까? '신과 함께' 영화 보셨습니까? 교도관이 따라 나와서 교도관이 엉거주춤하게 입구에 앉아 있으니까 교도관을 대접하는 입장에서 일종의 고수레를 하는 것이죠.

학생 – 제사 방향에서 예를 들어서 돌아가신 분이 둘째 아들인데 형도 사망을 하고 동생도 사망을 하면 조카가 있잖아요?

만약에 그 조카가 제사를 안 지내면 아들도 안 지내고 조카도 안 지내면 둘째 아들은 조카의 天殺 방향으로 지냅니까? 자기 자식의 天殺방향을 지냅니까?

선생님 – 어찌 되었든 간에 장자 중심으로 지내는 것입니다. ⓐ는 죽고 없다는 것 아닙니까? ⓑ도 죽고 없다는 것 아닙니까? 그러면 당연히 ⓒ에게 당연히 가는 것이죠. 어찌 되었든 장자에게로 제사권이 가는 것이죠.

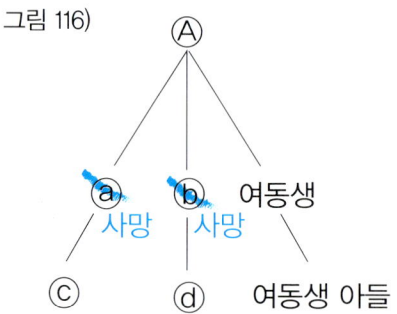

그림 116)

그러니까 뻗쳐나온 가지중심인데 여동생이 지낼지라도 또는 여동생의 아들이 지낼지라도 ⓐ와 ⓑ의 제사는 의미가 없죠. Ⓐ의 제사는 의미가 있겠죠?

학생 – 그런데 집 구조들이 다 똑같아서 天殺방향을 지내려고 하면 절하는 방향이 애매해집니다.

선생님 – 그래서 나왔어요. 조폭과 함께 나온 것이 무엇인지 아십니까? 병풍입니다. 단 병풍은 종교적인 상징물을 두면 안 된다. 반야심경이 적혀있는 병풍 같은 것을 하면 안 됩니다.

조상의 영적인 에너지와 신앙의 대상으로서의 에너지와 워낙 편차가 크기 때문에 쓸모가 없어지는 것입니다. 요즘 농사지을 때 벌레 들어가지 말라고 비닐로 막아 버리잖아요. 거기에 물을 주면 어떻게 됩니까? 옆으로 다 빠져 버리잖아요.

병풍을 치되 가구가 있다든지 해서 병풍을 치는데 병풍에다가 종교적인 상징을 하지 말라는 것입니다. 제일 좋은 것은 아이들 제기 차고 팽이치고 놀고 있는 풍속화 있지 않습니까? 조상과의 미팅 테이블이기 때문에 그렇습니다.

학생 – 대부분이 반야심경 같은 것을 많이 쓰는데…

선생님 – 그러면 소용이 없는 것이죠.

학생 – 제사 지낼 때의 시간적인 개념은 子時에 많이 하지 않습니까? 그런데 시간은 상관이 없습니까?

선생님 – 아무 상관이 없습니다. 대낮에도 지냅니다. 호국선열에 묵념. 사실은 대낮에 지내도 다 압니다. 보통 영성이라고 하는 것이 사후에 육신의 기능이 확 축소되면서 영성이 보통 인간보다 9배 정도 커져 버립니다. 말 그대로 코로 치면 개 코가 되는 것이죠. 다 알고 있다는 것입니다.

학생 – 며느리가 지내는 것은 괜찮아요?

선생님 – 며느리가 제사를 지내도 되고 돌만 지난 놈이 방바닥을 기면서 절을 해도 압니다.

난치나 불치질환의 배경을 서구식 이해 방식에서는 환경이다. 물질이다. 매일 지적하는 것이 발암성 물질이잖아요. 발암성 물질에 노출되는 것이 그렇게 많은데 걸리는 놈, 안 걸리는 놈이 왜 다르냐?

결국은 이 프로세스가 틀렸다는 것이 아니고 이런저런 물질이 발암성을 조장한다는 것은 인정이라는 것이죠. 그런데 발암성에 쉽게 노출이 되고 면역체계가 극복되고 그것은 무엇이냐? 나무가 튼튼하면 그런 것이 노출되어 소모가 생기거나 희생이 생겨도 가볍게 극복이 된다는 것이죠.

이것을 강조를 안 하는 이유가 이것을 강조해서 알려주잖아요? 그런 손님만 줄을 물고 오는데 이것을 누가 자꾸 데려오는가 보면, 그 집의 조상들이 자꾸 데리고 오는 것이죠.

그래서 제가 그런 기운을 느껴 버린다니까요. 그 집의 조상이 "우리 아이도 좀 빨리 말해줘! 天殺로 절을 하라고." 그래서 손님이 눈빛이 맹하게 있다니까요.

그런 것도 너무 강조를 하면 암환자하고 진료수업 비슷하게 되는 것이어서 강조는 안 하는데, 정말인지 아닌지 여러분이 꼭 체크를 해 보세요. 조금 심하게 표현을 하면 반드시 그렇다고 보면 됩니다.

학생 – 정확하게 방향이 안 맞는 경우가 있잖아요.

선생님 – 그래서 조폭과 함께 병풍이 나왔고 병풍에 종교물만 아니면 되니까 뒤가 가리게 하면 되잖아요.

학생 – 각도가 조금 차이가 나도요?

선생님 – 가리게 해도 아무 상관이 없다니까요.

학생 – 기독교식으로 제사를 지내도 됩니까?

선생님 – 거기에도 종교적인 상징물만 안 올리면 됩니다. 십자가를 올리거나 추도식을 하는 것은 좋은데 거기에 십자가를 올리거나 성경책을 올리면 그분이 수행하고 신앙생활을 하다가 떠난 분이면 상관이 없습니다.

학생 – 교회를 다니시는 분이 상에다가 교회의 상징물을 올려놓고 하지 않습니까?

선생님 – 불교에서 영가 천도하는 의식과 비슷한데 "아뿔싸! 내가 저 신명계를 넘어가 보니까 야! 나는 신명계에 계급장도 없네!"
그러니까 군번이 없는 것입니다. 학교를 진학하면 학번이 있는데 학번도 안 나오고 군번도 안 나오니까 그래서 차라리 내가 이 동네의 영적으로 진화된 세계에서 넘버를 못 받는다면 '내

새끼라도 내가 잘 기운적으로 도와야 되겠다.' 이렇게 되는 경우가 굉장히 많습니다.

그런데 자손들은 그렇게 생각을 안 하거든요. "그럼 안녕!" 하고, 천국갔다고 주장을 하는 것이죠. 당연히 가면 좋죠. 그런 곳이 쉽게 가지는 것이 아닙니다.

학생 − 조상에게 제사를 지내는 것은 제사고, 추석에 지내는 것은 차례잖아요.

선생님 − 추석 명절은 地神에게 지내는 것입니다. 이 동네 이름이 뭐냐하면 사직동(社稷洞)입니다. 사직이 토지신 社, 곡식신 稷입니다.

토지와 곡식을 관장하는 地神에게 제사를 모시는 곳이 社稷입니다. 宗廟는 무엇입니까? 왕이 죽은 곳이 아니니까 부산에는 宗廟가 없잖아요. 그래서 宗廟 社稷이잖아요. 宗廟 社稷을 파한다는 것은 이 나라 살림을 끝장을 낸다는 말입니다.

그래서 추석 명절의 제사라고 하는 것은 社稷과 모든 조상에게 합동으로 절 이렇게 하는 것입니다. 그것도 제사는 제사죠.

학생 − 9월 9일 날 지내는 제사는 없지 않습니까?

선생님 − 구구절 제사는 생모를 잘 모를 때 하는 것이죠. 9라고 하는 공간이 귀신이 머무는 공간으로 보는 것이기 때문에 99절에 몰아서 생모를 잘 모르는 조상을 합동으로 하는 것이죠.

학생 – 그때는 아무 방향 없이 그냥 합니까?

선생님 – 그것도 天殺이라고 하니까요. 장자의 天殺입니다. 생모를 모르는 것이지 언제 태어났고 언제 죽었는지 모르는 것이지 나의 뼈를 만드는 것에 관여한 조상에게 하는 제사잖아요. 뼈와 육신을 만드는 것에 관여하였기 때문에 天殺로 맞춘다는 것입니다.

학생 – 책을 보니까 산소 방향을 天殺로 맞춘다 이런 것이 있던데요.

선생님 – 산소 방향마저도 天殺에 있으면 좀 더 기운이 유도된다고 보는 것이죠.

살면서 안 아플 수도 없고 안 죽을 수도 없지만 살아 있는 동안에 우리가 건강하고 행복하게 살려면, 원리적으로 제대로 꿰뚫어 볼 필요가 있는데 앞의 설명을 잘 한번 챙겨보시기 바랍니다.

서구인들은 제사를 안 모시느냐 하면 그것이 아니고 서구인들은 묘지를 바로 길가에 두고 추모를 합니다. 조상을 안 모시는 것이 아닙니다. 자기 몸 뿌리와 氣가 소통하는 것은 이런 것입니다. 다 말라 비틀어져 가는 육신이 다시 건강을 찾는 것이 뿌리가 건강하면 된다는 것이죠. 그렇죠?

그래서 완전히 끝내는 것이 무엇입니까? '뿌리를 뽑자.' 한자말로 根絕 아닙니까? 그만큼 뿌리라고 하는 것이 중요하다는 것입니다. 뿌리와 기운을 소통시키는 것이 제사입니다. 조금만 신경을 쓰면 그것은 아무것도 아니거든요.

개인마다 영향을 많이 주는 것이 무엇이냐 하면 六害殺입니다. 六害殺 달에 돌아가신 조상은 나와 더 많이 잇닿아 있다는 것이죠. 나에게 운명적으로 더 영향을 많이 주는 조상은 본인 띠를 기준으로 六害殺 달 돌아가신 분입니다.

六害殺 달 제사를 정말 잘 모시면 현몽을 하기도 하고 실제로 좋은 변화를 만들어 줍니다. 인터스텔라 현상 같은 것이 있다는 것입니다. 인터스텔라 그것을 보면 조상이 책장 뒤에서 차원이 다른 곳에서 코딩을 해 주잖아요. 그것이 진짜로 있다는 것입니다.

학생 – 돌아가실 때 정 땐다고 하는 게 있잖아요.

선생님 – 그것은 돌아가신 분의 의지가 아니죠.

학생 – 부모가 자식에게 정을 떼기 위해서 잘 해주다가 계속 매몰차게 해서 자식하고 정을 떼면 자식에게 영향을 안 준다는 그런 설도 있고

선생님 – 그것은 사람의 어떤 보편적인 도덕률에 의한 해석법이 그렇고 그러면 그것이 진심이라는 말입니까?

이 우주는 진심을 기억합니다. 진심이라야만 된다는 것을 성경이고 불경이고 다 이야기를 해 놨다는 것입니다. 중요한 것은 진심이어야 합니다. 그러니까 우리가 '참말이냐?' 다음에 묻는

것이 '진심이냐?' 하잖아요. 참말과 진심이 결국 이 세상을 움직이는 진짜 에너지 체계라고 하는 것이죠.

예수님도 매번 한 말이 무엇입니까? '진실로 진실로 내가 너에게 이르노니,' 이런 표현을 합니다. 진짜 마음이 아닌 것은 이 우주도 다 알고 있습니다. 외상도 다 알고 있습니다. 외상, 가짜, 거짓말 이것 다 알고 있다니까요.

원래 이 우주가 물리 법칙이 우리가 알고 있는 이 열역학 법칙을 벗어날 수 없기 때문에 그렇습니다.

학생 – 시부모님 모시는 제사를 자식에게 좋다고 해서 며느리가 가져가 버리면 이런 것은?

선생님 – 그러면 가지고 가시고 나는 또 지내면 돼요. 제사는,,,

학생 – 중복해도 괜찮습니까?

선생님 – 중복해도 괜찮습니다. 이순신 장군의 제사는 동시에 지냅니다. 아무 상관이 없습니다. 부처님 제사는 아침 점심 저녁으로 24시간이 돌아갑니다.

학생 – 저번에 숙제로 내어준 제왕절개 날짜인데 날은 학생들이 잡아 봤는데 좋은지 어떤지 설명이 필요합니다.

①

時	日	月	年
丁	戊	庚	戊
巳	子	申	戌

성별 불문

②

時	日	月	年
乙	癸	庚	戊
卯	巳	申	戌

坤命

③

時	日	月	年
丁	甲	庚	戊
卯	午	申	戌

乾命

선생님 — 운의 흐름을 놓고 그릇 자체만 본다면 남자일 경우 ①번 명조가 時祿格에 월 食神에 申子辰이 무리 지어 있는 이런 모양들이 보통 평생을 잘 먹고 잘사는 사람들이라고 보면 됩니다.

부모 자리에 食神이 제대로 정립이 되어있고 그다음에 寅巳申戌이라고 하는 자체가 전부 다 파워풀 인자가 되는 것이죠. 申 食神이 財星을 언제나 에워싸고 있는 그런 모양이 되죠.

단지 戌과 申이 隔角이 되어 있으니까, 隔角이라고 하는 것이 단지 조부와 부친의 활동무대와 궤도의 차이가 있는 것으로써 보통 아버지의 번영 위주의 혜택을 위주로 보게 되는데, 그런 것이 운명적으로 그런 것은 크게 중요한 것이 아니라고 보죠.

②번 팔자도 잘 생겼죠. 물론 陽貴 陰貴의 출현 그리고 ①번도 陽貴 陰貴의 출현 이것이 있는데 陽貴 陰貴가 다 드러나면 패턴이 잘 짜여있으면 만고에 편하고 수월하게 살아가는 그런 속성이 발생하는 것이죠.

②번 명조는 일지 巳가 天乙貴人이기도 하고 자체의 官星 祿이기도 한데 월의 申과 刑合이 되어있죠. 이것이 巳의 기운을 조금 삭감함으로써 약간 格이 깎이기는 했지만 그래도 형태상으로 이 정도 같으면 잘 먹고 잘 사는 것에는 전혀 지장이 없다고 보면 됩니다.

학생 – 乙卯시보다는 甲子시가 낫지 않습니까?

선생님 – 乙卯가 낫죠. 乙卯가 天乙貴人이 들어옴으로써 자식의 번영인자가 두드러지고 그다음에 본인이 桃花를 가지면 자기가 남들에게 예쁘게 보일 수 있는 능력, 외모, 특장점 이런 것을 가지고 있는 것으로 보기 때문입니다. 단지 이것이 陰陽差着 이런 것이 걸리는 것 그다음에 巳申 刑合에 의해서 삭감되는 것 이런 것들이 약간의 약점이 될 수 있습니다.

③같은 경우에는 시의 羊刃이 길작용을 일으키기도 하고 여러 가지로 번거로움을 주기도 하는데 卯와 午가 破가 생기지 않습니까? 申과 午는 隔角을 크게 문제 삼지는 않아도 되는데 午 중의 己土가 正財로서 財星이 되는데 正財를 취해오느냐 아니면 年의 戊戌 偏財를 취해서 살아가느냐 하는 것인데 合으로 무리 지어 있으니까 그런 부분에서 配星의 선택 이런 것에서 약간의 불안과정이 생길 수 있다. 이런 정도의 약점은 있는데 남자는 괜찮습니다. 여자만 오면 좋으니까 남자는 누구든지 좋다는 것이죠.

학생 – 원 명에 印綬가 없어서?

선생님 – 申중의 壬水가 있기 때문에 水의 노출이 없는 것에 대한 부족함의 해로움이 그리 크지 않다고 이렇게 보면 되죠.

여러분이 제왕 택일을 해보면 어떤 것을 알게 되느냐 하면 "정말로 결점 없이 좋은 놈은 한 놈도 없구나!"

이것이 사실은 학습 목표입니다. 모두 다 운명적인 결점이나 약점을 다 가지고 살아가는데, 그중에서 어떤 것이 조금 덜하게 약점을 가지느냐 이런 게임으로 보시면 되죠.

잡아보시는 것을 연습을 해보시면 되고 여러분이 직업적으로 그런 것을 하실 때에는 그렇게 우선순위를 매겨서 점수를 분류할 수 있어야 된다는 것이죠. 숙제해 보면서 공부가 잘되게 되어 있습니다.

11 개운법 정리

11 개운법 정리

학생 — 동영상 복습을 하다 보니까 지난 시간에 선생님께서 설명하신 명조인데 서울에 남편 되시는 분이 대기업에 계시면서 외국에 왔다 갔다 하다가 귀국하셔서 생활하셨던 분 명조를 기억하시나요?

時	日	月	年	坤
乙	甲	乙	乙	命
丑	午	酉	未	

학생 — 설명하실 때 〈그런데 午 傷官에 酉가 들어오니까 무슨 작용이 일어납니까? 破작용이 일어나잖아요. 물론 午와 卯가 기본적인 破이지만 똑같은 작용이 발생하는 것이죠.〉라고 하셨는데 이해가 잘 되지 않습니다.

선생님 — 그렇죠. 이렇게 보시면 됩니다.

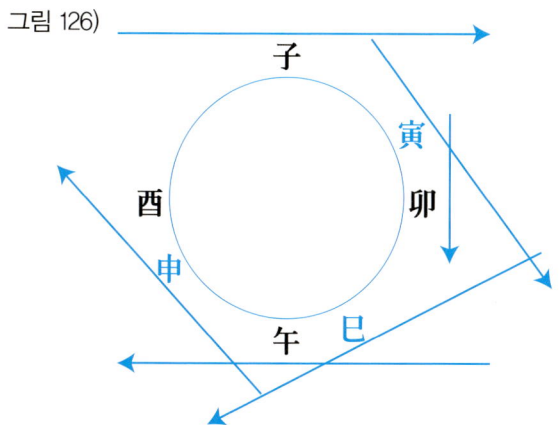

그림 126)

　강의 시작할 때 그림처럼 화살 표시를 해 드렸지 않습니까? 子가 가는 방향 → 과 午가 가는 방향 ← 이 相冲이면서 위치가 다르고 방향이 다르고 그렇죠? 卯는 ↓ 이 방향이 되겠죠?
　그래서 子卯 사이에 뭐가 성립한다고요? 刑이 성립을 하고, 그렇죠? 그다음에 卯와 午 사이에 또 破가 성립하고 그렇죠? 午酉도 마찬가지라는 것이죠.
　酉라고 하는 것이 방향이 ↑ 이렇게 되는데 子酉 相破라고 하는 것이 神殺편에서는 그렇게 되어 있는데 午의 방향성을 酉가 미끄러지게 한다는 것이죠. 冲은 맷돌처럼 반대로 갈려 나가잖아요.
　寅申巳亥도 마찬가지 아닙니까? 각도로 보면 寅巳申이 각도로 보면 그림과 같이 되지 않습니까? 申과 亥는 相破로 취급을 하지만 그것도 결국은 刑과 흡사한데 단지 이 기운이 강하지 않다는 정도로 정리하시면 됩니다. 그래서 미끄러지게 한다는 것이죠.

時	日	月	年	坤命
丁	庚	辛	癸	
丑	午	酉	丑	

여사 명조인데 官星이 태어난 날과 시에 있음으로써 보통 직업적으로 전문직 위주로 가서 아주 유명한 한의사입니다. 그런 것은 설명을 안 해도 되겠죠.

丑과 午에서 官星이 元嗔에 의해 문제가 되잖아요. 元嗔이 있고 午하고 酉사이에 이것을 어떻게 볼 것이냐? 이것이 약간 다리를 저는 모양으로 간다는 말입니다. 그래서 본인이 아니고 配星의 모양이 그렇다는 것입니다.

그래서 이런 모양일 때 丑午 元嗔이라고 하는 것이 남들이 힐끗 보고 있는 모양을 말하는 것입니다. 그다음에 꼴이 온전하지 못하다고 했죠? 옆에서 미니까 절뚝절뚝 걷는 것이죠.

그래서 사실은 신상에 부족함이 있는 사람을 짝으로 맞이해야 타고난 그릇의 分대로 갈 것이다. 이렇게 해놓고 본인에게는 말을 못하는 것이죠.

혹 그런 사람이 오더라도 인연으로 온 것으로 받아들일 필요가 있다고 이렇게 옛날에 완곡하게 표현을 했는데, 실제로 그런 사람을 만났었는데 결혼까지는 매칭을 안 했다는 것입니다.

그 이유가 무엇입니까? 年에 있는 丑 天乙貴人작용에서, 비록 羊刃格으로서 부모의 덕을 조금 쪼개고 나누는 속성은 발생하지만 원래 한미(寒微)한 집안이에요? 가세나 집안이 뼈대가 있는 집안입니까? 뼈대가 있는 집이잖아요.

뼈대가 있는 집안의 인자를 가진 사람은 항상 구색을 갖춘 추구성이 생기니까 본인은 어느 정도 받아들일 마음이 있었을 것이라고 보는데 집안에서 안 되는 것이죠. 그것이 또 남편의 자리를 빼앗아가는 劫財와 무리를 지어 있지 않습니까?

그러니까 짝을 맞추려고 하면 '콩이야 팥이야.' 말이 많이 생기겠죠. 劫財가 당연히 남편의 자리에 대해서도 劫財작용을 일으키는 것이 당연한 것이죠. 실제로 그런 사람과의 교제 과정이 있었는데 혼인이 안 된 그런 경우에 해당을 하죠.

다시 丁丑시의 모양을 좇아서 갈 수는 있는데 일지 午의 모양이 싫으면 丁丑시의 모양으로 가겠죠. 변화가 많지 않은 공직이라든지 교수직이라든지 이런 분야가 인연인데, 축축한 땅에 조명을 밝혀 놓고 있는 그런 직업분야라고 하는 것이 어떤 것이 있겠습니까?

무식하게 표현을 하면 등대지기가 되는 것이죠. 물이 찰랑거리며 젖었다가 빠졌다가 들어왔다가 하는 자리에 조명을 밝혀 놓고 거기에 머물러 있잖아요. 그래서 수자원공사 그다음에 핵발전소가 바닷가에 있으니까 원자력 발전소 그런 것이 딱 이런 모양 아닙니까?

그런 속성을 가지고 있는 배연(配緣)이 오는데 申酉 劫財작용, 丑午 元嗔작용, 年의 丑에서 보는 元嗔작용, 破 작용이 오니까 실제로 불편한 사람이 왔었는데 인연으로 연결되지 못한 케이스에 통하는 것이죠.

刑이라고 하는 것이 꼭 무엇을 찢어서 수술한 것만이 아닙니다. 수술한 것은 아닌데 기능적으로 다 하지 못해서 하는 수 없이 미끄러지는 모양이 만들어지는 것을 의미하거든요. 그래서 그렇게 이해를 하셔도 됩니다.

時	日	月	年	坤命
乙	甲	乙	乙	
丑	午	酉	未	

이 양반도 마찬가지죠. 酉와 午에 그렇죠? 서방님이 가까이 오니까 숨이 막혀서 죽겠다고 합니다. 그것이 破의 작용이 발생한 것이다.

1) 명과 운의 간섭인자

1-1. 명의 간섭인자

※ **母胎**

여러분이 키워드 중심으로 정리를 해보시면 됩니다. 명의 간섭인자로서 기본적으로 모태(母胎)인데, 母胎에서 떠날 때 받는 天氣 또는 地氣를 총칭해서 말하는 것이죠. 주로 천체인력이죠.
　호흡을 터트릴 때 발생하는 천체인력이 대체로 母胎와 같이 母胎가 낳아준 작용을 통해서 같이 형성되는 것이니까 母胎가 되죠.

※ **배태 (配胎)**

※ 地胎(址胎)

땅 地지가 너무 뜻이 포괄적이라서 제가 터 址자로 쓰기도 하는데 地胎 그래서 어떤 사회문화적 환경에서 태어나고 자랐느냐? 이런 것이 큰 운명적인 틀을 가늠하게 된다는 것이죠.

※카르마 karma

그다음이 카르마 문제인데 카르마 문제는 두 가지가 있더라는 것이죠. 조상이 쌓아온 여러 가지 행위적인 것이죠. 積善도 있지만, 積善이 있다는 것은 積惡도 있다는 것이죠. 조상에서 내려다 주는 카르마 karma인자라고 하는 것이죠.

개인의 영적인 카르마 karma가 있더라는 것이죠. 개인의 영적인 카르마 karma 이런 요소들이 결국은 그 사람이 타고날 때 부여되어 있는 고유의 기운체계에 있는 것이죠.

물론 干支체계로서 우리가 분류하지만, 기운체계에 어떤 기운체계를 만나느냐? 그리고 어떤 국가 또는 사회체제, 국운도 포함되겠죠. 국운과 맥락을 같이 하지만 어떤 지역이냐에 따라서 삶의 내용이 다르고 그다음에 카르마가 다르다는 것이죠.

ⓐ	時	日	月	年	乾命	ⓑ	時	日	月	年	乾命
	丙	丙	癸	庚			丙	丙	癸	庚	
	申	辰	未	子			申	辰	未	子	

두 사람이 干支가 똑같습니다. 두 사람이라서 두 번 적었습

니다. 두 사람이 일종의 친척관계인데, 한 날 한 시에 태어났는데 ②번 양반은 申時 초반에 태어나고 ①번 명조는 申時 중반이나 초반에 태어난 경우인데 삶의 내용이 편차 부분을 보는 것이죠.

申時초에 태어난 ②번 명조는 우리나라에서 이름을 대면 알 만한 준재벌 집안에 태어나서 立春 立秋로 보면 丙申 丙寅에 걸리죠. 丙寅에서 丙申으로 다가올 때까지 사업적인 것을 벌려서 벌기도 하고, 丙申까지 갈 때 굴곡을 많이 겪다가 丙申운부터 경제적으로 자리가 잡히면서 지금은 업종을 여러 가지 하게 됩니다.

①번 명조는 여기에서 파생된 사업을 하고 있는데, 볼륨차이는 상당히 나죠. ②번 명조가 10정도라고 하면 ①번 명조는 2개 정도 되는데 운명적 주기를 봅시다.

①번 명조는 丙申운 다가오기 전 처음에는 직장생활을 하다가 辛巳年, 丙戌年 즈음에 독립적인 사업을 합니다. 사업을 할 컨디션이나 여건이 안 된 것이죠. 年의 庚子의 유혹이 있었겠죠. 이것이 空亡에 걸리잖아요.

기본적으로 官星이 空亡에 들어가 있고 나머지 空亡맞지 않은 官星은 天干에 있죠. 이런 경우에 官星을 쫓기보다는 무엇을 쫓습니까? 空亡된 자 즉 官星을 믿을 수 없으니 庚 偏財를 쫓잖아요.

ⓑ이 양반은 어떤 여건이 됩니까? 자기가 사업을 열 만한 여건이 되었기 때문에 庚子를 쫓아가는 것이죠. 쫓아가서 사업을 해서 2000년 전에 시원하게 한 번 사업적으로 깔끔하게 데미지를 입었습니다.

ⓐ명조는 그런 여건이 안 되었기 때문에 불만스럽지만, 직장생활을 계속 감당을 하다가 辛巳年부터 독립에 대한 뜻을 세우고 壬午年에 작게 시작을 하고, 丙戌年에 다시 모양을 서서히 갖추기 시작을 함으로써 사업적으로 풍파를 그렇게 많이 겪지는 않았다는 것이죠.

그런데 운명적으로는 年의 偏財 空亡, 官星 空亡의 해로움을 당한 것이죠.

이런 경우에 配胎라고 할 수도 있고 地胎라고 할 수도 있는 것이 가문석인 배경노 地胎(址胎)요소에 해당할 수 있는데 어느 집안에 태어났느냐 하는 것이죠.

ⓑ는 거의 준 재벌 집안에 태어나서 무엇을 학습했습니까? 偏財 空亡을 짜릿하게 사업을 통해서 학습을 했고 ⓐ의 경우는 나도 하고 싶었는데 여건이 안 되어서 못했고 辛巳年부터 하게 되는 것이죠.

ⓑ 이 양반은 庚辰年 전에 즉 2000년 전에 한 번 크게 사업적으로 데미지를 입습니다. IMF 아시죠? 이때 데미지를 한 번 크게 입었다는 것입니다.

실제 사는 내용들이 어떤 내용들에 의해서? 母胎, 配胎, 址胎에 의해서 영향을 받았다는 것입니다.

물론 주기가 같으니까 즉 대운의 흐름이 같으니까 맥락적으로 설명해 줄 수는 있는데, 실제 삶의 내용적인 측면 또 돈은 두 명 다 벌고는 있는데 量的인 측면에서 볼륨차이가 상당히 있는 것이죠. 이해가 되십니까?

학생 — 사업을 실패를 하면 혹시 아버지는 괜찮은 것 아닙니

까?

선생님 – 그렇죠. ⓐ는 아버지 인연이 빨리 끊어졌고, ⓑ는 아버지 재물을 확 한번 엎어버리니까 아버지 수명을 지켰습니다. 그러나 어찌되었든 아버지의 혜택에 또는 인연에 굴곡이 반드시 생긴다는 것입니다.

ⓑ는 아버지가 살아 계심으로써 재물을 엎어버림으로써 아버지와 인연이 조금 더 길어졌지만, 아버지에게 무엇을 당했겠습니까?

그러니까 아버지와의 관계성이나 혜택에 굴곡을 많이 당하고 ⓐ명조는 아버지가 일찍 돌아가심으로써 희생을 치른 것이죠. 자식 인연은 아들 딸 같이 왔고 ⓑ가 결혼이 조금 빨랐고 이렇게 보시면 됩니다.

그런 주기성 속에서 사는 내용이 이렇게 저렇게 달라진다 하는 것을 여러분이 감안을 하세요.

여기서 개운이라고 하는 것을 설명해 드린다면, 제가 키워드들 드리는 것입니다. 더럽게 일이 안 풀리면 짝을 한번 바꾸어 보라는 것입니다. 지독스럽게 안 풀리면 配胎는 바꿀 수 있잖아요.

여러 가지 운명적인 총 함수가 '$F(x)=f(x^1)+f(x^2)\cdots$' 이런 모양이잖아요. 母胎는 $f(x)$라고 해도 상수와 같은 것이지 않습니까? 그러면 바꿀 수 있는 것이 $f(x^2$ 配胎$)$, $f(x^3$ 垤胎$)$가 되죠. 그래서 지독스럽게 안 풀리면 짝을 한 번 바꾸어 보고, 짝을 바꾸어서 안 풀린다면 그러면 사는 동네를 크게 옮겨보라는 것입니다. 크게 옮긴다는 것이 국가를 옮기는 것도 있습니다.

학생 – 바람을 피우는 것도 도움이 되나요?

선생님 – 이것도 '새끼 f(x)' 정도 됩니다. 부록 정도의 영향을 줄 수 있는 것이죠. 실제로 되기는 됩니다. 잘 만나 보려면 여러 명을 만나야 되는데 그것도 재주가 있어야 되는 것이죠.

配胎 址胎 이것이 量的인 측면에서 크게 편차를 만들 수도 있는 그런 기운을 가지고 있다. 보시면 됩니다.

학생 – 지독하게 안 풀리는데 마지막에 配胎도 손을 안 대고, 址胎도 손을 안 대고 산다면?

선생님 – 그러면 결국 운이 올 때까지 기다려야 되는 것이죠. 설악산 대청봉에서 봄이 올 때까지 기다려야 될 것 아닙니까? 설악산 대청봉에서 눈이 자꾸 내려서 추워 죽겠다고 하면 일단 산을 내려가 봐야 되는 것이죠. 그러면 덜 추울 것 아닙니까, 그렇죠?

아니면 사람들이 많이 모여 살고 있는 큰 도시로 가버리면 사람들이 머무는 자리에 온기가 엄청나거든요. 그곳에 내가 공간적인 이동을 통하면 거기에서 그런 기운적인 영향을 받을 수 있겠죠?

서울역에 가면 거지도 밥을 먹는다. 그러면 자기 팔자가 거지일 수도 있고 운이 거지 운일 수 있는데, 그래도 서울역에는 밥 차가 와서 급식을 준다니까요. 바로 이것 아닙니까? 사회체제, 국가, 지역 등이 되는 것이죠.

물론 굳건하게 봄을 기다리는 것도 방법이 되지만 오늘 주제가 '개운' 아닙니까? 운을 여는 방법이라는 것이죠. 삶의 여러 가지 현실적인 컨디션을 인위적으로 뭔가 조금 변화를 주어서 극복하는 것이 오늘의 주제이지 않습니까?

그러니까 址胎 이런 것을 안 바꾸고 하는 것은 운을 기다리는 수밖에는 없죠. 그래서 그렇게 미련스럽게 사는 내용이 옛날에 대중가요 속에 있습니다. '꼬마 인형'이라고 하는데 가사가 '지난날 어쩌고저쩌고 했던 일을 잊지 못하는데', 끝 부분이 '꼬마 인형을 가슴에 안고 나는 기다릴래요.'입니다.

꼬마 인형을 가지고 기다릴 것이 아니라 인형 뽑기를 다시 해야죠. 물론 꼬마 인형을 세월에 비유했을 수도 있는데, 세월에 비유했다고 해도 참 멍청한 것 아니에요? 세월만 믿고 기다리겠다는 것이죠. 물론 오죠. 한 100년 기다리면 그 안에 봄 여름 가을 겨울이 또 돌아가니까 당연히 오죠.

그것이 개운법적인 입장에서 볼 때는 참 미련스러운 것이라는 것이죠.

그래서 그 址胎라고 하는 환경을 바꾸어서 따라 맞추는 것이라는 것입니다.

카르마 측면에서 조상이 이미 만들어준 여러 가지 압박이 있더라고 하는 그런 것들을 극복하고 개선을 하는 그런 방법들을 찾는 것 그리고 개인적으로 영적인 카르마 이런 것들이 있으니까 연구해 봐야 되겠죠.

간섭이라고 하는 인자가 개운을 위한 키워드라고 보시면 됩니다. 개운을 하고 싶으면 내가 母胎로부터 떠나올 때 받은 기운은 어떠한가? 이것은 바꿀 수 없잖아요. 그다음에 配胎 址胎 카르마는 우리가 노력을 통해서 어느 정도 극복 개선이 가능하다고 하는 것이죠.

1-2. 운의 간섭 인자

　운의 간섭 인자에 들어가는 것이 무엇이냐 하면 어떤 짝을 만나느냐? 밑의 칸에 나오죠. 配胎 그다음에 址胎 즉 어느 동네에 사는 것이냐? 일반적으로 寅申巳亥생이 왔을 때 태어난 곳이 또는 고향이라고 할 만한 곳이 어떤 곳이냐 하는 것을 다 체크를 해 보거든요.
　그리고 그 고향을 떠났느냐? 그대로 머무르고 있느냐? 이런 것들을 체크를 해서 고향을 떠나 있으면 번영의 조건을 어느 정도 갖추어 놨다고 보시면 되는 것이죠.

　학생 – 교수님이 최근에 이야기하실 때 "아버지가 섬사람이냐? 고향을 떠났느냐? 안 떠났느냐?" 물어보시는 이유는 무엇입니까?

　선생님 – 그런 것은 五行 편중성이 심할 때가 되죠.

時	日	月	年	命
丁	丁			
未	巳	午	辰	

　이런 경우에 아버지가 머물러 있는 공간이 어디에 있습니까?

偏財는 없고 地藏干 巳중의 庚金만이 아버지를 상징하는 소위 財氣가 되잖아요.

　偏財가 아니고 正財라고 하는 말은 아버지로서도 정확하게 흡족하게 현실적으로 다 해주지 못한다는 뜻인데 이런 경우에 巳中의 庚金이 안정화되려면? 안정화된다는 것은 관계성을 가지고 오랫동안 살아 계시거나 관계성이 유지되려고 하면, 상기 명조 같은 경우에 고향이 섬, 항구 등 이런 큰물 기운에 의한 火의 치열함을 해소하고 있느냐, 아니냐? 이런 것을 보는 것입니다.

　地藏干에 있는 것들이 자기 모양을 제대로 유지하기 어려운 모양일 때 그것을 극복할 수 있는 址胎的인 환경을 보는 것이죠. 예를 들어서 아버지가 섬에서 이장까지 지냈다. 그러면 오케이라는 것이죠. 인연이 오래가고 또 본인도 財星이라고 하는 기운이 살아가면서 어느 정도 안정성을 취하면서 살아간다는 뜻입니다.

　상기 팔자 같은 경우에는 마누라가 없지 않습니까? 그런데 아버지가 어느 정도 물의 정기를 어느 정도 가진 상태로 자기를 이 세상에 낳게 해 주었다면 이 庚金이 어느 정도 모양을 유지할 수 있다고 보는 것이죠.

　물론 운명적으로 배우자가 몸이 약한 경우가 많은데 극단적으로 짝이 없는 것과는 다르다는 것이죠. 그런 것을 나누는 기준이 된다고 하는 것입니다.

　配胎 址胎 카르마 karma 이런 것들이 여러분이 이제 "저 아이는 업이 더럽다 아니가?" 이렇게 옛날 어른들은 그런 표현을 합니다. "저 아이 아버지가 뭐를 했는지 아나? 일본 놈하고 친

하면서 온갖 악행을 일삼지 않았나." 이런 것도 있습니다.

특히 제가 혼사 같은 것을 거들어 달라고 해서 중매를 해보면 이런 것도 있습니다.

제가 언뜻 수업시간에 하기도 한 것 같은데 어떤 분이 운명적으로 저런 약점이 있어서 "결혼을 무조건 늦게 하는 것이 좋겠다. 그래서 궁합을 꼭 보고 하면 좋겠다." 이야기를 해서 한 6~7년을 궁합을 본 것입니다. 30대 초반부터 봤는데 잘못하면 2~3년 지나가면 40이 됩니다.

그래서 "왜 이렇게 안 되느냐?" 하면서 약간의 원망의 마음을 내기 시작을 하는 것이에요. 그때 제가 해 드린 말씀이 "회장님이 지역사회에서 성공한 것은 다 아는데 사람이 성공을 한다는 것은 다른 것과 또는 다른 존재와 담장을 지르는 행위를 하는 것이다."

金의 작용이라고 하는 것이 무엇입니까? 金작용이라고 하는 것이 결국은 분리를 시키는 작용이 됩니다. 나와 남을 구별하는 작용 그래서 열매는 열매대로, 낙엽은 낙엽대로 분리하는 작용이나 동작이 金작용이기 때문에 사람이 성공한다는 말은 실속이 있는 것을 이루기 위하여 담장을 치게 되어 있잖아요.

그 담장을 하나씩 벽돌로 쌓아나가는 사람이 있고 그다음에 가시나무를 심어서 담장을 치는 사람이 있고, 꽃나무를 쳐서 담장을 치는 사람이 있습니다.

꽃나무를 심으면 남들이 우리 집 담장의 나무를 밟고 다니기도 하고 우리 마당에 들어와서 놀다 가기도 하고 이렇게 한다는 것입니다.

그런데 가시나무를 심으면 시간이 가면 갈수록 오는 놈이 없습니다. 그래서 내가 남들보다 훨씬 빨리 성공을 한다는 말이죠. 그렇게 해서 어느 정도 담장이 만들어진 뒤에 내 마당에는 내가 먹을 것도 쌓아 놓고 내 것이라고 할 것을 둘 수 있는데, 남의 식구가 들어오려고 하면 가시나무를 많이 심어놔야 되겠습니까? 꽃나무를 많이 심어놔야 되겠습니까?

여기에 대해서 대답을 안 하시던데 이것이 일종의 부모가 또는 조상이 만들어준 카르마karma라는 것입니다.

꽃나무를 심는 자는 남에게 당하기도 하고 퍼주기도 하고, 절 모르고 시주도 하고 이렇게 많이 하지만 결국은 그 꽃나무도 자라서 담장이 된다는 것입니다.

그런데 시운이 오면 가시나무에도 꽃은 핍니다. 꽃나무에도 꽃은 피는데 그 꽃나무에 꽃이 피면 사방팔방 먼 곳에서 다 우리집 마당에 와서 놀기를 원하니 짝을 내가 애써서 찾지 않아도 저절로 자식의 짝이 되는 존재들이 쉽게 들어온다는 것이죠.

담장을 지르는 것은 절도가 있게 대문을 통해 들어오는 정도이고 가시나무를 두르면 들어오는 사람이 매우 드문데, 그 가시나무를 밟고 들어오는 후보는 "과연 당신이 좋아서 왔겠느냐, 당신의 금고가 좋아서 왔겠느냐?" 잘 생각해 보라는 것입니다.

꽃나무를 많이 심어야 된다는 말입니다. 다 심으면 힘이 드니까 일부는 꽃나무를 심고 일부는 가시나무를 심는 것이죠.

그런데 경제적으로 잘 사는 집들 전부가 그런 것은 아니지만, 상당수가 이런 것과 같습니다. 엄마, 아버지가 손해 볼 마음이 없는 것입니다. "우리 아이가 미국까지 유학을 보내가 어쩌고저쩌고해 놨는데, 내가 물려줄 것이 얼마인데…"

이렇게 하면서도 남과 거래를 할 때 손해를 보는 마음이 하나도 없다는 것입니다. 늘 득을 보는 마음만을 가지고 "그 집에 연결해 주세요." 이러거든요.
　자기들보다 더 많이 가지고 더 좋은 조건이 여자의 집에 있다고 하면 "선생님, 다리를 좀 놔 주세요." 이러는 것입니다. "예! 해 드리지요." 해놓고 6년째 그 서류를 그냥 놔둔다는 것이죠. 손해를 보는 마음이 있어야 꽃나무를 심어놓게 되고 남의 식구가 자꾸 우리 집에 와서 살기를 청하게 된다는 것입니다.
　조상의 카르마 karma에 갇힌 줄도 모르고 "선생님, 우리는 왜 이렇게 혼사가 안 됩니까?" 이러는 것이죠. 속으로는 "지랄하네!" 하는 것이죠. 실제로 그렇다는 것입니다.
　"네가 손해 보는 마음을 가지고 이때까지 살아본 적이 있느냐?"
　이런 것은 되묻고 싶지만 그런 말을 하면 관리가 안 되잖아요. 고객관리는 해야 되는 것이지요. 그러한 조상의 카르마가 있더라는 것입니다.
　특히 요즘 혼사 잘 보세요. 잘 보면 그 엄마와 아버지들이 항상 성공하고 이익을 보고 정확한 판단으로 효용성을 최대한 이끌어 올려서 자기들에게 유익성을 만드는 것이 몸에 배어있는 사람들입니다.
　그러니까 그것만 보고 살아온 이놈도 짝을 만난다는 것을 이런 비즈니스적인 조건 속에 접근하면 안 되거든요. 그런데 거기에 항상 계산기가 돌아가고 있는 것이죠.
　최근에 혼사를 거드는 곳이 몇 군데가 있기는 한데, 그 양반들이 이런 것이에요. 물론 경제적으로 여유가 있는 분들이지만 그 아버지가 한 좋은 일들을 보고 여기에는 정말로 카르마 karma가 좋은 집에 해 주어야 되겠다고 해서 지난주에 그 바쁜 친구들을 보라고 했어요.

신랑 측 아버지가 베푸는 것을 좋아하는 분이지만 할아버지가 어떤 분이었느냐 하면, 고아원을 옛날에 지어서 운영했는데 지금은 그 위치가 엄청 좋거든요.

그러니까 빌라 업자들이 찾아와서 "회장님, 50억 드릴 테니까 이것 파세요. 고아원은 산 쪽에 새로 잘 지어드리겠습니다." 이렇게까지 한 것이에요. 그러니까 몇 번을 그렇게 하니까 "그래 그럼 고아원을 뜯어라." 하신 것이죠. 그러니까 업자가 "아! 고아원을 파시려고요?" 물어보는 것이죠.

"아니다. 고아원을 새로 최신 건축물로 지어라." 그렇게 한 분이죠.

이유는 무엇이냐? "아이들 학교는 멀어서 어떻게 다니느냐?" 이렇게 베풀었던 카르마가 쌓여 있는 집안이라고 하는 것입니다.

그렇기 때문에 그것을 보고 제가 이 집의 사람은 정말 좋은 곳에 엮어주어야 되겠다고 한 것이죠. 그렇게 우리가 거들게 되는 것이죠.

10원짜리 하나 손해 안 보는 집안에서 와서 "선생님, 성사만 되면 바로 현금 몇 천만 원 바로 날아갑니다." 이러거든요. "그럴 돈이 있으면 남에게 베푸세요."

사실은 간섭 인자 면에서 개운법이 무엇이라고 하는 것을 바로 알려주는 것이기도 하거든요. 기준으로 삼을 필요가 있다고 하는 것이죠.

2) 開運法의 종류

2-1. 공간

'*풍수지리 일반'은 어차피 다음 시간에 할 것입니다. 지지리 안 풀리면 사는 공간(址胎)을 바꾸어 봐라, 풍수지리적인 기준을 가지고 하는 방법은 당연히 중요한 의미를 가지기 때문에 제가 제목으로 달아 놓았는데 아예 이 제목을 다음 시간이나 다다음 시간에 한번 테마에 넣어서 할 것입니다.

인걸지령(人傑地靈)이라는 말 들어보셨죠? 사람과 걸문스러운 존재는 땅의 신령스러운 기운 속에서 태어나는 것이다. 적천수천미(滴天髓闡微) 제일 뒷부분에 보면 제일 마지막 장에 쓰여 있는 내용이 이런 것입니다.

[사람의 운명은 대저 타고난 팔자를 벗어나지 아니한다. 산천의 靈氣를 쫓아 본 사람은 命을 따로 논하지 아니한다. 歲德을 좇는 자는 산천의 靈氣조차 불론한다.]

산천의 靈氣가 무엇입니까? 말 그대로 풍수지리적인 發蔭을 크게 얻고 온 사람은 命을 따로 논하지 아니한다고 했습니다. 그다음 구절이 더 기가 막힙니다.

歲德을 좇는 자는 산천의 靈氣조차 不論한다고 해 놨거든요. 世德이라고 적어 놓았는데 글을 쓴 사람의 본래적인 의미를 어떻게 해석하는가에 따라서 차이가 있겠지만, 이때의 歲德이 무엇이냐 하면 시대의 소명이라고 하는 것이거든요. 그 시대의 소명적인 가치를 위해서 "독재는 물러가라!" 데모하는 것도 시대적 소명이죠.

歲德을 좇는 자는 山川의 靈氣조차 不論한다. 이것이 사주팔자의 하이엔드 클래스 제일 마지막 장에 나오는 내용입니다. 안 보셨나요? 본 듯하기도 하고 '그런 것이 있었나?' 하시죠?

命, 山川의 靈氣, 歲德 중에 歲德을 최고로 친다는 것이죠. 예를 들어서 류관순, 류관순은 할매가 아니고 이상하게 계속 누나죠. 류관순 누나가 명의 차원에서 보면 얼마나 박복합니까?

'나라를 구하기 위한 데모를 하다가 옥에 갇혀서 젊은 나이에 생을 마감하였다.' 이것이 命으로 보면 굉장히 박복하잖아요. 그런데 歲德을 좇았기 때문에 이 사회의 시대적 소명과 같은 그런 고귀한 가치를 위해서 살았기 때문에 기억을 하는 것이죠.

논개도 마찬가지죠. 논개라는 사람을 우리가 기억할 것이 무엇이 있습니까? 그런데 무엇을 좇았기 때문에? 歲德을 좇았기 때문에 山川의 靈氣도 필요가 없고 命도 필요 없이 역사에 유명 천추하였다고 하는 것이죠. 역사라고 하는 과목이 없어지지 않는 한 계속 이름을 남기게 되잖아요.

그렇다고 산천의 靈氣가 의미가 없느냐? 어림도 없는 소리입니다. 산천의 靈氣가 너무나 중요하다는 것이죠.

孟子편에 보면 '天時는 不如地氣요 地理는 不如人和'라고 해서 人和를 굉장히 강조하고 있죠. 그러면 天時는 의미가 없습니까? '天時도 엄청나게 중요한데' 이거든요. 그런데 '地理가 조금 더 중요하고' 이 말입니다. 중요하지 않다는 것이 아니라는 것이죠.

팔자도 엄청 중요한데 산천의 靈氣를 밟아 온 놈은 정말로 남다른 기세와 성취를 이루는 힘을 가지고 있더라는 것입니다. 命, 山川의 靈氣, 歲德입니다.

여러분이 그런 부분을 한 번 읽어보시고 풍수지리와 결합된 부분들은 다음 시간이나 다 다음 시간에 주제로 다룰 것이기 때문에 "아! 의미가 크구나!" 이런 정도만 감각적으로 하시고 내용적인 면은 그 시간에 다시 한 번 다루도록 하겠습니다.

■ 地殺, 將星, 六害

이것이 사람의 어떤 운명과 여러 가지 에너지가 만들어진다고 보는 측면에서 天氣中心이 있고, 地氣中心, 人氣中心 이 있습니다.

天氣中心	地氣中心	人氣中心
힘과 권력이 하늘에서 온다고 보는 것	농경사회(정착) 생산성이 높은 토지의 소유	정보, 통신 TV, 집중화

이것은 시대 환경이 많이 바뀐 것을 생각해서 구분해 놓은 것인데 天氣中心은 힘과 권력이 하늘에서 온다고 보는 것인데 관념이나 그런 관념의 사회 이것이 天氣中心의 사회라고 보는 것인데, 그래서 역사를 공부해 보면 알지만, 왕권은 어디에서 받았습니까?

王權神授說이죠. 神授는 신이 주었다는 말이죠. 신은 어디에 계십니까? 성경에도 보면 어디에 계신 우리 아버지입니까? 맹세는 어디에다가 합니까? 하늘에 맹세를 하죠.

　하늘에서 절대적인 힘이 나온다고 믿었던 시절, 시대, 그것이 지금 무효냐 유효냐 이런 것이 아니고 지금도 유효한데 天氣中心에서 지금은 비중이 어디로 더 넘어갔습니까? 땅을 중심으로 넘어갔다는 것입니다.

　대체로 天氣中心일 때 地氣中心으로 이전이 되는 것이 문자의 발생이나 정보의 공유요소가 많이 발생을 함으로써 그렇던 시절이 있었는데, 글을 모르던 사람들이 많았던 중세에 하느님을 일깨우기 위해서 미켈란젤로의 천지창조가 글입니까? 그림입니까?

　그림으로 해서 정보를 줄 수밖에 없었던 것이 문자를 통한 발생부터 공유까지 이런 것이 발생함으로써 자꾸 하늘에 있던 힘이라고 하는 것이 자꾸 희석되는 것이죠. 그다음에 하늘에 대한 이해가 우리가 地動說的인 이해로 서서히 넘어가면서 그렇죠?

　모든 절대적인 힘이 하늘에서 나오던 시절에서 동양에서는 주로 농경사회(정착)는 주로 정착에 의한 주거 환경을 가짐으로써 무엇을 주로 많이 하게 됩니까? 생산성이 높은 토지에 대한 토지의 소유 이것이 힘의 원천이었다고 하는 것이죠.

　그래서 누가 좋은 땅을 또는 옥토(沃土)를 차지할 것이냐? 그럼으로써 주로 뭐가 일어나느냐 하면 전쟁이 일어납니다. 天氣中心이 주로 채집, 수렵이 많았다고 하면 地氣中心은 생산성이 높은 토지소유가 되므로 이것이 인류에서 전쟁이 빈번하게 되는 원인이 되죠. 그 전쟁 때문에 북방의 이민족들이 자꾸 남쪽으로 내려오는 이유가 무엇입니까? 목축환경이 되었든 농업환경이 되었든 먹거리를 생산하는 수단이 안 되는 그런 땅에 머물러 있었기 때문에 생산성이 있는 땅으로 넘어가는 것이죠. 이거 국사 시간이 되어 가는 것 같네요.

좋은 땅이나 경제적 가치가 있는 토지를 많이 소유함으로써 무엇이 생겨납니까? 실제적인 힘과 지배력을 가진 시대를 地氣中心의 시대라고 한다면 이것 때문에 전쟁도 많이 겪었고 여러 가지로 국가 간의 체제 싸움도 했었죠.

당연히 이것이 의미가 없다는 것이 아닙니다. 지금도 오나가나 땅이 있는 놈이 잘산다는 것입니다. 농업적인 생산성만이 아니고 생산성이라고 하는 것이 경제적 생산성을 포함하겠죠. 경제적 생산성이 높으냐, 낮으냐? 편차는 생기지만 오나가나 땅을 많이 가진 놈이 땅땅거리며 살더라는 것입니다. 이것도 유효한 것입니다.

地氣中心의 사회에서 人氣中心으로 넘어오는 것이 문자의 발생 다음에 정보, 통신이라고 하는 이런 것이 지리적인 이점이나 장점을 자꾸 무너트리게 되는 것이죠.

'어느 동네에 가면 맛있는 것을 내가 돈을 주고 같은 값에 사 먹을 수 있다고 하더라!' 하는 정보를 우리는 무엇을 통해서? 휴대폰만 하나 있으면 '맛집' 두 글자만 누르면 주변의 맛집부터 돼지고기 맛집 같으면 돼지고기 맛집이 랭킹대로 나오잖아요.

그렇게 정보 통신이라고 하는 것을 통해서 어떤 사회로? 人氣中心의 사회로 바뀌고 있다는 것이죠. 옛날처럼 TV라고 하는 것이 없었을 때 미인이 있었다면 이 고을의 미인, 저 고을의 미인 각각 그 동네에서 미스 A고을 미인, B고을 미인해서 대접을 받고 살았을 것인데, '아뿔싸! 김태희'가 나왔네, 이런 젠장, 김태희 봤어요?

우리는 못 봤지만, 뭐를 통해서? 정보통신 TV라는 공간을 통해서 "내가 이 고을 제일 미인인지 알았는데 김태희가 있었네." 해서 완전히 사람 사는 맛을 꺾음과 동시에 거기에 따라 미인에 대해서 치르는 대가나 보상이 집중화가 이루어지는 것이죠. 이것이 '기회의 집중화' 이런 것으로 봐 버리는 사회에 들어왔다는 것이죠.

이런 것이 사회 환경의 틀이 되어 버렸기 때문에 지금 잘 나가는 사람은 어떤 사람들이냐? 전화기가 잘 터지는 사람이 잘 나가는 사람이라는 것입니다.

물론 좋은 땅을 가지고 있어도 먹고 살고 하늘이 밀어주는 놈도 잘 사는데 전화기 잘 터지는 놈이 잘산다는 것입니다. BTS 이런 것 압니까?

그 친구들이 무엇을 통해서 먹고 삽니까? 天氣를 통해서 먹고 살아요? 地氣를 통해서 살아요? 人氣를 통해서 살아요, 인기잖아요.

결국은 정보의 공유가 되고 정보의 공유도 이제는 글로벌하게 열어 놓았잖아요. 그래서 유튜브라는 공간을 통해서 BTS가 활동하는 것이 퍼져나가니까, 그 자산적 가치가 거의 조 단위를 넘어서기 시작을 했다고 하지 않습니까?

그것이 정보와 통신에 의한 집중화 그리고 정보의 공유성과 거기서 기회나 선택의 집중화가 발생함으로써 인기 좋은 사람이 잘 먹고 잘살게 되어 있으니, 돈 되는 전화가 많이 오는 놈이 무조건 잘 산다고 하는 것입니다. 그래서 인기 중심의 기운을 어떻게 유도할 것이냐? 누가 인기가 있느냐 하는 것이죠.

그런 것들을 적어도 물리적 공간의 어떤 모양 즉 地氣를 유리하게 하기 위해서 우리가 일반적인 풍수이론도 있지만, 그것과 상관없이 인기중심의 일종의 풍수에서 말하면 방위(方位) 또는 이기론적(理氣論的)인 요소를 따지는데, 주로 풍수지리에서 말하는 요소보다는 命의, 즉 팔자에서 말하는 방위론, 理氣論的인 것을 통해서 人氣의 개선이 가능하더라 하는 것이죠.

거기에 주로 활동되는 것이 地殺, 將星殺, 六害殺이 됩니다.

어떻게 하다가 상담한 일이 생기면 그것을 설명해 주는데 답을 人氣中心으로 내놓고 하는데 "당신은 天氣를 얻고 싶냐? 地氣를 얻고 싶냐? 人氣를 얻고 싶냐?" 하면 "전부 다 얻고 싶습니다." 하는데 "너는 욕심이 많아서 잘 되겠다." 하거든요.

1988년~1989년 이런 시기에 보수동에서 책 사이에 따라온 공책에서 노트 메모를 한 것을 가지고 정리를 했었는데, 그것이 보니까 '박일우 선생님 강의를 아마도 그분이 들었던 것 같습니다.

아마 70년대 중반 즈음에 용산 쪽 어디에서 강의하셨는데 강의를 했던 노트를 헌책방에 버려진 정보이기는 하지만 제가 구하게 되었는데 그것도 정보 아닙니까?

여러분 전부 정리를 하고 있겠지만, 공간의 폐쇄와 개방성에서 보통 將星방향의 폐쇄가 좋더라는 것이죠. 將星殺 방향이 막혀 있는 것이죠.

그다음에 六害殺 개방인데 여기서의 六害는 12神殺상의 六害殺입니다. 六害殺방향의 개방. 그다음에 地殺방향의 개방 이 세 가지가 地氣가 아니고 人氣를 여는 방향이 된다는 것입니다.

어제도 오래된 단골인데 양산에 있는 분인데 "선생님 말 듣고 북쪽을 열어서 미용실을 하고 있는데 영업이 안 된다." 말하는데 이분의 조카인 것이죠. 주소를 펴라고 해서 "지도 펴서 봅시다." 했는데 어떻게 되어 있느냐 하면 상가가 서남쪽으로 보고 있는 것이죠.

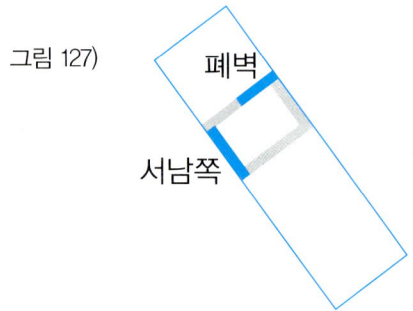

그림 127)

巳酉丑생인데 北이 六害殺방향이 되잖아요. 북쪽은 폐벽이 되어 있고, 이것을 가지고 "해가 질 때 내가 해가 들어오든가, 안 들어오든가? 해가 안 들어오는 것이 북쪽 아닙니까?"

요즘 구글 지도 잘 나온 것이죠. 네이버 지도 열어 놓고 "보세요. 이것이 무슨…" 將星殺을 열어 놓았잖아요. 이때 돈을 벌고 있다는 말은 다른 상쇄작용이 있어서 돈을 버는데 자기가 갑옷을 입고 싸워야 된다는 뜻이 되는 것이죠.

將星이 개방되어 있다는 것은 전쟁을 치를 수도 있는 방향으로 문을 열어 놓았다는 뜻이니까, 자기가 갑옷을 입고 온몸으로 때우면서 돈을 벌고 있다는 것입니다. 그러니까 두 가지 다 북쪽이 트여있고 서쪽이 트여있다는 것은 돈이 들어오기는 들어오는데 내가 갑옷을 입고 몸으로 때우고 있다는 뜻이죠. 이것은 필시 돈을 벌고 나면 몸이 무너지죠.

"안 그래도 가게를 내놨습니다." 그러더라고요.

이렇게 사람들이 방향에 대해서 감각이 없더라는 것입니다. 요새는 PC만 켜면 방향이 바로 나오니까 바로 확인이 되는 것이죠. 옛날에는 모텔업을 해서 돈을 많이 벌었거든요. 그때는 직접 모셔서 "선생님 좀 봐주십시오." 이랬는데 요즘은 지도가 나와서 돈이 안 됩니다. 그래도 출장을 가면 그래도 돈을 조금 넣어서 교통비로 돈을 넉넉히 넣어 주었거든요. 요즘은 저도 전략을 바꾸려고요. "그렇게 봐도 되는데 현장을 가서 봐야…."

학생 – 선생님, 원래 방향을 볼 때 가계의 정중앙에 가서 찾아야 되는 것이죠.

선생님 – 그렇죠. 정중앙인데 요즘은 모양이 복합 건물로 비뚤하면 대체로 계산을 하면 두 가지 정도가 됩니다.

그림 128)

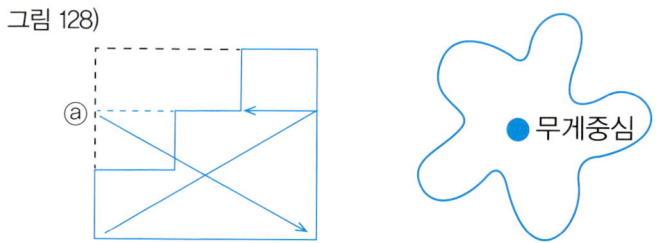

돌출된 부분을 가상으로 선을 그어서 중간 부분을 잘라서 ⓐ 부분을 지점으로 해서 중앙을 잡는 방법이 있습니다.

학생 – 건물이 저렇게 있을 때 자기가 가진 영역이 일부면?

선생님 – 자기 가게 중심이죠. 분할되어 있으면 분할되어 있는 대로 대각선을 그어서 잡는 것이 맞죠. 그다음에 그림처럼 여러 각이 있는 경우에 그림처럼 가상선을 만들어서 튀어나온 것과 패인 부분의 중간지점을 다시 가상선을 만들어서 가는 방법이 있습니다. 일본에서는 그렇게 많이 합니다.

그다음에 부게중심이 될 만한 자리가 있지 않습니까? 모양이 각이 지지 않고 있으면 대충 가운데 즈음이 무게중심이 될 것이잖아요. 무게 중심을 잡는 것도 있습니다.

학생 – 그런데 360도 방위를 30도씩 자르면 정확한 방위가 나오는 것이 쉽지가 않잖아요.

선생님 – 12神殺을 이용하는 방법은 주로 8방 개념으로 나눕니다. 물론 子午卯酉를 60도 개념으로 채택해야 한다는 풍수이론도 있지만, 예를 들어서 12神殺에서는 정확하게 45도씩이 됩니다. 45도씩만 하면 충분히 그 범위 안에 들어와 버리거든요.

그림 129)

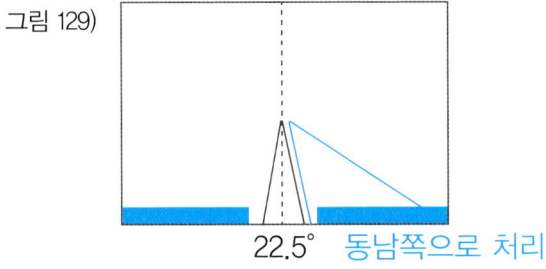

22.5° 동남쪽으로 처리

그림에서처럼 남쪽이라고 하면 '+− 22.5도' 정도면 확실하게 막혀진다고 보면 됩니다. 나머지는 남쪽 면으로 처리하지 않는다는 것이죠. 오히려 동남쪽으로 본다는 것이죠. 그래서 八方 정도로 나누면 됩니다.

그림 130)

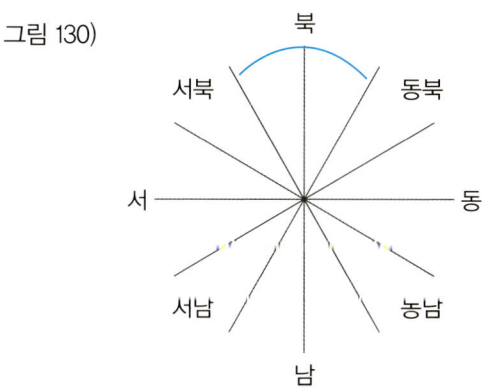

그림처럼 적용을 해주면 충분히 적용할 수 있습니다.

학생 – 건물을 전체적으로 봐 주는 것입니까?

선생님 – 쓰고 있는 면적에서 중심을 잡아서 동서남북을 따져 주는 것이고, 너무 긴 경우에는 그것도 이제 중심을 2개를 잡아서 쓰는 방법도 있습니다.

학생 – 건물의 입구와는 상관이 없이?

선생님 – 건물의 입구와는 상관이 없이 일단 자기가 사용하는 공간, 자기가 시건장치를 두는 공간, 남이 다 다니는 문은 공동문이기 때문에 나의 문으로서 효력이나 힘은 약하다고 보는 것입니다.

실제로 제가 근 27~28년 검증을 했는데 이 3가지가 다 맞으면 100억 이상 들어옵니다. 2개만 맞아도 10억 이상이 됩니다.

학생 – 사람이 다니는 문이 될 수도 있고 저 방향에 창이 있어노?

선생님 – 그러니까 이렇게 생각을 하면 됩니다. 기관총을 갈겨서 총알이 나가는 것은 문이고 총알이 안 나가는 것은 벽이라고 보면 됩니다. 간단하게 생각을 하면 됩니다.

커튼으로 가리면 안 됩니까? 필름으로 가리면 안 됩니까? 물어보는데 안 됩니다. 총알이 나가면 다 트인 것입니다.

학생 – 농으로 막으면 안 됩니까?

선생님 – 농으로 막아도 약간의 차폐 효과도 생기지만 트인 것은 트인 것입니다.

학생 – 자기의 띠에 따라서 반대가 되면 다른 사람이 나오는 것은 괜찮은 것입니까?

선생님 – 그렇죠. 닭집 하다가 나갔는데 다른 사람이 들어와서 짜장면집을 해서 장사가 대박이 나고 이런 것 있지 않습니까?

적어도 제가 27~28년 검증을 했기 때문에 걱정을 안 하셔도 됩니다. 정말인지 아닌지 따지면 지도를 열면 됩니다. 적어도 地氣的인 요소에서 삭감이 있다고 해도 인기요소에서 딱 맞아 있으면 됩니다. 2개만 일단 맞으면 됩니다.

막히는 것이 우선이고 열리는 것은 '2-1(六害殺)', '2-2(地殺)' 인데 둘 중에 하나만 되어도 거기서 번영을 하는데 자산적으로 10억 이상은 성공을 합니다.

3개 다 맞는 것은 보통 제조공장이라든지 빌딩 수준의 것이 되는데, 어차피 비상구를 만들어야 하기 때문에 거기에는 3가지가 다 맞는 경우가 있거든요. 거기서 100억 이상 벌어들인다니까요. 100억을 벌어서 건강식품 하나 사 주디라고요. 왜 돈이 없느냐고 물어보니까 공장을 하나 더 사는 바람에 돈이 없다는 것입니다.

학생 – 그 일은 조상이 돌봐주고 자기가 시작을 하고, 자기의 將星을 막아주는 그런 이론입니까?

선생님 – 將星이라고 하는 것은 자기가 말에 올라서 자기가 대장을 해야 된다는 것이죠. 거기가 열려 있으면 그렇다는 말입니다. 자기가 말을 타고 전쟁을 수행한다는 말은 언제 죽을지 모른다는 것이죠. 그다음에 돈을 벌고 성공을 하더라도 몸으로 에너지를 써서 연료를 없애고 있는 중이라는 이런 뜻이 됩니다.

학생 – 地殺은요?

선생님 – 地殺이라고 하는 것은 天殺하고 地殺하고 묶음으로 보세요. 사실은 八方으로 하면 地殺작용이라고 하는 것이 내가 원하는 방향으로 움직이는 말을 의미하거든요.

  이것은 將星殺의 말과 다릅니다. 將星殺은 전쟁용 군마가 되고 地殺은 내가 원하는 데로 갈 수 있는 것을 의미하는데 나에게 말이 되어줄 수 있는 존재 즉 주로 地殺방향에서는 주로 단골문으로 봅니다. 단골이 꾸준히 오더라는 것입니다. 내가 가지고 하면 가고 서자고 하면 멈추는 그런 편의성이 있는 이런 것을 열어주는 것이 됩니다.

  六害殺은 주로 뜨내기가 됩니다. 六害殺을 뭐로 보느냐 하면 내가 잘 모르는 친인척으로 봅니다. 원래 巳酉丑이 조상의 무리잖아요. 조상의 무리 중에서 제일 힘이 있는 존재가 六害殺이라고 하는 것은 子午卯酉에 걸리니까 삼촌이라고 보면 됩니다.

  삼촌이 조카에게 조건 없이 1병 먹고 2병 값을 내고 가잖아요. 그런 식의 조건이 없는 우호성을 가지고 있는 그런 것인데 그것이 이제 기억이 나시죠? 내가 잘 모르는 조상을 의미하는 것입니다.

  그래서 地殺과 붙어 있는 자리인데 이것은 내가 아는 조상에 가까운 그런 존재를 말하죠. 그래서 地殺과 六害殺이 잘 열려 있으면 영업적인 활동에서 절대로 무리가 없더라는 것입니다.

  단 저런 상태에서 將星도 트여버리면 돈을 벌기는 버는데 어이가 없이 터지는 것이죠. 세무서에 얻어맞고 누가 동업을 하자고 해서 얻어맞고 이렇게 터지고 저렇게 터지고 돈을 끝까지 붙들고 있으니까 몸이 터지더라는 것입니다. 그래서 몸에 암이 와서 가든지 흉한 일을 당하더라는 것입니다.

학생 - 제일 우선하는 것이 2-1. 六害殺이라는 것입니까?

선생님 - 그렇죠. 제일 우선하는 것이죠. 六害殺은 쪽수가 많거든요. 내가 잘 모르는 조상이 되는 것이죠. 우리가 제사를 모시는 조상은 직계조상밖에는 없잖아요. 그러면 내가 모르는 조상이 엄청나게 많다는 것이죠. 여기에 있는 무리가 六害라고 보면 됩니다.

직계는 地殺이나 天殺계열이 되고 그 외는 六害殺 계열 그러니까 뜨내기손님이 많이 드는 것이 바로 六害殺 계열이 되는 것이죠.

학생 - 9월 9일 제사는 六害殺 제사가 되는 것입니까?

선생님 - 그것은 그게 아니고 뒤에 목차에 나오는데 '2-2. 행동1(조상과의 기운 소통)에서 * 월 카르마 *天殺 *六害殺'에 나오잖아요.

학생 - 실제로 일하는 사람과 실제로 명의만 가지고 있는 사람에서 일하는 사람 위주가 되는 것이죠?

선생님 - 당연하죠. 일하는 사람 기준인데 이런 것을 기준으로 삼으실 필요가 있습니다.

만약에 부부가 방향이 다르다면 그럴 때 일은 마누라가 일을 조금 더 많이 하고 남편은 대충 셔터만 올려주고 내려주고 하는데, 이때 누구의 기운을 더 많이 받느냐? 셔터를 올려주고 내리는 남편의 기운을 더 많이 받는다는 것이죠. 운세는 대통령 중심제라는 것입니다.

학생 – 남편이 명의가 되어 있는 것이에요?

선생님 – 남편이 와서 셔터는 올려주고 내려주는데, 그래도 같이 그 일에 개입이 되어 있다면 운세는 대통령 중심제라는 것이죠. 국무총리를 따르는 것이 아니고 대통령을 따른다는 것입니다.
　마누라가 전대를 차고 금고를 가지고 있어도 대통령이 기세가 있느냐 없느냐가 중요하다는 말이죠. 나라가 잘못되면 누구를 욕합니까? 총리를 욕합니까? 대통령을 욕합니까?

학생 – 실제 명의자와 실제 장사를 하는 사람 중심으로 하는 것이 아니고요?

선생님 – 그래서 수사자가 있는 것 아닙니까? 사냥은 암사자가 다 하는데 하이에나가 막 대들잖아요. 하이에나가 지랄하면 그때 수사자가 나타나서 하이에나 중에 제일 우두머리 그놈을 물어서 쫓아내잖아요.

학생 – 남자가 아예 거들지 않으면?

선생님 – 별도면 상관이 없고요. 하여튼 조금이라도 와서 거들고 하다못해 마누라가 벌어놓은 금고의 돈을 꺼내 갈지라도 개입되어 있다면 그렇다는 것이죠. 사냥은 암사자가 하고 잡아 놓은 것을 수사자가 와서 '어흥' 하잖아요. 수사자 기세의 운에 더 우선한다는 것이죠.

 위도 사분면

이것은 전부 다 인기 중심의 이론이기 때문에 여러분이 풍수지리 이론하고 자꾸 착오를 하시지 말라는 것입니다.

그림 131)

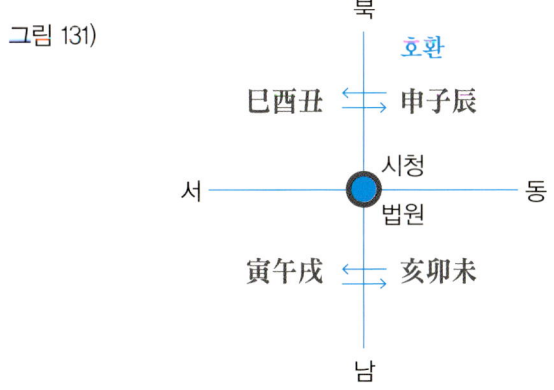

어떤 도시건 간에 중앙 언저리에 뭐가 있습니까? 시청이나 법원이 있습니다. 시청이나 법원이라고 하는 공간을 기준으로 해서 사분면으로 나누었을 때 시청이나 법원이 있는 공간을 天殺로 기준으로 삼습니다.

巳酉丑 생이 서북간에 머무르면 辰 방향이 天殺이 되겠죠?

동북간에 申子辰 생이 머무른다면 未 방향이 天殺이 되죠. 서남간은 寅午戌, 동남간은 亥卯未 생이 머무르면 서북쪽에 天殺이 있다는 것이잖아요.

天殺이라고 하는 것은 그 도시에서 가장 막강한 권력이나 힘을 발휘할 수 있는 존재가 그 자리에 있다고 하는 것입니다. 우리 집에는 할아버지가 계신다. 그러면 최고의 명령을 내릴 수 있는 그런 존재가 있다고 하는 것이죠. 그 존재와 내가 포지션이 어울릴 때 뭐가 올라간다? 人氣가 올라간다는 것이죠.

이것을 기준으로 할 때 ①번은 사업장 또는 오피스 ②번은 주거지인데 최소한 둘 중에 하나 정도는 이 조건을 맞추어 주는 것이 좋다는 것이죠.

그림 132) ■亥卯未기준

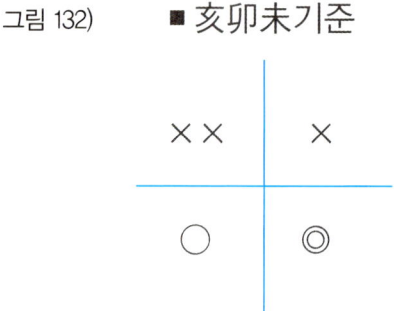

동서를 기준으로 해서 巳酉丑 申子辰은 약간 호환을 해도 됩니다. 亥卯未생 기준이면 동남간이 ◎ 동그라미 2개, 서남간이면 ○ 동그라미 1개, 서북쪽이면 ×× 곱표 2개, 동북간이면 × 곱표 1개 이렇게 보면 됩니다. 亥卯未 생을 기준으로 설명한 것입니다.

그림 133)

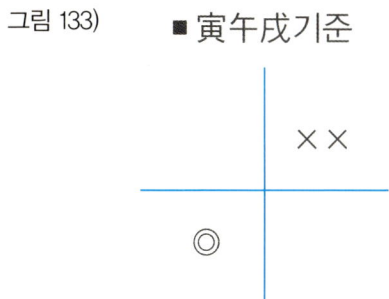

寅午戌 생은 서남간이 ◎ 동그라미 2개, 동북간은 ××가 됩니다. 서북쪽은 × 곱표 1개, 동남간은 ○ 한 개 이렇게 되죠.
  이런 정도의 人氣 조성 요소가 발생하기 때문에 최소한 사업장, 오피스나 주거지라도 하나 잘 맞추어진 그런 모양으로 갖추는 것이 되어야겠다.

학생 – 자기 집 어디에서 따진다는 것입니까?

선생님 – 시청, 법원이라고 했잖아요. 시청 법원이 없는 곳을 뭐라고 하는지 아십니까? 무법천지라고 하는 것입니다. 人氣에서 무엇이든지 法이라고 하는 것이 규율에 의해서 지켜지고 있는 공간이 있으려면 시청과 법원이 중심이 된다는 것이죠.
  사북면으로 도시 공간을 나누었을 때에 시청 법원이 어느 한쪽 구석에 있고 나머지 시가 다른 쪽에 있는 경우는 거의 없다고 보면 됩니다. 새로 개발하고 있는 곳 외에는 없다고 보면 되거든요.

학생 – 구청이나 도청은 안 따집니까?

선생님 — 구청이나 도청도 마찬가지인데 시청, 법원이 안 맞추어져 있는 경우에 최소한 동사무소라도 맞아야 됩니다. 최소한 동사무소라도 맞아야 수갑을 찰 일이 없다고 보면 됩니다.

天殺 방향에 행정기관, 사법기관이라도 있어야 한다는 것입니다. 동사무소라도 맞아야 수갑은 안 차는 효과가 생긴다는 것입니다. 작은 단위로 본다면 동사무소, 파출소, 경찰서가 되는 것이죠.

행정기관, 사법기관 이런 것이 없으면 무엇으로 대신합니까? 무엇으로 대신하느냐 하면 교회나 절로 대신합니다. 왜냐하면, 하늘의 행정기관, 사법기관이라는 것입니다. 그렇기 때문에 교회나 절이라도 있으면 지극한 신앙 속에서 무엇인가 인덕을 얻을 수 있는 에너지가 발생한다고 보면 됩니다.

제가 이상하게도 이사를 가면 동북쪽에 절이 있더라는 것이죠. 將星 방향에는 교회가 있는 것이에요. 그것도 좋은 것입니다. 將星 방향이라고 하는 것은 내가 웃통을 벗고 갑옷을 갈아 입고 전투를 벌일 수 있는 상황이 발생을 의미하는데 거기에 하늘의 행정, 사법기관에서 중재를 서고 있다는 것입니다. 판문점이 있는 것이죠. 판문점 효과가 생기는 것이죠.

창문은 트여 있는데 거기에 교회라도 막고 있다면 將星의 기운을 많이 완화시켜주는 효과가 있다고 보면 됩니다. 將星방향이 트였을 때 제일 좋은 방법은 그쪽에 가시나무나 선인장 같은 것을 두라는 것입니다. 將星殺 방향이 베란다로 트여 있다면 거기에 가시나무를 두면 가시나무가 항상 차폐 효과를 줍니다.

이렇게 보면 됩니다. 지구가 하늘의 허공에 늘 떠 있어서 늘 진동하고 있다고 보면 됩니다. 결국은 파동이나 파장이 있다면 가시나무가 있으면 가시나무 파장이 나온다고 보면 됩니다.

그래서 선인장 같은 것을 두면 되는데 그것이 안 되면 두 번째 방법으로 쓰는 것이 종교적인 상징물입니다. 그래서 종교에 관련된 문양이 있죠? 십자가, 卍자 모양, 염주, 묵주, 액자도 됩니다. 佛 이렇게 적어 놓았죠. 그런 것들도 두면 일종의 차폐 효과를 만들 수 있다고 보면 됩니다.

학생 – 將星殺 방향이 뚫려 있으면 안 된다고 하셨는데 자그마한 창 같은 것도 안 됩니까?

선생님 – 부득이하게 건물의 구조상 우리가 창문을 내어야 되는 경우에는 사람의 키보다 조금 높은 창은 괜찮습니다. 이것이 일종의 참호효과가 생기거든요. 총알이 날아와도 기운은 거의 수평으로 다닌다고 보기 때문에 와도 총알이 위로 지나가잖아요.

학생 – 철문으로 개조해도 되겠네요?

선생님 – 철문으로 하면 빛이 안 들어오지 않습니까?

학생 – 필요 없는 경우에 그렇게 하면 되지 않습니까?

선생님 – 필요가 없으면 막으면 되죠. 안 쓰는 것이 당연히 좋죠. 철문이라도 그것을 열어 놓으면 의미가 없는 것이죠.

將星殺의 문제는 그렇게 커버하시면 되고 기왕이면 주거지를 정할 때 상기에 설명한 것을 맞추시는 것이 좋다는 것입니다. 그림 121번에서 설명한 것처럼 좌우는 왔다 갔다 해도 무방하다는 것입니다.

박일우 선생님은 이것을 發福論으로까지 씁니다. 저는 개운법 수순이라고 보는데 진짜 발복을 하려면 상기에 설명한 것들이 맞아야 된다는 것입니다. 이렇게까지도 보고 계시더라고요.

학생 – 아까 地殺, 將星, 六害에 해당하는 것 중에 사업장도 그렇고 나의 주거지도 그렇게 맞추어야 한다는 것입니까?

선생님 – 당연하죠.

■ 활동 영역론(高低, 中心, 遠近)

人氣中心에서는 시청이나 법원이 상당히 의미가 크죠? 시청이나 법원은 항상 가운데 있기 마련인데 그 주변의 활동영역을 앞에서 설명을 드렸죠.

그림 134)

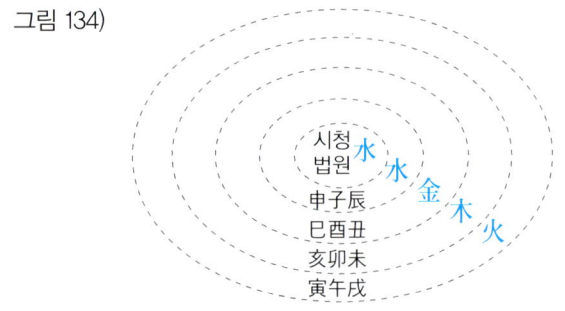

평면적으로 보는 그림입니다. 이것도 아주 적극적으로 운을 잘 연다는 개념까지는 확장하기에는 한계가 있지만 가장 중앙을 水로 봅니다. 또는 核으로 보는 것이죠.

그림에서 중앙을 水의 개념으로 보고 水金木火는 생태적인 환경을 말하는 것이죠. 그런데 시청에 아주 가까이 엉기어 있는 것은 전부 다 문제가 있다고 보면 됩니다.

시청에서 총을 쏘아서 바로 받는 자리는 이런 것입니다. 모든 것의 중심은 물 기운 아닙니까? 壬이잖아요. 그렇죠? 壬에 사람 人자를 붙이면 任자가 되잖아요. ○○님이죠. 중앙에 가장 기까운 자리는 일종의 태풍의 눈에 빨려 들어가는 효과가 생깁니다.

물에서 싱크홀 sink hole이 발생을 하면 빨려 들어가는 소용돌이 같은 효과가 생긴다고 보면 됩니다. 너무 가까이 가면 안 되고 원숭이, 쥐, 용은 水氣와 어울려서 잘 논다는 이 말이죠. 자기들이 놀아야 되는 사회적인 무대는 水의 환경이잖아요.

水와 제일 먼 곳은 火가 되고, 水와 가까운 것은 金이고, 火 앞에 木이고 그렇죠? 나누어진 것은 어렵지가 않죠. 申子辰이 水의 영역 이쪽에 있을 때에 대체로 人氣의 상승, 사회적인 기회, 관계성의 확장, 이런 것이 잘 발생을 한다는 것이죠.

누구든지 중앙에 가까이 가면 다 빨려 들어갑니다. 그래서 바로 관청에서 총을 쏴서 맞는 자리는 이상하게도 별 볼일이 없이 기세가 안 일어납니다.

官이라고 하는 것은 비록 형태는 없어도 '무형의 능력자'로서 모든 것을 제어하는 힘이라고 했잖아요. 그래서 팔자에 官이 있는 놈이 깡패라고 하지 않던가요. 깡패 짓을 할 수 있는 것입니다. 그러한 힘이 만들어지는 곳인데 누구든지 가까이 가면 자기 기세를 못 부리는 것이죠.

申子辰이 용과(龍科)잖아요. 물고기가 아무리 물을 좋아해도 소용돌이가 발생해 있는 곳에 가면 수영이 됩니까, 안 됩니까? 보통 직접 보이는 가까운 거리 이런 것은 전부 다 주거환경으로서는 좋지 못하다고 보면 되죠.

옛날에 부산시청 같은 경우에는 건너편에 무슨 OO데파트라고 있었는데 이런 것들이 바로 직사로 보이잖아요. 총을 쏘면 바로 맞는 자리잖아요. 그것이 다 엉망이 되어 버리잖아요.

여러분이 부동산 투자 같은 것을 시킬 때도 시청, 법원이 바로 붙은 곳은 가지 말라는 것이죠. 거리가 먼 곳은 괜찮습니다. 그다음에 그 공간을 제외하고 申子辰 巳酉丑 亥卯未 寅午戌의 순서로 벗어날 때 가장 어울린다는 것입니다.

亥卯未와 寅午戌은 좀 넘나들어도 됩니다. 申子辰 巳酉丑도 넘나들어도 되는데 어차피 陽운동 陰운동 다 아시잖아요.

寅午戌이 중심 가까이 가서 있다는 것은 자기가 부를 만들고 펼치고 수렴하는 것이 사회적인 관계성이라고 하면, 물이 많은 곳에서는 불을 지피기도 어려우니 엎드려 다녀야 되고 기어 다녀야 되고 해서 위축된 환경 속에서 지내게 된다는 것이죠. 아시겠죠?

학생 – 寅午戌 띠가 申子辰 자리에 가서 살게 되면 불리하다는 것입니까?

선생님 – 그렇죠. 水환경이니까 공간적인 水환경이라는 것이죠.

학생 – 申子辰은 괜찮다는 말입니까?

선생님 – 申子辰 띠는 밖에서 잘 안 풀리는 놈은 중앙으로 오라 이 말이죠. 물고기, 용은 어디에서 놀아야 됩니까? 어항에서 놀아야 된다는 것입니다.

학생 – 중신의 자리를 어떻게 보아야 됩니까?

선생님 – 그것은 비율적으로 정해보세요. 서울처럼 대도시도 있고 부산도 대도시이니까 소도시는 소도시대로 있을 것이잖아요. 전체적으로 비율을 보면 되죠.

대체로 人氣가 많이 발생할 수 있는 환경으로서 나누어 보면 되겠죠. 앞에 설명한 것이 평면상의 지도로서 설명했습니다.

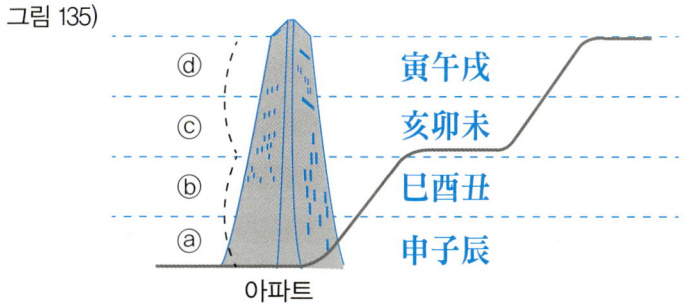

그림 135)

풍수지리에서 평평한 형태의 땅을 五行的으로 水로 나누거든요. 물론 자세히 보면 땅이 울렁거리지만, 水의 영역에서 ⓐ 영역은 주로 申子辰, ⓑ영역은 巳酉丑, ⓒ영역은 亥卯未, ⓓ영역은 寅午戌이 되는데 寅午戌이 ⓐ의 영역에 살려고 하면 아파트에 살면 되겠죠?

아파트 같으면 ⓐⓑ와 ⓒⓓ로 공간을 나누어서 ⓐ의 층수들은 申子辰, ⓑ영역의 층들은 巳酉丑, ⓒ영역의 층은 亥卯未, ⓓ영역의 층들은 寅午戌이 되죠.

寅午戌은 火局을 펼쳐 가면서 팍팍 날아가는 힘이 있고 새의 기상을 가지는 것이니까 새는 어디에 삽니까? 새는 산에 살고, 용은 어디에 살고? 물에 산다는 것이죠. 아시겠죠?

이런 조건에 맞출 때에 대체로 인기상승의 에너지, 주변 사람의 도움 등이 따른다는 것이죠. 그러니까 물고기가 물에서 죽는다면 이런 경우는 자기가 자살을 했거나 이런 특이한 경우 외에는 물고기는 오히려 물에서 살잖아요. 그러니까 주변의 도움을 얻는다는 것이죠. 水金木火는 고도상 활동환경을 의미하는 것이니까…

학생 – 아파트 동과 층을 봐야 됩니까?

선생님 – 그렇죠. 아파트 중간층을 잘라서 보면 됩니다. 물론 고층, 초고층 차이는 있겠지만 대충 중간층까지를 申子辰 巳酉丑이 인기를 많이 얻을 수 있는 영역 이렇게 보면 됩니다.

중간층 이상이 亥卯未 寅午戌이 인기를 많이 얻을 수 있는 영역 이 정도로 일단 분류를 해 보시면 될 것입니다. 그래서 뭔가 안 풀리고 비비 꼬이고 이렇게 할 때 여러분이 일종의 체크리스트로 이런 것을 나누어서 다 맞추기는 어렵더라도 이런 기준에 적어도 5개 기준이 있으면 3개 이상을 맞추어 살면 좋다는 것입니다.

　예를 들어서 이런 것입니다. 申子辰이 산에 올라오면 못 사느냐? 산에 있는 계곡에 살잖아요. 사는데 평면상으로 보니까 시청 가까이 있다면 인기가 유지되는데 별 지장이 없다고 보시면 됩니다. 최소한의 주변 혜택을 입고 살아간다. 보호막이 있다고 이렇게 보시면 되는 것이죠.

　저런 것이 특히 오피스를 정하는 문제라든지 주거지를 정하는 문제, 시역을 정할 때 상당히 많이 활용되니까 여러분이 서것을 잘 좀 챙겨 보시기 바랍니다.

　학생 - 寅午戌 생이 서울에 살아요. 그런데 남산 같은 곳에 살면?

　선생님 - 남산 같은 곳에 살면 외곽은 아니지 않습니까? 서울 시청이 중심이 되니까 남산이 동남쪽에 있잖아요. 남쪽에 있으니까 남산이라고 한 것이거든요. 그래서 동남쪽 지역에 사는 것은 괜찮죠.

　이 이론은 사분면 이론에 동남쪽에 있는 것이 되는 것이죠. 여의도가 더 좋죠.

　학생 - 寅午戌 생이 강가나 하천 옆에 살면 안 좋겠네요?

　선생님 - 寅午戌 생이 강가나 하천에 머물러 있다는 것 자체가 그렇죠.

학생 – 평면적으로도 안 좋습니까?

선생님 – 이것은 강가의 문제가 아니고 시청인데요.

학생 – 이쪽하고 저쪽하고 그냥 한 개만 맞추면 안 됩니까?

선생님 – 한 개만 맞추면 됩니다. 한 개만 되어도 보호막 효과가 있습니다.

이런 것이죠. 인간도 약간 기운적으로 양서류거든요. 4계절에 사는 놈이잖아요. 봄과 여름도 살아갈 수 있고 가을과 겨울도 살아갈 수 있는 양서류과 라는 겁니다.

양서류가 물리적 공간에서만 양서류가 아니고 기운적으로 봄 여름에도 살고 가을 겨울에 사는 과이니까, 적어도 한 곳에는 맞아 있어야 생명성이라고 하는 것이 유지가 된다는 것이죠.

그래서 '기운적 양서류' 이렇게 보면 됩니다.

2-2. 행동 1 (조상과의 기운 소통)

우리가 죽다가 살았다는 것을 누가 돌봤다고 합니까? '조상이 돌봤다.' 표현을 하죠.

🔲 월 카르마 karma

'월 카르마 karma'라는 표현이 여기에 나옵니다. 丑寅卯, 辰

巳午, 未申酉, 戌亥子에 나옵니다. 이것은 태어난 생월을 이야기하는 것입니다.

명리에서는 사실은 명칭이 없기 때문에 제가 만든 용어가 많이 있습니다. 鬼三合이라고 표현을 했는데 어떤 기운을 완전히 에워서 싸주는 그런 작용을 일으키는 것이 되는 것이죠.

丑寅卯는 원래 金絕로서 金의 기운을 꺾어 버리는 작용을 하고, 辰巳午는 水, 未申酉는 木, 戌亥子는 火 이런 식으로 되는데 이 세상에 태어나서 정말로 되는 것이 없고 그런 것 있지 않습니까?

이것을 인종의 발판으로 봅니다. 발판이라고 하는 것이 발을 디디는 판 아닙니까? '성공의 발판이 되었다.' 그런 표현을 하는데 발판을 생월로 보거든요. 태어난 달을 이 세상에 발을 디딘 판으로 보는 것이죠. 그래서 발판이 놓인 방향대로 몸이 튕겨져 나가죠.

뜀틀 운동이 있었죠? 뜀틀을 올라가기 전에 발판에 도움닫기를 해서 발판을 밟고 올라가거나 넘어가거나 못 넘어가거나 하게 되는 것이죠.

이런 경우에 사는 내용이 매우 힘들 때가 발판이 예쁘지 않다는 것이잖아요? 차라리 발판이 없이 그냥 뛰어보자고 하는 노래도 있습니다. '맨발의 청춘' 이런 노래 들어봤습니까? 노래 가사에 이런 가사가 있습니다. '용하다는 도사 찾아다닐 필요 없어!'

'맨발의 청춘'이라고 하는 노래가 있습니다. 중간 가사의 랩 중에 '용하다는 도사 찾아다닐 필요 없어! 잘 될 거야~ 나는 맨발의 청춘!' 이런 내용이 나오는 데 차라리 발판을 없애자.

이렇게 비틀어져 날아갈 것이라면 발판을 없애자고 하는 측면에서 일종의 주술적인 것과 맞물리기는 하는데, 丑이 없으면 寅과 卯가 없다고 보는 것입니다. 丑도 당연히 포함되는 것이죠.

丑이 하는 일이 결국은 金絕 즉 金氣를 완전히 수렴하여 줌으로써 金이 끝이 나야 무엇이 열립니까? 木이 열리고 가을이 끝이 나야 봄이 오죠. 그래서 이 두 가지를 다 열리지 못하게 하는 작용이 있는 것이죠.

사는 내용이 흉할 때 쓰는 것입니다. 또 살면서 너무너무 어려운 일이 생긴다. 이럴 때 소고기를 태우는 방법이 있는데, 태운다고 하는 것은 기운을 반대로 만드는 것입니다. 태운다고 하는 것은 생명력이 있는 것을 무기질화하는 것입니다.

예를 들어서 정월달에 태어난 사람이 너무 어렵다고 할 때에 소를 대체로 어떤 형태로 하느냐 하면, 육포형태로 만들어서 태우는데, 사용하는 공간의 丑方에서 이것을 태우면 됩니다. 초 같은 것에 불을 붙여두고 대나무 집게 같은 것으로 육포를 잡아서 태우면, 그 연기가 올라오잖아요.

그 연기를 의복에 쬔다든지 또 고기집에 가서 소고기를 구워 먹으면 냄새가 옷에 베이잖아요? 그런 식으로 훈연을 시킨다고 합니까? 연기를 몸에 입히는 것이죠. 丑寅卯일 때 연기를 입혀서 개운을 하는 것이죠.

辰은 일종의 물고기로 봐서 칼치같은 것 있지 않습니까? 시장에 가면 말린 갈치를 팔지 않습니까? 염장해서 말리잖아요. 염장은 조금 덜 하는 것이 좋습니다.

未는 말 그대로 양이나 염소가 되고, 戌은 개고기를 이런 것을 활용해서 그렇게 하면 조상의 카르마가 이어지는 통로를 차폐시켜주는 효과가 있다 이렇게 보거든요.

그래서 어려운 시기에 사업을 할 때 중요한 계약이라든지 미팅 같은 것을 하러 갈 때 일부로 이런 기법으로 해서, 양복 같으면 양복의 겉옷 있지 않습니까? 숯에다가 연기를 쬐어 주는 것이죠. 연기를 배이게 해서 외출을 하고 이렇게 하는 것이 조상의 힘든 카르마가 다니는 또 작용하는 것을 차폐시키는 그런 작용이 발생한다 이 부면 됩니다.

해보면 이상한 현상들도 보기는 많이 봤는데 악몽에 시달리는 사람두 있구 악몽에 시달린다는 것은 작용력이 있다고 하는 것이잖아요. 굉장히 힘들고 할 때는 "내가 전생에 무슨 죄를 짓고 업을 지었기에 이렇게 험한 어려운 일을 당하느냐?" 이런 표현을 하잖아요.

그런 것들을 차폐시키는 효과가 있는데 그 효과가 강력한 것 같습니다. 그러면 그런 것을 가만히 놔두지를 않으려고 할 것이잖아요. 그런 것은 시급할 때 쓰는 방법으로서 저런 기법이 있다고 생각을 하시면 됩니다.

학생 – 18억을 여러 사람의 것을 끌어모아 투자를 해서 재판에 들어갔는데 결과가 희망은 약하지만, 재판의 결과를 이끌어 낼 때 이랬을 때도 이런 방법을 쓰면 됩니까? 여러 사람이 관련된 일들은?

선생님 – 그런 것도 되죠. 월이 丑寅卯월이냐? 辰巳午냐? 未

申酉냐? 이것을 보시라니까요.

학생 – 재판이 있는 날?

선생님 – 그렇죠. 재판이 있는 날 그리고 그 18억에 관련된 여러 사람을 만나는 날 이런 날은 그렇게라도 하고 가라고 하면, 일종의 보호막 효과가 있어서 더 궂은일을 안 당하기도 하고 부분적으로 좋은 성과를 내기도 하고 그렇습니다.

학생 – 너무 자주 하면 안 좋지 않습니까?

선생님 – 아주 다루기 어려운 질병이라도 걸린 상태라도 이럴 때도 쓰기는 합니다. 중풍이라든지 이런 것일 때도 이런 것을 쓰기도 합니다.

학생 – 집이 안 팔리거나 그런 것도 됩니까?

선생님 – 그것도 포함되죠. 그러니까 운세를 포괄적으로 열어주는 것이기는 한데 조상에서부터 나쁜 카르마가 넘어와서 간섭하는 것을 일단은 차단을 해주는 효과가 있는 것이죠.

학생 – 질병일 때는 언제까지 해 주어야 됩니까?

선생님 – 나을 때까지죠. 매일 하는 것이죠. 매일이야 간단하죠. 육포상태로 있잖아요? 그것을 훈연만 시키는 것이죠. 그런 연기로 코팅만 시킨다고 보면 되는 것이죠.

학생 – 시간도 지키면 효과가 더 있습니까?

선생님 – 그것까지는 아직 관찰해 보지 않았습니다.

학생 – 아무 때나 해도 됩니까?

선생님 – 아무 때나 해도 됩니다. 방향 요소가 조금 더 작용 이 강할 것이라고 볼 수 있는 것이죠.

학생 – 그러면 집이 여기에 있고 집을 팔아야 되는데 나는 다른 곳에서 살고 있다면 살고 있는 곳에서 해도 상관이 없다는 것입니까?

선생님 – 그렇죠. 조상이 주는 파장을 막아주는 그런 작용이 있는 것입니다.

학생 – 태우고 남은 것은 어떻게 해요?

선생님 – 그것은 재가 되었으니까 그냥 버리면 되죠. 거기에서 중요한 것은 연기를 훈연해 주는 것이 의미가 있는 것입니다.
그래서 뭐 '왜 태어났니?' 이런 것 있지 않습니까? 표월이라고 하는 것이 없었으면 안 태어나는 것이잖아요. 그런 기운을 활용하는 것이죠.

학생 – 만약에 자기 命에 戌이 있는데 이 戌이 자기에게 엄청 안 좋게 작용을 한다고 하면 그 戌을 冲하는 해가 좋겠네요?

선생님 – 이것은 월에 하는 개념이고 지금 말씀하시는 것은 아주 일반론적인 것이죠. 그것은 말 그대로 冲去法 아닙니까? 冲에 의해서 그 작용을 멈추게 하는 것이고 이것은 그것이 아니라는 겁니다. 기운을 아예 반대로 작용하게 하는 것입니다.

丑이 너무 힘들다면 반대로 쓴다는 것이잖아요. 그래서 '씨를 말려 버리자!', '태워버리자!', '뿌리 뽑자!' 하는 것이잖아요. 기운을 없애거나 반대로 쓰는 것이죠. 멸공, 공산당을 멸공시킨다고 하는 이런 것들이 그런 개념이 되는 것이죠.

이것은 각 개인에게 적용되는 것이니까 여러분이 사정이 너무 딱한 사람이 있다거나 할 때 우리가 기법적으로 해줄 수가 있는 것이죠.

天殺(제사)

天殺 제사의 중요함은 앞에서 설명을 해 드렸죠. 이것은 장남기준이라고 했고 대리로 제사를 지내도 된다고 했습니다. 天殺 방향으로 절을 하라고 했습니다. 이것이 의미가 크다고 했습니다.

동생이 지내도 되고 조카가 지내도 되는데 제사권을 가진 경우입니다.

학생 – 저것을 장손이 다른 나라 가서 지내도 됩니까?

선생님 – 아무 상관이 없다니까요. 달나라에 살고 있으면 달나라에서 제사권을 가진다는 것입니다.

학생 – 4형제가 있는데도 제사를 모시는데도 그 장손이 제사를 지낼 의향이 전혀 없다고 해도 마찬가지입니까?

선생님 – 이것은 의지와 상관이 없습니다. 이것은 물리이기 때문에 그렇습니다.

학생 – 장손이 제사를 안 지내고 그것을 집에 다 모시려는 사람들이 있거든요.

선생님 – 그러니까 이런 것입니다. 우리가 영적인 진화를 위하여 숭배의 대상과 육체적 현실적 번영을 위한 존재하고 같습니까? 다릅니까? 부처님이 공부를 열심히 해서 서울대학을 가서 잘 먹고 잘살라고 했습니까? 다 때려치우라고 했습니까?
  예수님이 부자가 하늘나라로 가는 것은 낙타가 어디로 들어간다고 했습니까? 바늘구멍 들어가는 것보다 더 어렵다고 했지 않습니까? 우리가 적어도 이 세상을 살면서 정신적 진화에 의한 행복의 영역이 있고, 육체적 건강이나 번영의 영역이 있지 않습니까?
  그러나 이 두 가지가 어느 것이 더 우세하냐? ○× 문제가 아닙니다. 둘 다 중요하다는 것입니다. 육체나 정신, 재물 이런 것들에서 재물의 무게와 기운이 적어도 우리가 살고 있는 사바 세계에서 결코 정신의 무게에 비하여 가볍지 않다. 그러면 육신의 번영과 안녕을 위해서 우리가 늘 애를 써주시는 분이 누구입니까? 유치원 선생님입니까? 아니면 부모님입니까? 부처님입니까? 우리 부모님입니까?

그러니까 영적인 진화를 위해서 수행을 하던 분이 세상을 떠났을 때에는 그분은 영적인 진화코스에 붙여서 제사를 지내도 아무 상관이 없습니다. 그런데 그 정도 코스에서 제사를 받을 만큼 영적인 수행을 마친 사람은 극히 드뭅니다.

그런데 자손들이 사실은 자기들 편하려고 돈 몇 푼 줘서 제사 알아서 지내 달라는 것입니다. 어차피 영적인 진화를 위해서 해 주는 것인데 스님은 또 정성스럽게 할 이유가 뭐가 있느냐 하는 것입니다. 세속의 번영을 위해서 해주는 것이 아닙니다.

그래서 성경에서 말하는 것은 福音을 들으라고 하잖아요. 福音이 무엇입니까? 참된 복을 말하는 것이기는 한데 참된 복이라고 하는 것은 영적인 진화라고 하는 것입니다. 거기서 말하는 복된 소리잖아요. 이것이 우리가 세속에서 말하는 복은 아니라는 것입니다. 이것이 참된 복은 맞죠. 영적으로 진화해서 해탈하든지 천국을 가든지 하는 것이죠. 그 정도 도를 닦고 돌아가시는 분이 몇 분이나 되겠느냐 하는 것입니다.

학생 – 안 좋을 수도 있겠네요?

선생님 – 일단은 제사 꽝 효과가 나타나는 것입니다. 제사를 안 모시는 것과 같다는 것입니다.

최근에 어느 분이 돌아가신 분을 화장하시겠다고 해서 "꼭 하고 싶으면 하세요." 하시는데 사실은 풍수지리라고 하는 학문으로 위장하신다면, 그런 것이 사실은 절손(絶孫)의 인자를 만들 수도 있다는 것입니다. 화장하면 손이 끊긴다는 말입니다. 그래서 絶孫이 되기 때문에 화장하려면 하라고 했는데 "인도의 간디도 화장을 하고 스님들도 화장을 하는데,,,"

그 사람들은 영적인 진화를 위한 세계로 들어간 사람들이잖아요. 후손을 번성시켜야 될 이유가 없는 분들이라는 것입니다. 지금 미국 어디에서 사람을 태워서 화장하는 장례법(葬禮法)을 쓰더냐?

"그래 인도 화장을 하는데 잘 살지요?" 하니까 "음~·"하는 겁니다. 그러니까 이 공부를 해보면 無形而能力 아시죠? 사람의 몸이라고 하는 것은 이런 것입니다.

사람이 받은 인체의 DNA는 일종의 찰흙과 같다는 것입니다. 그 찰흙에 우주에서 불어주는 코스모-윈드 Cosmo-wind와 같은 것이라서 그 찰흙에 결이 생기는 것이라는 겁니다. 그 결이 운명적인 내용을 구성하게 된다는 말이죠. 그리고 이 찰흙은 죽은 것이 아닙니다. 그래서 나온 TV 프로가 있습니다.

'지구는 살아있다.' 이런 것 봤습니까? '생명의 신비', 12운성을 왜 배웁니까? 죽은 것 같은데 죽지 않고 기운이 남아 있더라는 것이죠. 그래서 '絶處에 逢生하여…' 즉 씨앗이 죽었다는 말을 할 수는 있지만 죽은 것이 아니더라 이 말입니다. 그래서 그것을 태워버리면 그것이 무기질화해 버립니다. 생명력을 잃어버린다는 것입니다.

영적 진화를 위한 숭배의 대상을 쫓아가서 거기서 제사를 받을 사람은 엄청난 수행을 하다가 세상을 떠난 사람이어야 된다는 것입니다. 그런 사람은 화장은 무방하다는 것입니다. 왜냐하면, 육신의 번영, 자식과 후손의 번영과 상관이 없는 차원이 다른 세계로 갔기 때문에 그렇습니다.

학생 – 돌아가신 뒤 100년~200년이 지난 산소도 없애면 안 됩니까?

선생님 – 그 정도 지나면 작용력이 많이 약화되었다고는 보지만 좋은 땅은 이렇습니다.
 냉장고가 좋으면 오랫동안 고기가 그대로 좋은 상태를 유지하잖아요. 뼈도 마찬가지입니다. 뼈도 명당에 있으면 사실은 몇 대까지도 가느냐 하면 이것이 우리도 케이스를 보고 해서 아는데 거의 10대 후손까지도 기운을 줍니다. 그래서 龍飛御天歌가 구절 이야기를 했죠? '뿌리 깊은 나무는 바람에 아니 뮐세'
 태풍이 불어도 뿌리가 깊으면 쓰러지지 않는다는 것입니다. 그러니까 몸의 뿌리가 어디입니까? 엄마, 아버지, 엄마, 아버지… 이렇게 가는 것입니다. '그중에서도 뿌리가 10센티만 더 있었어도 태풍에 자빠지지 않았을 것을'이라는 것이죠.
 그래서 사실은 두는 것이 좋은데 지금 현실에서 사회현상이나 묘지의 수급상황이나 이런 것을 볼 때는 세월을 한정할 수밖에 없겠지만, 좋은 터라고 하면 구태여 그것을 또 꺼내어서 태워야 될 이유는 뭐냐는 것입니다.
 여러분은 정답에 가까운 내용을 알고 계시고 또 사회적인 부작용을 고려해서 그냥 화장만 하지 말라는 수준이 있지 않습니

까?

학생 – 자손의 산소까지도 天殺방향이면 좋다고 하지 않았습니까? 예를 들어서 寅午戌그룹이 丑방향으로 있으면?

선생님 – 기운을 원활하게 더 잘 받는다고 보는 것이죠. '생활근거지에서 天殺방향에 있으면' 이라는 뜻인데 그렇게 하지 않더라도 이 우주는 통신에 의해서 다 연결이 되어 있잖아요. 天殺방향 세사만 지내도 충분히 묘지까지 그렇게 하지 잃더라도 상관은 없습니다. 그렇죠.

"절에 올리고 싶으면 올려도 된다." 하세요. "그분이 도를 많이 닦으셨구나!" 이렇게 하면 됩니다.
상담을 하다 보면 그것에 대해서 논리적으로 대항하기 싫어서 말을 하지는 않는데 여러분들도 알아서 해석하세요.
화장은 정말로 絕孫을 만듭니다. 굉장히 안 좋은 것입니다. 뿌리를 태워버린 것이잖아요. 뿌리가 죽어간다고 해서 숨이 죽은 것이 아니거든요.
원래 易의 원리라고 하는 것이 그렇잖아요. 가득 차면 저물고 저물면 다시 태어나는 絕處逢生의 순환속에 우리라고 하는 존재가 이 지구위에서 굴러서 가고 있다는 것입니다.
그래서 부처님도 아니면서 부처님처럼 화장해 달란다고 해서 화장을 하고 하면 안 됩니다. 레벨이 범 우주적으로 가는 차원의 단계하고 우리는 이미 世界에 갇혀 있다는 것입니다. 우리는 이 界에 갇혀있다는 것입니다. 界에 갇힌 존재로서 할 수 있는 좋은 카르마나 에너지의 축적이 더 중요한 것입니다.

　불교도 팔상록(八相錄)부터 공부해야 됩니다. 八相錄이 부처님의 전생 이야기거든요. 부처님이 전생에 엄청나게 좋은 일을 많이 합니다. 좋은 일을 많이 하고, 많이 했기 때문에 왕의 아들로 태어난단 말이에요. 모든 것으로부터 자유롭게 떠날 수 있는 컨디션이죠.

　다 가질 수 있는 자리였잖아요. 다 가지고 떠나라는 것입니다. 가지지도 못한 놈들이 떠나서 기왓장 옆에서 이단 옆차기를 하는 것이죠. 그렇죠?

　우리는 아직도 界에 갇혀있기 때문에 육신의 번영, 영화를 한번 누려보고 그다음에 버리는 것이라는 겁니다. 가져 본 놈이 버려야 그것이 버린 것이에요.

　못 가져본 놈이 "그것이 별거 아니다. 나는 버렸다." 하는 것이죠. 자기한테 오지도 않았는데 뭐를 버렸다는 겁니까? 그래서 뭐가 없느냐? 자유가 없다는 것입니다. 못 가진 놈이 떠나는 것은 자유가 없다. 운의 희롱이 오면 반드시 그 희롱에 빠진다는 것입니다. 진짜로 억만금을 가지고 있어 본 사람은 어느 사람이 돈을 들고 와도 "어, 왔나?" 이것으로 끝입니다.

　못 가져본 사람이 "나는 자유다." 하는 사람은 옆에서 펌프질하면 그만 "그게 얼마인데?" 하는 것입니다.

　운의 희롱에 자빠지기 때문에 진짜 우리가 수행을 해서 그렇게 높은 경지까지 가는 것은 많은 좋은 카르마의 누적이 필요하다는 것입니다. 좋은 카르마도 쌓지 못한 사람들이 내가 영적인 제사를 받겠노라 하는 것은 말이 안 되는 것입니다.

　그러나 젯도 먹고 살아야 되니까 그냥 그렇게 하라고 해야 되는 것이죠. "도를 닦는 입장이셨으면 그렇게 하시면 됩니다." 이렇게 하면 되지만 역학을 하는 입장에서는 그것은 답이 아니라는 겁니다.

정신적인 육체적인 두 가지 인자에서 육신의 번영, 자손의 번영을 구한다면 天殺제사라는 것입니다. 세 가지 증거가 드러나는데 첫 번째가 후손들이 공부를 열심히 하고 잘한다. 전체적으로 공부를 잘한다는 것이고 그다음에 잘 사는 사람과 못 사는 사람이 편차는 있어도 제일 못사는 사람이 먹고는 살만하다. 그다음에 불치, 난치 질환이 거의 발생하시 않는 것입니다.

六害殺 (제사 조상)

天殺은 12神殺에서 조상과 조상의 문턱을 말한다고 했죠. 六害殺도 조상에 속하는데 우리가 직계로 제사를 모시는 조상 이외의 조상들을 말하는 것입니다. 직계로 제사를 모시는 조상 이외의 수많은 조상들 이것을 六害 그룹으로 보면 됩니다.

그래서 그쪽을 주거환경에서 잘 열고 또 평상시에 그쪽을 보고 합장이라든지 정신적인 기원을 하면 소위 우리가 남이라고 생각하는 사람들이 나를 돕게 되는데 그것도 사실은 다 혈연입니다.

여기에 계시는 여러분들도 서로 관계를 따져보면 200촌(寸) 안에 다 걸려 있다는 것입니다. 그런데 우리가 남이라고 생각을 하는 이유는 옆으로 곁가지를 쳐 버렸기 때문에 그런 것이죠. 그래서 보통 六害殺방향에 술을 자주 뿌리거나 술을 받쳐두는 행위만으로도 주변 사람의 혜택이나 인덕을 많이 보게 된다고 보면 되죠.

하다못해 고스톱 판에서 끗발이 죽는다면 그 방안에서 六害殺방향을 찾아가지고 술잔을 떠놓으라니까요.

학생 – 자기가 앉은 방에서?

선생님 – 그 방이 있지 않습니까? 노름방이 있을 것 아닙니까? 선수들은 하우스라고 합니다. 내가 이 공간에 앉아 있으면 이 공간의 기운을 받잖아요. 공간을 기준으로 六害殺방향이 있을 것 아닙니까? 내 띠를 기준으로, 거기에다가 술잔을 딱 올려놓으면 보통 저의 경험치이기는 하지만 보통 17~18분 이내에 끗발이 살아납니다.

학생 – 六害殺방향에 소주를 붓는 것하고 내가 자리를 정해서 앉을 때 六害殺이 등 뒤에 있어야 됩니까? 앞에 있어야 됩니까?

선생님 – 등 뒤에 있어도 상관이 없습니다. 왜냐하면, 거기에 앉다 보면 자리를 못 옮기잖아요. 이 방을 중심으로 어느 한쪽이 六害殺방향이라고 하면 거기에 두면 됩니다. 그러면 일단은 상대방도 무슨 운이 있을 것인데 결국은 나를 도우려고 하는 에너지가 형성되니까

학생 – 같은 띠라고 하면?

선생님 – 같은 띠면 그 날은 서로 일진의 문제가 되죠. 그 날의 일진 운세의 문제가 됩니다.

학생 – 술잔을 올린 사람이 좋은 것 아닙니까?

선생님 – 그것은 확인을 해본 바가 없습니다. 우리가 노름방에 오래 앉아있지는 않는데, 치는 것 거들고 있다가 정 끗발이 안 오른다고 하면 이렇게 술 좀 따라봐라 하거든요. 그러면 실제로 효과가 옵니다. 영업장에 손님이 없다. 손님이 없을 때 그것을 하면 1시간 40분 내에 직방으로 작용을 한다는 것입니다. 그리고 예를 들어서 주류를 파는 곳이라면 소주를 올리기보다 양주를 올리면 고급손님이 옵니다. 귀신도 고급 급수가 나옵니다.

학생 – 그런데 1시간 40분이라는 의미가 어디에 있습니까?

선생님 – 그런데 묘하게 그것이 경험치인데 그것도 2시간 중에 분진(分辰)이라는 것이 있지 않습니까? 分辰에서 120분이잖아요. 그러면 1시간 40분이면 즉 적어도 時辰안에 작동이 된다는 것이잖아요. 1시간 40분이면 100분이잖아요. 100분쯤에 온다는 것이 아니고 100분 이내 이 말입니다. 이내에 반드시 현상적으로 작동하더라는 것입니다.

학생 – 옛날에 어머니들 정화수 올리는 곳 있지 않습니까? 그것도 의미가 있습니까?

선생님 – 그렇죠. 귀신하고 통하는 음식이 원래 물과 술입니다. 술이 빠르죠.

학생 – 항상 차려놓는 것이 좋습니까?

선생님 – 그 물이 맑은 상태를 항상 유지해주어야 되는데 술은 게을러도 알코올이니까 괜찮습니다. 컨디션이 나쁘지 않잖아요.

학생 – 막걸리 이런 것은 안됩니까?

선생님 – 막걸리 이런 것은 시간이 지나면서 냄새가 나니까 주로 소주나 맑은 술을 쓰는 것이 좋습니다.

학생 – 마시면 안 됩니까?

선생님 – 마셔도 상관은 없는데 부어주는 것이 좋죠. 헛제삿밥이라고 하잖아요. 귀신이 정기를 흠향(歆饗) 했다고 보기 때문에 그 술은 맛이 없어요.

2-3. 행동 2 (개인적인 기운 작동, 상호관계)

 攀鞍殺의 활용

주로 攀鞍殺은 天殺의 반대개념으로서 생각하시면 됩니다. 天殺의 반대개념으로서 편안한 곳, 움푹한 곳, 안락한 곳 이런 뜻입니다. 움푹하고 안락한 곳 그러니까 天殺이 가장 높은 곳이라고 하면 攀鞍이라고 하는 곳은 가장 '움터'라는 것이죠. 우리가 움막이라고 하시 않습니까?

약간 푹 꺼진 곳에 천장을 만들면 움막이라고 하잖아요.

'움'이라고 하는 것이 이런 공간이 되기 때문에 가장 편안한 곳 이런 뜻이 되거든요. 편안함을 주관하는 공간으로서,

평면으로 간다면 攀鞍殺방향이 있겠죠? 그쪽으로 머리를 두고 자는 곳. 두침의 방향, 잠자는 머리 방향을 攀鞍殺로 두라는 것이죠.

보통 將星殺 옆이 되는데 예를 들어서 巳酉丑생은 辰이 天殺이 되고 戌이 攀鞍殺이 되잖아요. 그다음에 酉가 將星이 되죠. 將星은 피하는 것이 좋습니다.

將星이 치열한 전투를 취하기 위한 곳이니까 將星은 피하는 것이 좋고 이것을 맞추기 어려우면 六害殺에 맞추면 됩니다. 巳酉丑생은 戌亥方 또는 子方이죠. 그래서 攀鞍에서 六害殺 정도에 맞추면 됩니다.

거꾸로 자면 제일 골이 아프고 將星으로 자도 골이 아픕니다.

학생 – 저 방향으로 맞추려면 침대가 대각선으로 놓이잖아요.

선생님 – 침대는 그대로 두고 몸만 틀면 됩니다. 몸이 엄청나게 큰 사람 아니면 다 맞출 수 있습니다. 이것이 주로 건강에 제일 작용을 많이 하고 운세에도 상당 부분 작용을 하더라는 것입니다.

적어도 '움'이 있다고 하는 것은 외부에서 오는 많은 충격들을 완충해주는 그런 작용을 합니다. 적어도 天殺은 임하지 않는다는 것이죠. 天殺과 가장 멀리 있으므로 그런 것이죠.

◉ 天殺의 활용

天殺은 기본적으로 비어 있는 곳 이런 곳인데 여기에 사실은 조상이 있으면 좋은데 종교적 상징이 있으면 조상의 기운을 오히려 덮어 버리는 효과가 있기 때문에 종교적 상징물을 天殺에 두지 않는다는 것이죠.

그다음에 六害방향도 곁다리 조상이라고 했잖아요. 거기에도 종교적 상징물을 두지 않는 것이 좋습니다. 종교적 상징물을 꼭 두어야 되면 어디에 두느냐? 將星에 두면 됩니다. 將星에는 종교적 상징물을 두어도 좋다는 것입니다.

天殺방향에는 생각, 공부, 수행하는 방향으로 하면 좋으니까 그쪽 방향으로 기도를 하거나 연구를 하거나 하는 방향이 되는 것이죠.

종교적 상징물을 天殺방향에 두어도 되는 직업은 역학을 하는 사람이나 종교인은 거기에 두어도 상관이 없다는 것이죠. 왜냐하면, 조상의 힘을 빌어오는 것 보다 영적인 존재의 힘을 빌려서 그 능력을 쓰는 것이기 때문에 종교인이나 역학인들은 써도 상관이 없는데 일반인은 두는 것이 좋지 못하다고 보시면 되죠.

 驛馬殺의 활용

다른 것도 다 약간의 의미는 있지만 개운법에 많이 쓰는 것입니다. 驛馬殺의 활용은 무언가 정말 이 상태가 너무나 지지부진하고 답보적이라고 할 때는 驛馬殺의 반대가 어디입니까? 地殺이잖아요. 地殺에다가 오히려 머리를 맞추는 것이 좋습니다.

天殺의 옆이 地殺이니까 방향을 잘 맞추어 주어야 되겠죠. 그래서 驛馬殺에 발을 둔다는 것입니다.

항상 殺方 옆에 貴方, 貴方 옆에 殺方 이렇게 보면 되거든요. 아주 안 좋은 것 바로 옆에 좋은 것이 있다는 것입니다. 天殺이 어떤 의미에서는 아주 안 좋은 것이잖아요. 비어있는 곳, 아무 것도 안 되고 생각만 할 수 있는 곳, 그곳의 바로 옆에는 오히려 좋은 작용을 일으키는데 거기에다가 머리를 두면 驛馬殺 방향에 발을 두어서 이렇게 답답한 상태, 지지부진한 상태를 벗어나게 해주는 그 기운 작동이 있더라고 하는 것이죠.

이 기법을 가지고 옥에 갇혀있는 사람들을 몇 명 빼냈습니다. "정말로 답답해서 미치겠습니다. 원장님" 이러니까 "그러면 驛馬殺에 발을 두어라." 해서 주변 사람들이 있으니까 협조를 구해서 동서남북을 나누어서 발을 맞추고 자는 것이죠.

불과 보름 만에 보석으로 풀려나오고 그렇죠. 그래서 그게 컨디션이 좋을 때 쓸 필요가 없겠죠. 컨디션이 안 좋을 때 驛馬殺에 발을 두면 발이 말을 타고 올라가는 것이잖아요.

그래서 변화성이 발생하는 것인데 "이 가계를 못 팔아서 미치겠습니다." 이럴 때 쓰는 것입니다. 그래서 가급적이면 정확하게 맞추어줄 필요가 있는 것이죠.

학생 – 우리가 사무실을 얻어서 책상을 놓잖아요. 그러면 책상을 어떻게 앉아야 됩니까?

선생님 – 그것이 목적에 따라 다르죠. 내가 수행을 하고 공부를 하는 목적은 天殺방향에 맞추고 상담이나 교섭을 하는 자리에는 空亡을 등지는 것 즉 空亡을 등을 지라는 것입니다. 空亡을 쳐다보고 있다는 것은 대부분의 담판과 교섭에서 실패한다는 것입니다.

그것이 질 확률이 높다고 하는 것은 반대를 쓴다는 것이잖아요. 교섭이나 상담 이런 것을 할 때는 空亡을 등지는 것이 좋다는 것이죠.

학생 – 戌亥가 空亡이라고 하면 戌亥를 등지고 앉아야 되는 것이죠.

선생님 – 그렇죠. 辰巳를 쳐다봐야 되는 것이니까 戌亥를 등져야 되는 것이죠. 동남쪽으로 봐야 되는 것이죠. 空亡을 등지는 것은 교섭용, 상담용, 회의시에 空亡을 등지고 앉아서 자리배치를 하는 것 이런 것들이죠.

驛馬殺은 일신상의 것을 쓰는 것은 그렇고 이것도 조금 더 확대를 해서 건물이나 공간에서 간판을 붙이는 공간으로서 驛馬라고 하는 것이 먼 곳까지 보여진다는 뜻입니다. 내 소식이 멀리 간다는 뜻이기 때문에 보통 驛馬와 地殺 두 군데 다 이름표를 붙이면 즉 군인이 계급장을 이마에 붙이고 다녀야 된다는 것입니다. 배에 붙이고 다니면 못 알아 보는 것입니다.

이름표는 가슴에 계급장은 어깨에 붙이는 부위가 있잖아요. 그다음에 상표는 바지 뒤에 붙이죠. 그것이 이름표입니다. 이것은 자기 영업술에도 驛馬殺을 활용하는데 자기를 멀리 알리는 효과를 가진다는 것이죠.

우리가 사용하는 공간이 있으면 예를 들어서 巳酉丑이다.

그림 136)

Ⓐ의 위치에 입구가 있습니다. ○○탕 해서 되어 있습니다. 굴뚝에다가 또 ○○탕을 쓰는 것이 볼 사람이 없는 뒤쪽 기둥이라도 여기에 이름표를 붙여 주는 것이 驛馬殺 효과를 만들어주는 작용이 있다는 것입니다.

그래서 괜히 이상하게 홍보가 안 된다고 하면 벽면이라도 이름을 하나 쓰라는 것이죠. 그러면 이상하게 잘 알려진다는 것입니다.

그러니까 이런 것과 같습니다. 이마에 별이 두 개 있으면 어깨에도 별이 두 개잖아요. 이마에 별이 驛馬殺이면 어깨는 地殺이라는 것입니다. 계급장이 남들에게 보여지는 자리에 있어야 되는데 그것이 자기에는 驛馬殺방향이 되고 地殺이 제2의 驛馬殺 효과를 가진다는 것입니다.

상호관계성에서 저 친구가 나를 인정해주지 않으면 驛馬殺에다가 그것을 붙이면 됩니다.

2-4. 행동 3 (器物의 활용)

기물의 작용과 의미 이해

세 번째 칸에 '＊鬼의 등급' 해놨죠. 어떤 사람에게 와 있는 기운이 과거, 현재, 미래 시간적인 기운이 있으면 반드시 그 사람에게는 비중차이를 두고 오는 것이 있습니다.

과거의 기운에 떠밀려서 가는 그런 기운에 노출된 사람이 있다고 봅시다. 이해를 위해서 비유를 하는 것입니다. 그런 사람은 입만 떼면 '옛날에는 이랬거든.' 이러거든요. 입만 떼면 '내가 왕년에…' 이런 식으로 입만 떼면 옛날이야기입니다.

명칭이 마땅치 않아서 이해를 돕기 위해서 비유를 하겠습니다. 과거는 구신(舊神)이 됩니다. "아이고 구신아! 구신아!" 하면서 "저승사자는 저런 舊神 안 잡아가나?" 하는데 묵은 귀신이 되는 것이죠. 이 양반은 하루 종일 대화의 내용이 10개 중의 9개가 다 옛날 것입니다. 올드 old하다는 것입니다. 그런 사람과 친하게 지내면 눈이 한쪽이 슬슬 멀어지니까 조심해야 됩니다.

관상을 보는 방법에서 대화를 할 때 대화의 내용을 과거 것으로 채우고 있는지, 현재 것으로 채우고 있는지, 미래의 것으로 채우고 있는지 봐야 됩니다.

매번 옛날 것 이야기만 하는 사람은 눈이 슬 멀어진다. 이렇게 생각을 하시면 됩니다. 내 鬼神의 등급도 떨어진다고 보시면 됩니다.

現在神은 TV형 귀신인데 코미디만 나오면 막 웃다가 드라마 나오면 눈물을 훌쩍훌쩍하고 뉴스에 화재사고가 나면 "아이고 어떻게 하나?"하고 그렇게 상황이 바뀔 때마다 그 기운에 그냥 끄달리어서 가는 사람 그런 사람을 '등신'이라고 합니다.

보여주는 화면대로 기운이 현재에만 존재하는 것입니다. 그래서 입만 떼면 "요즘은"이 말만 합니다. "요새는 경기가 더러워서 어쩌고저쩌고" 매일 '요즘은' 소리만 합니다.

未來神은 뭐냐? 아이들이 지나간 과거는 별로 없고 앞으로 가야될 미래만 많이 있는 애들이 "텔레비전에 내가 나왔으면 정말 좋겠네, 좋겠네!" 또 "앞으로, 앞으로, 앞으로만 나가면 온 세상 어린이를 다 만나고 오겠네." 이런 것이 입에 머물러야 되요. "꺼야, 꺼야, 될 꺼야! 할 꺼야!" 이런 미래가 항상 그 친구의 머릿속에 머물러 있는 이런 것이 말 그대로 鬼神이라고 하는 것입니다.

옛날 말에 박사위에 도사, 도사위에 육사 이런 말이 있었는데 도사 위에 귀신이란 말입니다. 그래서 그것을 화투판에서 뭐라고 합니까? 귀신명도라고 하지 않습니까? 자기가 흑싸리를 내고 흑싸리를 뒤집어서 먹는 것을 귀신이라고 하지 않습니까? 귀신은 항상 미래를 소유하려고 하는 에너지가 많은 기운이 머물러 있는 상태가 鬼神입니다.

"저놈 저것은 고스톱의 귀신이다." 내지는 "도가 트였다." 내지는 "귀신이다." 하잖아요. 하여튼 연애는 귀신처럼 한다. 건배사에도 있습니다. '당나귀' 하는데 뜻이 '당신과 나 사이에는 귀신도 모르게…'

귀신이 그만큼 대단하다고 하는 것입니다. 귀신은 다 안다는 것입니다. 그 정도로 영특한 레벨의 기운이 귀신의 단계라고 하는 것이죠. 사람은 舊神, 등신, 鬼神의 기운이 적당히 배분되고 鬼神의 기운이 많아야 됩니다. 그렇게 해야 항상 생각하는 것이 화장실에 앉아서도 "나는 내일 무엇 무엇을 해야지! 토요일은 뭐를 해야지!" 항상 미래를 생각한단 말입니다. 그래서 앞의 것을 대비하고 생각을 하는 사람은 미래의 주인공이라는 뜻이고 그것이 바로 성공의 에너지 패턴이라는 것입니다.

화장실에 가기만 갔다고 하면 "옛날에 그 새끼 그것은 반지는 안 사주고 밥만 사주고" 이렇게 옛날을 생각하고 살면 이것이 舊神이라는 것입니다. 이러한 기운이 어울려서 기물에도 노는 것이 있다는 것입니다. 대부분 舊神, 등신, 鬼神들이 다 좋아하는 기물들이 나와 있습니다.

시계, 냉장고, TV, 그릇, 모자, 신발, 자동차…

생명력이 있다고 하는 것은 모션이 있다는 것이고 소리가 있다는 것이고 거기에 호응해서 많이 움직이는 것이 시계 그리고 등급이 높든 낮든 좋아하는 것이 냉장고인데 냉장고를 왜 좋아하는지 아십니까? 먹을 것이 있어서 그렇습니다. 그다음에 TV인데 거기에는 재미있는 화면이 왔다 갔다 하잖아요. 舊神, 等神, 鬼神 이 귀신들이 다 좋아합니다.

사람도 임종의 귀신이라서 TV 좋아하고 냉장고 좋아합니다. 사람이 좋아하는 것은 대부분 다 같이 좋아한다고 보면 됩니다.

학생 – 시계도 어떤 종류의 시계를 좋아하고 하는 것이 있습니까?

선생님 – 어떤 종류의 시계이든지 상관이 없는데 그릇, 모자도 좋아하는데 모자는 하늘에서 내려오는 기운을 차단하는 효과가 있다는 뜻이기 때문에 등급이 낮은 鬼神들이 좋아하고 숨어드는 곳입니다.

사람도 모자를 쓰고 가는 사람은 특수한 미션을 감당하고 있다는 것입니다. 이것을 덮어쓰는 것은 하늘 같은 존재가 원래 기대하는 것과 조상의 뜻을 외면하는 짓을 할 때 원래 모자를 씁니다.

그래서 군인은 뭘 씁니까? 모자를 쓰죠. 철모를 쓰죠. 그다음에 운동을 하거나 특수한 목적을 수행할 때 모자를 쓰는데 하늘의 뜻과는 차폐된 그런 것을 말한다는 것이죠.

실내에서 모자를 쓰고 오는 사람은 특수한 목적이 있는 사람입니다. 정말 그렇습니다. 모자를 좋아하는데 레벨이 높은 것이 아니고 레벨이 낮은 것이죠.

　그래서 나온 것이 머리 둘레만 싸는 차양하는 모자 있지 않습니까? 이런 것들이 조상의 뜻을 거스르지 않으면서 특수한 미션을 감당하고 있다고 이렇게 보는 것이죠.

　신발은 멀리 가기 위한 수단으로서 의미를 가지고 자동차 등 '소리가 나고 움직이고 맛있고' 하는 이런 것들을 하는데 舊神이 좋아하는 것이 멎어버린 시계인데, 멎어버린 시계만 쳐다보면서 부르는 노래가 있습니다.

　'세월아, 멈추어라!'

　집에 중대한 수준의 중병에 노출되어있는 사람이 그 집에 있다고 하면 반드시 5~7개의 멈추어버린 시계가 그 집을 차지하고 있다는 것입니다. 그것이 오방칠신(五方七神)입니다. 반드시 5~7개가 멈추어져 있다.

　그러면 어떻게 해야 됩니까? 舊神을 몰아내고 鬼神을 부르려면 약을 넣어서 가게 하든지 그다음에 오토매틱 같은 것은 흔들어야 가게 되는 이런 시계 같은 경우에는 와치와인더 같은 것이 있습니다. 오토매틱시계가 있지 않습니까? 멈추지 않게 하는 그런 것도 있으니까 값이 비싸면 그렇게 하고 싼 것은 다 버리면 됩니다. 시계가 많으면 사실은 재수가 없습니다. 시계방의 시계도 다 가잖아요.

　학생 – 그러면 의도적으로 배터리를 제거해서 장기목적으로 보관해 두는 것보다 차라리 없애는 것이 낫네요?

선생님 – 배터리까지 빼버리고 멎어버린 시계를 집에 두는 것이 맛이 가게 되는 것이죠. 5~7개가 멈추기 시작을 하면 드디어 오방칠신의 舊神이 와서 그 시계를 빨면서 "세월아, 멈추어라! 왜 앞으로 갈 것인데? 추억만이 남아!" 그 집에서 이렇게 합니다.

그것이 바로 병으로 가는 것입니다. 움직이지 않는 것이 병으로 가는 것입니다. 값이 비싼 것은 팔고 팔기 애매한 것은 배터리를 넣어서 가게하고, 오토매틱 시계는 와치와인더로 돌리고 그렇게 하면 됩니다. 그것은 정말로 귀신처럼 작용을 합니다.

학생 – 가격은 상관이 없습니까?

선생님 – 귀신한테는 멈추었느냐, 잘 가느냐? 이것이 중요하지 가격은 중요하지 않습니다. 값을 묻지는 않습니다.

멈추어버린 시계가 5~7개가 넘어서면 일단 질병이 옵니다. 질병이 오고 재물이 소통이 안 됩니다. 그래서 氣가 막힌다는 것입니다. 이것이 장난 같은 말이지만 진짜 그렇습니다.

학생 – 시간 안 맞는 것은 상관이 없습니까?

선생님 – 시간이 조금 빨리 가는 것은 괜찮습니다.

학생 – 7개 중에서 3개 정도는 괜찮습니까?

선생님 – 3개는 서서히 위험수위로 넘어가고 있다고 보면 됩니다. 탁상시계도 있을 것이고 기념품 받아 놓은 시계도 있을 것이고 손목시계도 있을 것이죠. 그것이 7개를 넘어가면 반드시 중병 수준의 질병이 와요.

未來神은 잘 가는 시계를 좋아합니다. 시계를 舊神에서 鬼神으로 가게 하는 것은 시계를 잘 가게 하거나 최소한만 두는 이런 것들이 좋다는 것이죠.

운을 좋게 하려면 냉장고 관리도 잘 해야 됩니다. 냉장고에 이것이 5년 전에 넣어둔 것인지 3년 전에 넣어 놓은 것인지 중요해서 냉동실에 분명히 넣어 두었는데 이것이 성에가 끼어서 돼지고기인지 소고기인지 구분도 안 되는 이런 것들을 푹푹 넣어 두면 무엇이 달려드느냐고 하면 舊神이 달려든다는 것입니다.

왜냐하면, 옛날 것이니까 그렇습니다. 그래서 냉장고 주변에 귀신이 기대어 있습니다. 정말입니다. 제가 도를 닦고 본 세계를 이야기하는 것입니다. 그래서 냉장고 정리를 잘하라는 것입니다. 냉장고도 그런 것들이 70~80% 차지를 하면 그럴 때 바로 이런 작용이 옵니다. 질병과 재물의 침체가 오게 되어 있다.

학생 – 냉장고가 오래되어서 측면이 녹슬거나 이런 것은?

선생님 – 내용물이 문제지 냉장고 자체가 녹이 슨 것은 괜찮습니다. 냉장고가 필요한 것은 안에 먹을 것 때문인데 귀신도 먹을 것을 좋아한다는 것이에요.

등신은 舊神 鬼神의 이 중간단계를 상상하면 될 것이고, 귀신은 신상품을 좋아한다는 것입니다. 신제품을 좋아합니다.

학생 – 그러면 항상 작동이 잘되도록 해놔야 되겠네요?

선생님 – 그것보다 신선한 것을 넣어 두어야 되는 것이죠. 신선한 상태, 신선한 것을 두고 금방 꺼내 먹고 그런 관리가 중요한 것이죠.

물론 보관을 위한 목적을 위한 것이지만 3년이 된 것인지 5년이 된 것인지 국적 불명의 이런 것 있지 않습니까? 이런 것은 다 처분하는 것이 좋습니다. 이런 것 많이 두는 집치고 건강한 사람이 있는 집은 없습니다. 이것이 舊神작동 때문에 그렇습니다.

학생 – 보통 잎 같은 것을 말려서 냉동실에 넣어 두잖아요. 그래도 오래되면 버려야 됩니까?

선생님 – 건조된 상태 같으면 냉장고하고 상관이 없잖아요. 건조되었기 때문에 그런 것은 상관이 없는 것이고 젓갈류처럼 아예 저장을 목적으로 한 것은 상관이 없는 것이죠.

염장 안 하고 저장을 하기 위해서 고기 뭉쳐서 넣어 놓은 것, 먹다가 아깝다고 놓아둔 것 등이 다 살이 안 되고 피가 안 되고 돈도 안 됩니다. 결국은 보관만 하다가 전기만 쓰고 내어 버리죠.

　TV는 보통 가급적이면 동쪽 면, 남쪽 면에 두는 것이 좋다고 보면 됩니다. 그리고 영업장에는 절대로 두지 않는 것이 좋습니다. 만약에 부득이하게 두어야 되더라도 음식점에 TV 틀어놓은 집 치고 한 집도 장사가 잘 되는 집이 없다고 보시면 됩니다.

　학생 – 스포츠 바 이런 곳은요?

　선생님 – 목적에 따라 다르기는 한데 말 그대로 월드컵 같은 것을 보기 위해서 한시적으로 잠깐 트는 것 이런 것은 상관이 없지만, 평상시에 그렇게 TV 틀어놓은 집 치고 장사 잘 되는 집은 하나도 없다고 보면 됩니다.

　거기에는 舊神, 등신, 귀신 다 모여서 사람 판이 아니고 귀신 판으로 가요. TV 틀어 놓으면 안 됩니다. 그리고 가급적이면 동쪽 면, 남쪽 면으로 두는 것이 좋은데 동쪽 면, 남쪽 면이 거울도 포함하는데 거울의 위치도 상당히 건강에 영향을 많이 줍니다.

그림 137)

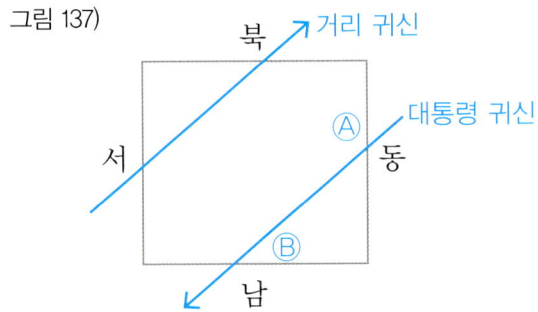

대통령 귀신은 동쪽에서 빠져나와서 남쪽으로 빠져나갑니다. 거지 귀신은 서쪽에서 나와서 북쪽으로 빠져나갑니다. 그림의 Ⓐ면이나 Ⓑ면을 바라본다고 하는 것은 대통령의 메시지를 듣는 것입니다. 거울도 마찬가지로 어느 방이든 동쪽 면이 있을 것이지 않습니까? 이것은 집의 중심에서 보는 것이 아니고 '어느 쪽 면'입니다.

머리 손질을 하는데 동쪽을 바라보고 손질을 하는 것과 남쪽을 바라보고 손질을 하는 것은 대통령에게 보이기 위해서 단장을 하는 효과가 생기고 서쪽 면, 북쪽 면에 서울을 붙이는 것은 거지하고 내가 친하게 지내기 위해서 하는 것이라고 보면 됩니다.

거울과 TV 같은 경우가 대통령의 메시지냐? 거지의 메시지냐? 이 효과가 달리 생기기 때문에 특히 건강에 영향을 많이 줍니다. 그래서 보면 남자 화장실에 보면 북쪽 면에 해 놓은 것 보셨죠? 이 건물에는 북쪽 면에 거울이 붙어 있습니다. 거울에 테두리를 해 놓았습니다.

그림 138)

테두리에 보면 간단한 문양이 들어가서 장식용 테이프 같은 것을 붙여 놓았습니다. 부득이하게 벽에 붙어져 있는 거울일 때 옮길 수가 없잖아요. 그럴 때는 테이프 같은 것을 붙여서 그런 기운을 누그러뜨리려는 그런 것을 하게 되는 것입니다.

저희 사무실 화장실 거울에 테두리를 해 놨으니까 집으로 돌아가실 때 짬이 나면 잠시만 열어 보시고 가시면 됩니다.

귀신은 무엇을 싫어하는 줄 아십니까? 총, 칼, 비닐, 랩, 물 이런 것을 싫어합니다. 불이나 폭발음은 귀신들은 좋아합니다. 폭발음이 터지면 귀신들은 "왓싸!" 합니다. 그런데 舊神은 "아, 시끄럽네, 깜짝 놀랐잖아!" 합니다.

그것은 불꽃도 사실은 舊神을 몰아내기 위한 의식입니다. 중국에서는 개업하면 엄청나게 터트리거든요. 그것은 귀신의 기운이 머무르는 것을 피하기 위해서 하는 것이죠. 총, 칼, 비닐, 랩, 물은 舊神, 등신, 鬼神 모두 공통적으로 싫어합니다. 랩이나 비닐을 좋지 못한 조건일 때 그 주변을 싸주는 것도 중요한 키포인트가 됩니다.

그릇은 집의 중심에서 서북쪽에 빈 그릇을 많이 두지 말라는 것입니다. 이쪽에 빈 그릇을 두면 각설이가 타령하고 갑니다. 빈 그릇은 동남쪽에 두라는 것이죠. 특히 허접한 그릇일수록 이상하게도 돈이 더 잘 들어온다는 것입니다. 왜냐하면, 대통령이 행차할 때 허접한 그릇을 두고 있다는 것은 대통령이 돈을 넣어준다는 것입니다.

거지는 각설이 타령이 되는 것이니까 발로 차고 다닐 것이잖아요. 그러면 서북간에 둘 수밖에 없는 구조이면 어떻게 하느냐? 큰 그릇 중심으로 물이라도 채워 놓으라는 것입니다. 이것도 재물이나 인덕에 상당히 영향을 많이 두게 되는 인자가 됩니다.

큰 그릇을 중심으로 물을 채우라고 하지 않습니까? 빈 그릇의 모양을 하지는 말라는 것이죠. 각설이 타령이 시작이 되어 버리는 것입니다. 각설이 타령은 무엇으로 합니까? 그릇을 채우고 합니까? 빈 그릇을 가지고 합니까?

큰 그릇 같으면 동남쪽 편으로 옮겨놓으면 됩니다. 동남쪽에 빈 그릇이 있는 것은 장차 채울 것을 의미합니다. 서북쪽은 자동으로 비우는 것을 의미하는 것이니까 빈 그릇의 모양을 하지 말라는 것입니다.

학생 – 찬장이 벽에 붙어 있지 않고 가운데 부엌에 서 있는 찬장이 있거든요. 상관이 없습니까?

선생님 – 중심에서 보면 됩니다.

학생 – 부엌을 중심으로 해야 되는 것 아닙니까?

선생님 – 집의 중심에서 해야 됩니다. 안방 앞 베란다가 동남쪽에 걸리면 베란다에 두라는 것입니다. 빈 그릇을 2~3개라도 두라니까요. 그것이 운을 끌어들이게 되어 있습니다. 좋은 운을 불러들인다는 것입니다. 허접한 그릇일수록 돈은 더 잘 들어온다고 보면 됩니다.

대통령이 다니는 길에 허접한 그릇을 두면 대통령이 자꾸 채워주라는 작용이 옵니다.

학생 — 큰 장독을 두면 안 됩니까?

선생님 — 도자기도 금이 가든지 한 것은 거기에 두시면 됩니다. 실금이 간 것 이런 것을 두면 오히려 더 좋습니다.

학생 — 거기에는 물을 채우면 안 되겠네요?

선생님 — 물을 채우면 안 되죠. "저놈 저것 배가 쳐 불렀네!" 하게 되는 것이죠. 임금이 다니는 길에 배가 부른 모양을 하고 있으면 안 되잖아요. 임금보다는 부자가 없거든요.

학생 — 꽃 같은 것을 두면 안 됩니까?

선생님 — 꽃도 너무 화려한 꽃을 꽂으면 안 되고 오히려 없어 보이는 것, 가난한 집에서 그나마 꾸며 보려고 했던 오히려 갈대 이런 것 있지 않습니까?
 가난한 집에서 갈대와 같은 것을 꽂아 놓으면 "저 집은 참 가난하구나! 도와줘라!" 이런 것이 발생한다는 것이죠. 만화와 같은 이야기인데 일단 해보면 압니다.

 모자는 조상이 구하는 뜻과 다른 것을 하는 것이 대부분이라고 했죠. 그래서 안전을 위한 작업모든 전쟁을 위한 군모가 되었든지 철모가 되었든 다 조상이 구하는 뜻과 다른 경우가 대부분입니다. 가급적 쓰지 않는 모자를 두지 않는 것이 좋고 꼭 두려고 하면 뒤집어서 밝은 곳에 두라는 것입니다. 장롱 안에 두어야 되는 것이면 최소한 뒤집어서라도 놓으라는 것이죠.

 신발은 대통령이 다니는 길에다가 동쪽이나 남쪽으로 신발코를 두라는 것입니다. 코가 동쪽이나 남쪽으로 향하도록 신발 코를 두어야 됩니다. 이것은 건강에 영향을 많이 주는 효과를 많이 볼 수 있습니다.
 자동차도 귀신이 좋아합니다. 주로 색상적으로 將星을 피하고 災殺이나 年殺 색깔의 자동차가 운세에 바람직하다고 보면 됩니다.

 학생 – 災殺이나 年殺에 해당하는 색깔을 말합니까?

 선생님 – 그렇죠. 거기에 해당하는 색깔이죠. 예를 들면 巳酉丑생이면 災殺이 무엇입니까? 卯가 되지 않습니까? 그러면 청색이죠. 그다음에 午가 年殺이잖아요. 적색 또는 황색 계열이 되고 흰색이면 가급적이면 피하는 것이 좋다는 것입니다. 將星을 피하라고 하는 것이죠.
 將星의 차를 타고 다니는 사람은 기세를 부리다가 장의차로 둔갑하는 수가 생긴다는 것입니다. 왜냐하면, 전쟁판에 나아가면 전사할 수 있지 않습니까?

 학생 – 옷도 將星殺 색을 입으면 안 됩니까?

 선생님 – 뒷부분에 나옵니다. 그런데 영향을 많이 주는 기물들을 정하면 또 한 번 바꾸기 힘든 부분들을 정리하는 것입니다.

　아이들을 봐 보세요. 將星색깔의 차를 타고 다니면 깜빡 잘 못 하면 그것은 장의차를 타고 가고 있는 것입니다. 그래서 그 색깔은 피하는 것이 좋다. 金은 백색이니까 巳酉丑은 백색 아닙니까?

　기물하고 안에 설비 중에서 물 흐름이 중요하죠. 다음 시간에 어차피 연장해야 될 것 같은데 물의 흐름은 정말로 중요해요. 간단하게 설명을 하면 어떤 공간이나 구조물을 전부 유기체로 보는 것이죠. 유기체로 봐서 물이 무조건 잘 들어오고 잘 빠져야 된다는 것입니다.

　특히 조심해야 되는 것은 인테리어라든지 증개축을 하면서 폐관을 하는 것은 굉장히 위험합니다. 폐관하면 그로부터 1년 반 내외 정도부터 반드시 암을 유도하는 기운이 발생한다는 것입니다.

학생 – 어떤 관도 상관없이?

선생님 – 그렇죠. 어떤 관도 상관없이 그렇습니다. 어떤 혈관도 막으면 죽잖아요. 그런 유기체적인 영향을 받는데 특히 싱크대 물 공사, 화장실 물 공사 이런 것을 할 때 조심해야 되는 것이죠.

　공사를 편하게 하기 위해서 폐관을 하고 새로운 관을 만들거나 이렇게 했을 때 그렇다는 것입니다. 그다음에 보일러 있잖아요. 보일러, 싱크대, 화장실 이 세 가지입니다. 폐관을 하면 주로 소화기나 생식기 계통에 반드시 문제를 일으킵니다.

재물도 마찬가지인데 재물도 무조건 물이 잘 들어오고 잘 내려가야 되요. 물을 틀면 물이 잘 나와야 되고 또 물을 내리면 물이 잘 내려가야 되고 그런 수류성을 잘 확보하는 것이 중요하다는 것입니다.

IMF 때 어떤 일이 있었느냐 하면 자기도 사업을 하면서 미치는 것이에요. 하루하루를 겨우 넘기는 중인데 "선생님, 제가 제발 부도 좀 맞도록 좀 해주세요. 부도를 제가 맞아서 연쇄 부도를 내면 도덕적으로 면탈이 됩니다." 하는 겁니다.

"그러면 당장에 부도 맞도록 해 드리지요." 하고는 "당신 집에서 입었던 내의하고 그런 것 좀 가지고 오세요." 해서 그것을 가지고 현장이 5개 있으면 그중에서 3개를 완전히 내의로 꽁꽁 뭉쳐서 막아 버리는 것입니다. 막으면 2개만 겨우 쓰잖아요. 그렇게 하니까 보름 내에 부도가 나는 것입니다. 부도를 맞은 것이죠. 그것은 일종의 운명적 고의 부도가 되는 것이죠.

부도가 났는데 "선생님, 정말 감사합니다." 하는 것이죠. 왜냐하면, 자기는 부도를 맞아서 자기도 부도가 났으니까 도덕적인 면탈이 되잖아요. 그것이 IMF 때 그런 시절도 있었습니다.

그것을 거꾸로 생각하시면 되겠죠? 물이 잘 안 통하거나 사용하지 않는 공간을 두면 안 된다는 것입니다. 계속 물이라도 내려 주어야 됩니다. 물이 흐르지 않는 것은 피가 흐르지 않는 것이고 그것은 죽음을 예고하는 것이라는 겁니다. 물이 흐르던 관을 폐관하는 것은 바로 중병을 불러들이는 것이라고 보면 됩니다.

암환자에게 물어보세요. 1년 반 전이나 2년 내에 그 집에 물공사 없느냐고 물어보세요. 그러면 그것도 귀신처럼 그런 작용이 있다는 것을 알게 됩니다.

학생 – 2층집이 있으면 2층 화장실은 잘 안 쓰지 않습니까?

선생님 – 1층, 2층이 다 내 것이면 다 영향을 받는 것이죠. 수시로 가서 물을 내려주고 그렇게 해야 되는 것이죠. 건물 자체가 물로서 연결되어 있다면 그것으로서 하나의 유기체로 보라는 것이죠. 그래서 물이 흐르지 않으면 반드시 문제가 발생한다는 것입니다. 베란다에서도 한 번씩 물을 틀어서 써주어야 되죠.
  관이 빈 상태로 오래 있으면 그것도 좋은 것이 아니에요. 관이 비어있는 상태로 오래 두는 것도 좋지 않거든요. 차라리 물이라도 흘려보내주는 것이 맞죠.

  물의 흐름은 제일 기본이라고 보면 됩니다. 재물의 출입, 건강의 유지 이 부분에서 水流는 매우 중요한데, 하여튼 제일 중점을 두어야 하는 것이 잘 들어오고 잘 빠지는 것에 대해서 말씀을 해 드렸죠?
  그리고 신상에서도 난치성 질환이라든지 암이라든지 이런 것이 발생해 있을 때에 보통 1년 반이나 2년 전 정도에, 예를 들어서 인테리어 공사를 한다든지 배관 공사를 한다든지 하면서 폐관(廢管)을 하였다든지 하였을 경우 즉 사용하던 관을 안 쓰는 것이죠. 이런 것이 있으면 그것이 절묘하게도 그 질병하고 맞물리게 되더라는 것이죠.

학생 – 촌집 같은 곳에 가면 우물 같은 것이 있지 않습니까?

선생님 – 그것은 막으면 안 됩니다.

학생 – 아는 사람이 우물을 막고 집을 그 위에 짓더라고요.

선생님 – 그렇게 해서 완전히 망조가 난 곳이 있는데 그 자리를 모 한의원 원장님이 저의 설명을 듣고 경매를 받아서 대박이 났습니다.

시청 가까이 있는 곳입니다. 옛날 집 2개를 합쳐서 건물을 지은 것입니다.

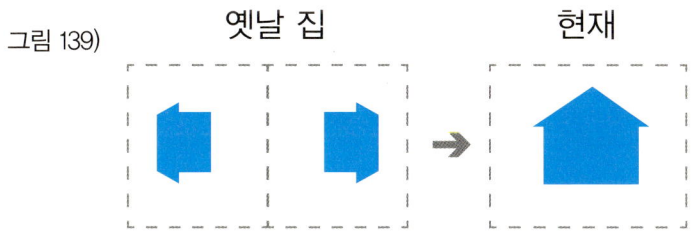

그림 139)

우물이 그림의 Ⓐ의 지점 정도에 있었던 것입니다. Ⓐ의 지점 정도에 있었는데 두 집을 합쳐서 건물을 앉혀버린 것입니다. 최초에는 돼지고기 장사 같은 것을 한 것이죠.

그 공간에서 돼지고기 장사를 하다가 2년 정도에 문을 닫고 그다음에 누가 왔느냐 하면 보신탕집을 누가 차린 것입니다. 보신탕집도 한 2년 하다가 문을 닫고 그 집이 경매로 넘어가 버린 것이죠.

경매에 넘어갔을 때 이 한의원 원장님이 살까요, 말까요? 물어서 무조건 사라고 한 것이죠. 집 2개를 합쳐 놓았으니까 이것이 평수가 넓습니다.

기억에 그 자리가 40~50억 정도 할 것입니다. 그때 경매를 얼마에 받느냐 하면 13억에 받습니다. 그래서 경매를 받고 "어떻게 할까요?" 하는 것이죠. 그 집이 두 집을 헐어서 건물을 지었으면 분명히 우물이 있을 것이라는 것이죠. 사실은 산맥부터 봐야 되요.

그림 140)

산맥이 이어져서 그곳에 반드시 우물이 만들어지는 지맥의 흐름이 있는 것이죠. 그것이 건물 밑에 들어가 있을 것인데 어떻게 할 것인가? 했을 때 "파라!" 한 것이죠.

"콘크리트가 있는데 어떻게 합니까?" 물어보는데 "뚫어라!" 그렇게 해서 4분면을 나누어서 우물이 있다고 하면 동북간 언저리에 있을 것이다. 건물이 있고 지하실이 있다면 건물에서부터 지하실을 뚫고 밑의 부분까지 가야 되는 것입니다.

"무조건 돈이 들어도 파라!" 해서 지하공간이 있으니까 밑으로 팠겠죠. 위치를 모르면 찾을 수가 없잖아요. 그렇게 해서 어떻게 해서 찾았는데 "찾았습니다. 어떻게 할까요?" 묻는 것입니다.

"거기에 파이프를 꽂아라." 해서 건물의 입구에 화단 같은 것이 있지 않습니까? 여기에 쓸 수 있도록 해서 물을 틀면 물이 나올 수 있도록 해서 지하수를 쓸 수 있도록 하라고 했습니다. 그렇게 해서 이 건물을 대박의 공간으로 바꾸었다는 것입니다.

학생 – 위에는 막힌 채로 건물의 밑을 두고 파고들어 갔다는 것입니까?

선생님 – 그렇죠. 위의 공간 건물은 그대로 앉혀져 있는 것이죠.

학생 – 수돗물이 들어오기 전에 지하수를 끌어다 쓰잖아요. 수도를 쓰면 폐관을 하면 안 되는 것이네요?

선생님 – 폐관을 하면 안 되죠. 허드렛물로라도 퍼서 써야 되는 것이죠.

학생 – 촌 같은 곳에 가면 우물 같은 곳도 있지만, 촌에는 옛날 화장실 같은 곳도 푸세식 같은 것도 있지 않습니까? 그런 것도 막으면 안 됩니까?

선생님 – 그것도 깨끗하게 처리를 해야 돼요. 우물이라든지 화장실 같은 곳은 완전히 깨끗하게 공간을 비워주어야 됩니다.

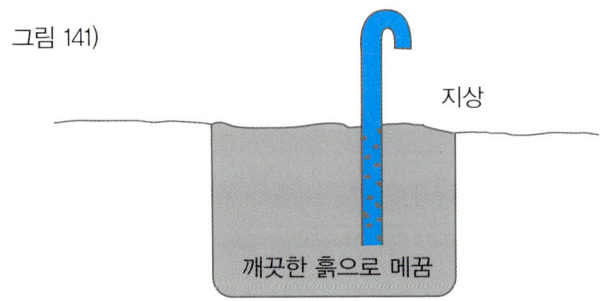

그림 141)

이것을 깨끗하게 처리하고 깨끗한 흙을 가지고 와서 메우고 여기서 발생하는 가스 같은 것을 그림과 같은 관으로 꽂아주면 됩니다. 관의 중간마다 구멍을 뚫어주면 주변에서 발생하는 가스가 구멍을 통해 올라와 주겠죠?

이렇게 해두면 바람이 불면서 자연적으로 배출됨으로써 그 공간에 있는 막혀서 생기는 그런 기운들이 서서히 해소가 되는 것이죠.

앞의 한의원 같은 경우에는 수도꼭지가 있어서 수시로 물을 틀어서 배출을 시켜주는 것이죠. 그런데 물이 좋아요. 물이 좋은데 이런 경우죠. 그렇게 해서 저한테 봉투를 가지고 왔는데 적은 금액이 아니었어요.

그 당시 시세만 23~24억 정도 되는 것이었는데 그것을 13억인가 12억 5천에 받았으니까 거의 반값에 샀잖아요. 지금 가치로 거의 최소 40억~50억 가치가 되었으니까, 돈은 그렇게 벌어야 된다는 것입니다.

학생 – 앞의 화장실 같은 경우는 시멘트로 하면 안 됩니까?

선생님 – 시멘트로 채워버리면 가스가 어떻게 됩니까? 가스가 차서 옆으로 번질 것 아닙니까?

학생 – 그것이 시 정책으로 전 지역을 즉 김해시 같으면 김해시 전 지역을 공동화로 만들고 기존의 것을 정책적으로 매립화시키는 것으로 했거든요.

선생님 – 그러니까 폐공을 한다면 최소한 앞에 설명한 것과 같이 해야 된다는 것입니다. 화장실도 마찬가지입니다.

학생 – 시멘트로 저렇게 해도 관을 해야 됩니까?

선생님 – 원래는 그렇게 해야 됩니다. 아스팔트로 하더라도 사실은 공기가 빠져나오도록 해야 되고, 정 안되면 그 언저리에서 안 살든지 해야 됩니다. 어차피 우리 주거공간에 있다면 앞에 설명한 형태로 처리를 해주어야 된다는 것이죠.
또는 잡석을 채우고 해서 공기의 소통성을, 안에 있는 나쁜 가스들을 자연스럽게 빠지도록 디자인을 해서 해주어야 되요.

학생 – 그 위에다가 흙을 덮든지 해서 나무라든지 꽃을 심어서 해 놓으면?

선생님 – 그것은 제가 농업전공이 아니라서 그렇기는 한데 아무튼 파이프 구멍을 내어서 꽂아두고 가스가 파이프를 통해 올라와서 해 두는 것이 표준입니다. 그림처럼 지상에 파이프를 구부려두는 이유는 빗물이 들어가지 말라고 해 놓은 것입니다.

학생 — 선생님, 집에 수영장을 했는데 그 수영장을 매우면 물줄기 하나는 빼놓으면 괜찮습니까?

선생님 — 그렇죠. 빼서 물의 흐름이 이루어질 수 있도록 해주는 것이 중요하다는 것입니다. 그 공간에 1년 반 이상 머무르니까 거기에서 기세가 약한 사람들이 그런 난지성 질환이 오기 시작을 하더라는 것입니다.

여러분 주변에 누가 암이 왔다고 하면 그 부분을 체크를 해보세요. 아파트도 마찬가지입니다. 아파트 공간도 싱크대, 화장실, 세면장 이런 쪽에 배수 통수가 잘 안 되거나 또는 공사를 하면서 거기에 폐관을 시키는 이런 것들이 있는지 없는지 체크를 해보십시오. 건강과 재물은 직접적인 영향을 많이 주기 때문에 앞의 케이스들 있죠?

그래서 옛날 집에는 거의 다 있었다고는 볼 수 없는데 그것을 풍수지리적으로 공부를 조금 해 보면 '저기 우물이 있었겠다.' 이런 것들이 자동적으로 체크가 됩니다.

한의원은 잘 되었을까요? 안 되었을까요? 매우 잘 되었습니다. 매우 잘 되어서 분원을 서면에 두고, 양산에도 두었는데 양산에 있던 것을 남양산으로 옮겨서 혼자서 하는데 프랜차이즈처럼 되어 있습니다.

水流의 흐름을 체크하는 것을 사람의 몸과 비유를 해서 체크를 하시면 됩니다.

학생 — ○○한의원은 문 때문에 장사가 안 된 것입니까?

선생님 – 거기는 문 방향도 안 맞고 여러 가지가 있습니다. 그것은 다음 시간 즈음에 하겠지만

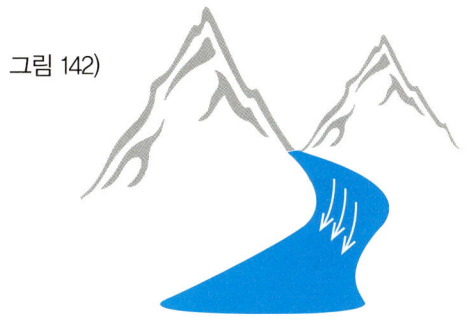
그림 142)

물 흐름에서 그림과 같이 물이 흘러가면 ⓐ쪽 라인이 있지 않습니까? 이것이 파구(破口) 즉 물이 떠나는 곳을 맞추고 있잖아요? 물이 떠나는 곳을 바라보는 破口점에 있으면 거기에서는 水流의 유리함이 별로 없다고 보는 것이죠.

지금은 주로 건축물과 건축물 외부의 水流를 다루고 있지만, 풍수적으로 크게 보면 水流의 흐름이라고 하는 것이 굉장히 중요하거든요. 그림과 같은 형태는 계속 들어오는 것은 적고 나가는 것이 자꾸 열려버리는 이런 구조가 되는 것이죠. 그것은 뒷날에 기본 개념을 하면서 공부해 봅시다.

2-5. 행동 4 (기물, 의복, 공간과 색상 활용)

기물은 거의 다 다루었죠? 그때 간단하게 언급을 한 것 중에서 거울 이야기도 해 드렸죠? 거울은 차지하는 위치문제가 아니고 집의 중심에서 보는 것이죠.

그림 143)

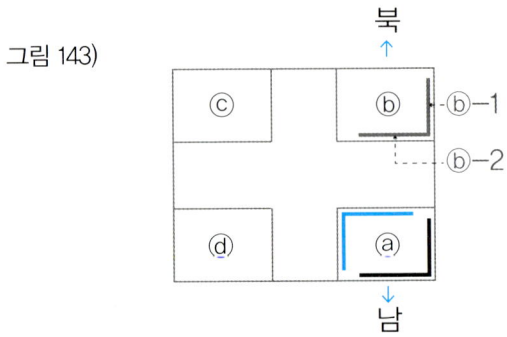

　그림과 같이 되어 있으면 ⓐ 방이라고 할 때 북쪽과 남쪽이 있다면 북쪽 면, 서쪽 면에는 두지 말라고 하는 것입니다. 좋은 면은 검은색으로 해 놓은 면(동쪽면, 남쪽면)으로 하라는 것입니다.
　ⓑ-1이나 ⓑ-2가 되는 면은 동쪽이나 남쪽의 면이 되죠. ⓒ ⓓ 방도 모두 마찬가지입니다. 그러면 반대로 ⓓ-1에 두는 것은 안 좋은 것이죠.
　특히 건강이나 영향을 많이 받는 것은 건강 측면에서 영향을 많이 받아요. 특히 전신 거울과 같은 것을 두면 영향이 더 증폭되는데 아예 붙박이로 붙어있다면 지난 시간에 이야기했듯이 화장실의 테두리에 귀신이 싫어하는 즉 이것은 비유이지만 실체적인 것보다 기운이겠죠.
　칼, 총이 되고 등급이 떨어지는 귀신은 꽝음, 갑자기 나는 폭음소리 이런 것들을 그다음에 물, 불, 거울인데 서쪽 면, 북쪽 면은 이렇게 보면 됩니다.

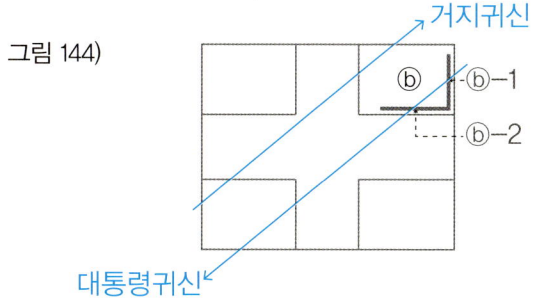

그림 144)

　대통령 귀신과 거지 귀신은 그림처럼 다닌다고 했잖아요? 그래서 거울을 싫어하기 때문에 거지 귀신은 자기 모습이 ⓑ-1과 ⓑ-2의 면에서 자기 모습이 보이겠죠? 자기 모습이 보이니까 등급이 낮은 귀신이 그 공간을 차지하지 않는다고 보는 것이죠.
　서쪽 면, 북쪽 면이면 대통령 귀신이 오히려 못 다니게 되잖아요. 대통령 귀신이 보이니까 그렇죠. 거지 귀신이 못 돌아다니도록 하는 그런 측면에서 그렇게 하는 것이죠.
　옛날에는 道家에서 쓰는 주술이나 도액법(渡厄法) 중에서는 귀신이 자꾸 출몰한다는 이런 곳에는 거울을 들고 가서 중심부나 중심부 조금 못 가서 서쪽 면에서 북쪽 면까지 비추는 것입니다. 비춘 다음에 그대로 엎어 놓은 채로 가시나무 밑이나 이런 곳에 묻어 버리는 도액법(渡厄法)이 나옵니다.

　학생 – 동그란 거울에 테두리를 칠 때 각진 거울하고 다르게 애매하잖아요. 그것은 빈틈없이?

　선생님 – 우리 사무실의 남자 화장실 보시라고 했잖아요? 예쁘게 보이라고 붙여 놓은 것 같지만, 일부로 테두리에 붙여 놓은 것입니다. 특히 랩을 싫어합니다. 귀신은 랩핑을 하는 것을 싫어합니다.

　학생 – 일부로 문양을 내신 것이라고요?

　선생님 – 보기 좋세 하려고 그렇게 한 것이 아니고 원래 붙어 있는 것에서 그렇게 테두리를 해 놓은 것이죠.

　학생 – 남자 화장실 거울이 북쪽 면입니까?

　선생님 – 그렇죠. 북쪽을 쳐다보잖아요. 우리가 북쪽을 쳐다보면서 단장을 하거나 손을 씻잖아요. 이런 것이 氣를 깎아내는 것으로 보거든요.

　학생 – 여자 화장실은 서쪽인 가 봐요?

　선생님 – 그렇죠. 거기도 아마 테두리가 있을 것입니다. 서쪽 면이나 북쪽 면에 테두리를 해 두는 것이죠.

　학생 – 모양은 정해진 것이 없습니까?

　선생님 – 모양은 상관이 없고 비닐의 성분이나 이런 것으로 해 놓으면 됩니다. 아이들이 사는 집 같으면 미키마우스 같은 것으로 된 것 있잖아요. 그런 스티커 있잖아요? 비닐 스티커 그런 것을 붙여 놓으면 그것이 '꾸미기 위해서 붙여 놓았구나!' 그렇게 생각을 하거든요. 그렇게 커버를 해주는 것이 좋다는 것입니다.

특히 몸이 안 좋은 사람이 있는 집에 가 보시면 그런 것들이 많이 있습니다.

그다음에 기물 중에서 종교적인 상징물도 언급을 해 드렸나요?

그것은 앞의 내용과 다르게 방향 중심이 아니라 집의 중심에서 봐서 상징물을 天殺에 두지 않는 것. 그다음에 두 번째 방향이 六吉殺 방향이잖아요. 그다음에 둔다면 將星에다가 두라는 것이죠.

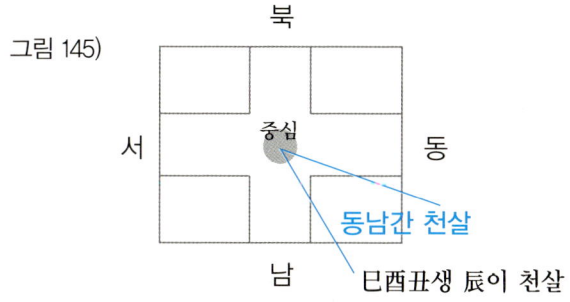

그림 145)

집 전체의 중심에서 봐서 공간들이 나누어져 있다고 봅시다. 예를 들어서 巳酉丑생이라고 하면 辰이 天殺이 되잖아요. 그림과 같이 동남간이 天殺이 되겠죠? 동남간 이런 곳에는 두지 않는다는 것이죠.

종교적 상징물은 글, 그림, 서적, 기타 묵주라든지 염주라든지 여러 가지 상징물 등을 의미합니다. 여기에는 약간 유관성이 있는 것도 포함합니다.

유관성이 있는 것이 무엇이 있느냐 하면 코끼리 그리고 동물 중에서 숭배의 대상으로 삼는 것들이 있는데, 이집트에서는 뱀도 숭배의 대상으로 삼기는 하는데 그런 동물 마스코트라든지 이런 것도 포함되죠.

　학생 – 부엉이는?

　선생님 – 부엉이는 동물로서 신앙의 상징물로 삼는지는 모르겠는데, 코끼리는 불교에서 신성한 것으로 보죠.

　학생 – 인도에서 소 같은 것이 있습니다.

　선생님 – 소도 있고 용도 있고 사실은 호랑이도 도교에서는 일종의 산신을 상징하는 것으로 쓰는 것이니까 이런 것들을 가급적이면 두지 말라는 것이 아니고 天殺방향에 두지 않는다는 것입니다.
　그다음에 북쪽이 六害殺 방향이잖아요. 六害殺 방향에 두지 않는다는 것이죠. 꼭 두려면 정 서쪽 면에다가 둔다는 이 말이죠.
　단 종교를 직업으로 삼는 사람 또는 이런 업을 하는 사람은 두어도 무방하다고 했죠? 일반적으로 구복(求福) 또는 祈福的인 그런 측면에서는 그것을 두지 않는 것이 좋다는 것이죠.

　학생 – 그림에서 큰 사각형 안에 작은 사각형은 방을 의미하는 것입니까?

선생님 – 그렇죠. 방이라고 치죠.

학생 – 저것이 그냥 집이 아니고 사무실입니다. 사무실이 그렇게 내 칸이 쳐져 있다면…

선생님 – 항상 기본은 내가 시건장치를 하는 거기까지만입니다. 내가 사용하는 공간이라는 것이죠.

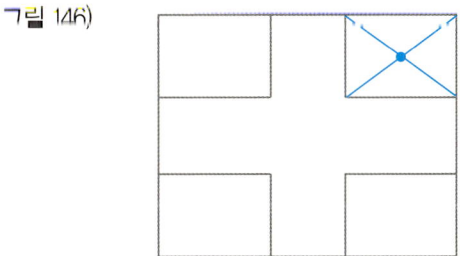

그림 146)

복합공간에서 여러 사람이 사용하고 있을 때에는 내가 사용하는 공간까지입니다. 내가 문을 잠그는 곳, 그것을 중심으로 해서 그 안에서 나누는 것이죠. 자기가 사용하는 공간 안에서 보는 것이죠.

학생 – 남편을 중심으로 합니까?

선생님 – 애석하게도 운세에서는 대통령 중심제입니다. 국무총리가 아무리 운이 강해도 일단 대통령 기준으로 맞추면 됩니다. 대통령부터 먼저 저승사자가 쇼당(화투에서 쓰는 용어)을 한다는 것 아십니까?

아무리 북한하고 미국하고 협상을 하고 있는데 결국은 누가 사인을 해야 됩니까? 트럼프와 김정은이 사인을 해야 되잖아요. 가장 영향력을 크게 주는 상징이나 기운의 작용은 대통령중심제라고 보시면 되고, 대통령이 없을 때에는 국무총리가 권한대행을 한다는 것입니다.

학생 – 대통령이 백수라면?

선생님 – 백수라도 대통령 중심제입니다. 사자를 보면 수사자가 별로 하는 일이 없습니다. 고함이나 지르고 그렇죠. 그렇게 하는데도 일단은 수사자가 최종적인 갈무리를 하는 그런 에너지나 역할 이런 것이 있다고 보는 것이죠.

금고 이야기를 해 드렸습니까? 금고 이야기는 지난번에 안 했죠? 금고는 天殺의 반대가 되죠? 天殺의 반대 攀鞍이 되죠. 금고의 위치는 天殺의 반대 攀鞍殺 공간에 차지하도록 빈 금고를 놓아두어도 좋습니다.

天殺이 자꾸 비워지는 작용이 많다고 하면 攀鞍殺 방향은 상대적으로 채워지는 작용이 많이 발생함으로써 일단 금고를 天殺에 두면 안 되겠죠. 天殺에 두면 안 되고 攀鞍殺에 두는 것이 유리하다는 뜻이고, 최소한 天殺만 피해도 금고 자체의 기능은 있다고 이렇게 보시면 됩니다.

학생 – 방향을 따지다 보니까 목욕탕 안이 攀鞍殺 방향입니다. 그럴 때는 어떻게 합니까?

선생님 – 그런 경우에 고정적으로 할 수 없으면 그래서 나온 것이 있습니다. 전대(錢帶)라고 있습니다. 장사 집에 가면 몸에 묶어놓고 있는 것이 있죠? 그래도 금고와 카운터하고 기능이 거의 비슷하다고 봐서 돈을 받아서 넣기도 하고 지금은 당연히 신용카드를 통해서 전자적인 처리를 하지만 그래도 카운터가 금고의 자리를 대신 하는 것이죠.

학생 – 식당을 가면 대부분 카운터 위에 돈을 받는 기계를 놓잖아요.

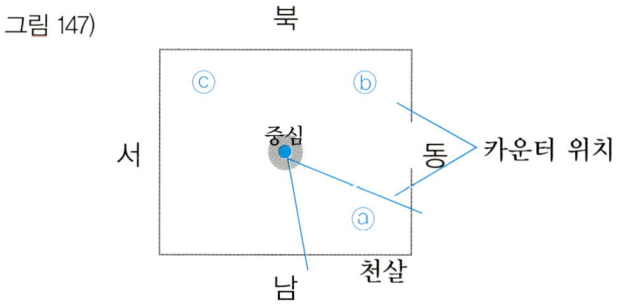

그림 147)

선생님 – 예를 들어서 음식점이라고 하면 출입구가 있으면 가게의 중심에서 보면 출입구의 좌측이나 우측에 보통 많이 있지 않습니까? 그러면 거기에서 최소한 天殺은 피하라고 하는 것입니다.

학생 – 天殺을 바라보는 위치입니까?

선생님 – 중심에서 봐서 天殺방향이라고 하는 것입니다. 공간의 중심에서 봐서 동서남북이 있을 것 아닙니까? 예를 들어 이 집 주인이 巳酉丑생이라면 天殺이 동남간이 되잖아요. 그러면 카운터를 ⓐ에 설치하느냐 ⓑ에 설치하느냐 하면 ⓑ에 설치하라는 것입니다. 그렇게 하면 중심에서 보면 동북쪽이 되지 않습니까?

학생 – 카운터가 바라보는 방향을 의미하는 것이 아닙니까?

선생님 – 그것이 아니고 중심에서 봐서 차지하고 있는 공간이 天殺일 때라는 것입니다.

학생 – 그 방향에 카운터가 있는데 보는 사람이 攀鞍殺 공간을 쳐다보게 하는 것입니까?

선생님 – 그것은 아니죠. 사용하는 공간의 중심에서 봐서 天殺은 피하라고 하는 것이죠. 그렇게 보면 되죠. 인위적으로 攀鞍殺을 유도하게 하기 위해서 계산을 ⓒ의 위치와 같이 안쪽에서 하게 하는 경우도 있습니다.

간혹 계산을 안쪽에서 하도록 해놓은 것도 다 그런 것 때문이기도 합니다. 화장실에 攀鞍殺이 걸리면 그것도 그렇네요. 그러면 안 두는 것이 좋고 핸드케리가 가능한 자그마한 금고 같은 것을 두는 것이면 되고, 보석함이나 하나 두면 되죠. 보석함도 일종의 금고이니까 그렇죠? 최소한 天殺만 피하라고 하는 것입니다.

그다음 의복이라든지 공간과 색상활용인데 공간 부분에서 색상에 어떤 문제가 있느냐 하면 보통 年殺에 해당하는 색상, 즉 子午卯酉를 대표 색으로 한다면 子黑 午赤 卯靑 酉白 이렇게 되잖아요.

그러면 年殺에 해당하는 색깔이 대체로 보호색으로서 將星의 작용을 누그러뜨리는 그런 작용을 하거든요. 그다음에 年殺과 災殺작용이 將星의 작용을 누그러뜨리는 작용을 하니까 그런 색깔을 쓴다는 것입니다. 이렇게 보시면 되고, 리스트를 다 정리를 하고 계셔서 이시죠?

이것하고 무엇이 충돌되느냐 하면 五行하고 부딪히는 것입니다. 팔자에 불이 없는데 寅生이라서 어느 분에게 물어보니까 '나는 불이 없어서 붉은 색깔이 좋다고 하더라.' 하는데 그것은 주로 건강이나 농업적 생산 이런 것에는 영향을 주는 것으로 봐요.

지금 현대에서는 전부 다 사람과 사람 사이의 人德요소가 훨씬 중요하다고 보는 것입니다. 人德이나 人氣를 끌어올리는 그런 작용은 年殺 災殺 중심의 색상 이런 것을 사용함으로써 이것이 미스매치가 되면 어떻게 되느냐?

예를 들어서 五行상 또는 六親상으로 여자가 傷官색상이라고 합시다. 巳酉丑이면 年殺이 붉은색이 되고 이 사람이 甲이나 乙 일주라고 하면 그러면 불기운이 傷官의 속성이 되는데 이때는 어떻게 하느냐?

보통 五行論的인 입장에서는 배우자의 덕이 없는 또는 배우자의 관계성이 훼손된 모양으로서 食傷의 색깔을 쓰는 것이죠. 그런데 그런 작용은 개인적으로 발생하지만, 사회적으로 일은 잘하는 그런 색상, 기운으로 해석하는 것이죠.

서방님하고는 사이가 안 좋거나 서방님과 관계는 정리되었지만 붉은 색깔을 통해서 사회적인 인덕, 경제활동 이런 면에서는 또 좋은 작용을 얻는다는 것입니다. 그런 복합적인 요소가 생긴다고 이렇게 보시면 됩니다.

그래서 그 두 가지의 의미를 그대로 다 새겨주면 됩니다. 그런데 저것을 피하는 방법은 무엇입니까? 巳酉丑의 災殺이 되는 녹색이 있지 않습니까? 卯가 災殺이 되는 것이고 靑綠이 됩니다. 그것이 부담스러우면 청색, 녹색으로 색상 요소를 활용하라는 것입니다.

의복, 침구 그리고 벽지 이런 것을 하고 차량도 그 기운을 그대로 색상을 적용하면 됩니다. 기물, 의복, 공간과 색상 활용 이런 것들이 이용될 수 있다는 것입니다.

그래서 저런 것들이 영향을 많이 주는 것이 되는데 그런 것 말고도 집에 여러 가지 인테리어적인 풍수요소를 볼 때에 중점으로 살피는 것은 이런 것이지만, 그림 같은 것이 묘하게 운명적인 상징을 많이 가집니다. 운명적으로 상징이 좋은 그림을 이렇게 두는 것이 필요하다는 것입니다.

그림 148)

동양화를 붙여 놓았는데 절경의 산수에 작은 배에 영감님이 낚시하고 있다고. 이런 것을 붙여 놓은 집치고 부부 사이 좋은 사람이 없더라는 것입니다. 그런 것들이 일종의 묘한 상징성을 가지기 때문에 그렇습니다.

제일 좋은 그림은 지난번에 이야기했지만 이발소 가면 돼지가 누워 있는데 젖을 먹으려고 새끼들이 우글우글 붙어 있잖아요. 그런 것들이 오히려 좋은 상징이 되는 것이죠.

학생 – 꽃과 같은 것도 좋죠?

선생님 – 꽃보다는 열매가 좋습니다. 포도 같으면 포도송이가 맺혀있는 것이죠. 과일보다는 결실이라고 하는 것이죠. 결실을 상징하는 이런 것이 좋습니다.

학생 – 포도송이가 열려 있는 것이 낫습니까? 열매를 따서 접시에다가 담아 놓는 이런 것이 낫습니까?

선생님 – 그것은 어느 것이 우세하다고 보기보다는 열매가 상징되어 있다.

학생 – 해바라기가 좋다고 하던데…

선생님 – 해바라기는 씨앗이 바로 붙어 있잖아요. 꽃이라고 하는 것이 건강, 활동성, 명예 이런 것들에 대한 추구성이나 상징을 이렇게 보여주는 것이 되는데 그것보다는 열매가 포도송이가 주렁주렁 있는 이런 것들이 조금 더 좋은 상징으로 보는 것입니다.

학생 – 목단 같은 꽃에는 나비가 없잖아요? 목단 같은 것은 두면 안 되겠네요?

선생님 – 그것이 이제 싱글플레이를 하는 사람에게는 괜찮은데 짝을 찾아야 되는 경우에는 안 좋겠죠. 신라 시대 설화도 있지 않습니까? 나비가 있어야 꽃에 향기가 있잖아요. 꽃이 있으려면 나비도 같이 있어 주어야 향기가 나는 꽃이다. 향기가 나는 꽃이라고 하는 것이 무엇입니까? 앞으로 짝을 채우려고 하는 에너지가 만들어져 있는 것이니까 그렇죠.

학생 – 그림 같은 경우에는 상징성을 많이 띄우는데 일부로 목단 같은 그림에다가 날아가지 않는 나비 같은 것을 그려놓으면 자연하고 매치가 안 된다든지, 그러면 그런 그림은 놔두면 안 되겠네요?

선생님 – 앉지도 않는 꽃에 나비를 그려놓은 것이니까…

학생 – 그림 대신에 가족사진 같은 것을 두는 것은?

선생님 – 제일 좋은 것은 문 위에다가 아버지 사진, 할아버지 사진 그런 것이 제일 좋은 것입니다.

학생 – 현재 가족의 사진도 괜찮습니까?

선생님 – 현재 사진도 되고 돌아가신 분이라도 문짝을 열 때마다 바라보면 우리 할아버지 사진이 있는 것이죠.

학생 – 거실에다가 두면…

선생님 – 거실이 아니고 방문 위에라고 해 놨잖아요. 옛날 시골집에 가면 그것을 다 걸어 놓았잖아요. 존집이 아니고 원래 도시에서도 할아버지 얼굴이라고 해서 近影이라고 해서 붙여 놓았잖아요.
 그것이 그 나라 번영의 상징이 된다는 것입니다. 그러니까 부모가 자식에게 메시지를 주게 되고 그 메시지를 수용하게 된다는 것입니다. 그런 것이 있을 때에 그 나라가 부국으로 간다는 것입니다.
 지금 우리가 부국을 꿈꾸고 있지는 않고 있잖아요. 먹고살 만하니까 조상 사진 다 떼어내어 버리잖아요. 원래는 안방 문이 제일 좋은데 너무 문화적인 갭이 심할까봐 우리가 강조를 안 하는 것이고, 나라가 잘되려고 하면 이런 것이 잘되어 있어야 되는 것이죠.
 링컨의 묘가 어디에 있는지 아십니까? 미국의 국회의사당 계단 밑에 있습니다. 그것이 되는 나라의 징조입니다.

학생 – 그림을 붙이는데 방향은 상관이 없습니까?

선생님 – 아무 상관이 없습니다.

학생 – 꽃은 남쪽에 붙여야 되고 이렇게 볼 수 없습니까?

선생님 – 그렇게 꼭 五行的인 배속을 붙이는 것은 아니고 그림에서 봐지는 상징, 분양 이런 것들이 대체로 의미가 있는 것이고, 구상 말고 비구상이나 추상 이런 것들도 가급적이면 동그라미가 많아야 됩니다. 자꾸 ○ 표를 쳐주어야 됩니다. 자꾸 × 를 치면 안 된다는 것입니다. 그다음에 모가 지더라도 ★★별처럼 발란스가 맞는 것 있지 않습니까? 좌우 발란스나 상하 발란스가 맞는 이런 것들일 때 모가 있더라도 그것이 조화와 균형이 있는 것으로 보는 것이니까, 상징을 두더라도 가급적 ×표 친 것 말고 ○표 친 것 많이 하시라는 것입니다.

 이 옆의 건물도 여러분이 유심히 안 보셨겠지만, 건물에다가 ×를 쳐 놓았습니다. 유심히 안 보셨잖아요? 센텀에 가면 00건물에 ×표를 막 해놨잖아요. 그것을 다이아몬드 패턴이라고 해서 ×표시를 하기도 하는데 이런 건물들은 전부 ×표 쳐놨는데 ×표를 치는 일에 관련된 비즈니스를 하는 공간으로서는 괜찮아요. '너는 곱표' 하면서 자꾸 곱표를 치는 것이잖아요.

 일반적인 목적의 건물에서 곱표를 많이 치면 안 됩니다. 그런 추상적인 의미이기는 하지만 이런 것과 같습니다. 글이라고 하는 것도 여기의 벽면에 '안방' 이렇게 적어 놓으면 사람들이 조심스럽게 문을 연다는 것이죠. '창고'라고 적어 놓으면 발로 차잖아요.

 이런 것처럼 그것이 주는 상징성이라고 하는 것은 매우 기운적으로 오랫동안 작용하게 되는 것입니다. 문양을 두더라도 동그라미가 많은 것 이런 것들이 좋습니다. 상징으로서 포도송이도 알맹이가 맺혀있는 것도 좋습니다.

그 집에 들어가서 동양화 한 폭 보면 "아 이 집에 부부 사이는 재미가 없고," 하게 되는 것이고 그다음에 호랑이가 아가리 확 벌리고 있는 그림 걸어 놓은 집은 아시겠죠?

그런 것들이 전부 호국의식으로서 잡귀가 들어오지 못하게 하기 위한 것이기는 하지만 집안에 두어서 얻는 것이 많은 그런 것은 아니라는 것이죠.

색상적으로는 아까 말씀드린 것처럼 의복, 침구, 벽지 이런 것들을 年殺이나 災殺을 잘 맞추는 것이 좋다는 뜻입니다.

색상을 넣었을 때 상당히 비중있게 보는 것이 대문의 색상 이런 것도 상당히 많이 봅니다. 대문의 색깔이 將星殺 색깔에 가깝다는 것은 그 문을 지날 때마다 將軍의 기운을 자꾸 쓰면서 지내게 된다고 보기 때문에 주로 비즈니스라든지 이런 것들이 힘이 드는 것이 將星殺 색깔을 쓰게 되는 것이죠.

학생 – 가구 색깔을 將星殺 색깔을 쓰면 안 되겠네요?

선생님 – 가구도 머무르는 시간이 많거나 접하는 시간이 많을 경우에는 영향을 많이 줍니다. 침구라고 하는 것이 가장 많이 접하는 것이고 하루에 최소 6시간에서 8시간이잖아요. 그런 것에 의해서도 활용할 필요가 있는 것이죠.

운이 안 좋을 때는 안 좋은 것만 골라서 하고 있다는 것입니다. 운이 좋을 때는 이상하게도 그것을 피해서 가고 있습니다.

그래서 그런 것을 여러분이 잘 참작을 하실 필요가 있습니다.

학생 – 벽지는 아이들 방에 맞추어서 각자 해주면 됩니까?

선생님 – 그렇죠. 각자 사용하는 사람의 災殺이나 年殺 중심의 색깔을 정해주면 되는 것이죠.

2-6. 행동 5 (음식조절)

일반적인 건강 부분에서 소식(小食)이 좋다는 것은 당연히 다들 의료적인 상식으로 알고 있는 것이고, 특히 음식장사를 할 때 이것도 그대로 원리가 적용됩니다.

時	日	月	年	命
	甲	壬	丙	
	辰	辰	辰	

이 사람이 음식장사를 한다면 天干에 벌어진 모양은 주로 교육, 필설로도 많이 쓰는데, 어찌 되었든 官星이 드러나지 못했기 때문에 유통하게 되는데 유통에 가까운 요식을 하게 될 것입니다.

유통에 가까운 요식이 닭장사입니다. 닭 장사를 하고 있는데 닭과 소가 攀鞍그룹입니다. 닭 장사를 했는데 이것이 주로 무엇이냐 하면 요식업을 할 때 주로 다루는 것으로서 주로 攀鞍殺그룹이 1등입니다. 그다음에 2그룹이 災殺그룹이고 피해야 되는 것은 天殺그룹입니다. 天殺은 피하는 것이 좋다는 것은 매우 중요합니다.

요식업을 할 때 고기를 다룬다면 攀鞍殺그룹이 좋고 災殺도 좋습니다. 오랫동안 할 만한 것이 攀鞍殺그룹이니까, 예를 들어서 범띠 같으면 어떻게 되겠습니까? 범띠는 亥卯未가 攀鞍殺이니까 돼지고기가 되고 피해야 될 것은 天殺그룹에 해당하는 닭과 소가 됩니다.

또 피해야 될 것 중에서는 사기의 三合그룹입니다. 三合그룹은 피하는 것이 좋습니다.

실제로 이분이 62년생인데 금정구에 있는 컨트리클럽 앞에서 식육식당을 하는데 소고기를 파는 것입니다. 우리야 맛있는 고기를 주고 해서 먹고는 했지만, 테이블이 4~5개밖에 안 되니까 주인장 띠를 물어보게 되잖아요. 범띠라고 하는 것이죠.

'우리가 얼마나 오랫동안 계속 먹을 수 있을까?' 했는데 그분이 나름 오래했다고 합니다. 하기는 십수 년을 했는데 우리가 그 집을 다닌지 3~4년 만에 암이 와서 바로 문을 닫은 것이죠. 그것이 자기가 먹는 것이 아니라고 해도 계속 접하고 맛을 보게 되잖아요. 그 공간에서 자꾸 접하고 맛을 보게 되잖아요.

돈은 벌었는데, 天殺그룹을 팔면 이런 효과가 생깁니다. 자기가 운이 좋을 때 장사는 폭발적으로 잘할 수는 있어요. 실컷 잘해서 돈을 조금 벌었다고 할 때 반드시 문제성이 생기는데, 그렇게 난치 불치의 질환이 오든지 아니면 부부가 보따리를 서로 따로 싸든지 하게 됩니다.

왜냐하면, 天殺을 팔아먹었다고 하는 것은 무슨 말입니까?

평민이 귀족을 인신매매했다는 것이거든요. 그래서 값을 많이 받을 수 있잖아요. 그것이 인신매매라고 치면, 평민이 평민을 데려다가 인신매매를 하는 것보다 귀족을 끌고 와서 팔아먹는 것이 훨씬 더 부가성은 높을 수 있겠죠. 그러나 귀족을 자꾸 팔아먹으면 반드시 그 대가를 자기 몸으로 치르게 되는데 2가지 형태가 제일 많더라는 것입니다.

난치 불치에 이르는 사람과 그다음에 부부간에 애정적으로 파탄이 나면서 가정에 파탄이 나더라는 것입니다.

마린시티에 가면 오렌지 상가라고 거기에 뭐라고 되어 있느냐 하면 간판은 '시골한우'라고 되어 있습니다. 그런데 팔리는 것은 돼지고기만 팔리는 것입니다. 그렇게 해서 장사가 너무 잘되니까 옆에 있는 부스를 하나 더 사서 시골한우라는 간판 옆에 시골돼지라고 간판을 하나 더 썼습니다. 전부 다 돼지고기만 찾는 겁니다.

원래는 소고기를 팔려고 자기가 계획을 세웠었는데 소고기 장사가 잘 안되니까 돼지고기를 팔았는데 돼지고기가 대박이 난 것입니다. 이 사람은 무슨 띠일까요? 그렇게 해서 서면에도 분점을 내었습니다.

이것이 기세가 좋을 때 일어나는 일이라는 것이죠. 기세가 일반적이거나 꺾였을 때는 소고기 실컷 팔아서 문제가 발생하는 것이죠. 장사가 잘 될 때 있고 안 될 때 있고 할 것인데, 팔다가 돈 좀 벌었다고 하면 반드시 병이 온다는 것이죠.

소고기와 돼지고기를 같이 파는 집에 가면 반드시 한쪽으로 편향성이 생깁니다. 그 두 가지가 반대이지 않습니까? 亥卯未와 巳酉丑이 반대가 되니까 자기 攀鞍殺쪽으로 가서 결국은 성공을 오랫동안 하게 된다는 뜻이거든요.

　天殺그룹의 고기는 먹는 것도 조심해야 되고 그것을 상업적인 목적으로 다루는 것도 조심해야 된다는 것입니다. 그런데 모임 때문에 하는 수 없이 天殺그룹의 고기를 먹었다고 하면 그다음의 끼니는 天殺의 天殺을 이용하라고 하는 것이죠.

　寅午戌 생이 소를 먹었다. 그러면 소의 天殺이 뭡니까? 辰이죠. 그러면 그다음 끼니는 생선으로 하라는 것이죠. 순서를 형님의 형님으로 올려주면 내려간다는 것입니다.

　치병적인 목적은 天殺을 벗어나는 것이니까 범 말 개띠가 치병적인 목적으로 육고기를 활용한다면 돼지, 토끼, 양이 되죠. 양은 염소로 봐도 되니까 그렇죠? 돼지 토끼 양을 활용하시라 하는 것이죠.

　그다음에 저 원리를 잘 응용을 하면 이런 것도 있습니다. 예를 들어서 세입자가 지독스럽게 말을 안 듣는다고 합시다. 그 띠를 알아보니까 범띠라는 것이죠. 세도 잘 안 내면서 온갖 패악을 부린다고 합시다. 그럴 때는 닭고기나 소고기를 활용해서 일종의 양밥을 하는 것이죠.

　예를 들어서 소고기를 슬라이스를 쳐서 술에 조금 담궈 두었다가 그 술을 세입자가 이용하고 있는 공간이나 공간 입구에 뿌려두면 세입자가 조금 고분고분해집니다.

　학생 – 얼마 동안 담그어 둡니까?

　선생님 – 일반적으로 안에 있는 성분이 나오는 3일이나 1주일 정도…

학생 – 고기는 우리가 먹고 국물만 부으면 안 됩니까?

선생님 – 그것도 안 뿌리는 것보다는 낫지만, 일단은 그것은 양밥을 위해서 사용하는 것이니까 그렇게 하면 되고 그다음에 그것도 복잡한데 털만 사용해서 하는 방법도 있습니다.

돼지 토끼 양띠가 말을 안 듣는다고 하면 개털을 술에 담구어 두었다가 하면 됩니다. 개털은 같이 뿌려도 표도 잘 안 납니다.

亥卯未에게 戌이 天殺이니까 상대의 天殺을 이용해서 상대의 기세를 누그러뜨리는 그런 기법도 있는 것이죠.

학생 – 앞에서 설명하신 촛불에 태우는 것은?

선생님 – 그것은 본인의 운명에서 사용하는 것이죠.

학생 – 개를 촛불에 태우는 것은 그렇잖아요?

선생님 – 개털까지는 그렇게 적극적으로 권해보지는 않았는데 그것도 구포 개시장 가서 이야기를 하니까 해주기는 하던데요. 생고기를 소금을 쳐서 약간만 슬라이스를 쳐서 부패하지 않도록 해서 말리면 됩니다. 그런 것을 방법적으로 한번 찾아보면 가능합니다.

학생 – 세입자는 상관없이 개고기로 합니까?

선생님 - 아니죠. 세입자의 띠를 봐서 하는 것이죠. 주로 天殺을 많이 활용하죠. 아니면 天殺그룹을 활용하면 상대방의 활동이나 기세를 좀 누그러뜨리고 꺾어주는 그런 작용이 이루어진다는 것이죠.

특히 몸이 안 좋거나 이럴 때에는 天殺이나 天殺그룹의 음식을 조금 절제를 하는 것이 운세적으로 상대적으로 유효한 방법이라고 보시면 됩니다.

학생 - 먹는 것도 攀鞍殺이나 災殺쪽이 나에게 맞나고 보면 됩니까?

선생님 - 그렇죠. 이런 것입니다. 영양학설에 의해서 나누는 것은 너무나 도식화를 해 놓은 것이죠. 고기는 다 단백질이고 그렇죠? 지방이고 그렇게 도식적으로 나누는데 그것이 성분에 있어서는 닮은꼴이 맞을지라도 소 단백질과 개 단백질을 같이 분류하는 것은 너무 크게 도식화를 하는 방법이 되는 것이죠.

易에서 다루는 것은 주로 성분이 아니고 성질을 다루는 것이죠. 어떤 성질을 가지고 있느냐 그런 측면에서 성질을 활용하는 것이죠.

그런 측면에서 天殺과 攀鞍殺을 축으로 해서 활용하는 것이 좋다는 것이죠. 그것도 일종의 개운의 방법론이라고 보시면 됩니다.

그다음에 그래도 그렇게 했음에도 안 된다고 하면 '아직은 때가 아니구나!' 생각을 하고 기도하는 마음이나 정신적인 수행을 통해서 여러 가지 안 좋은 것을 또는 안 좋은 시기를 극복하는 방법이 되는 것이죠.

옛날에 '죽을 운이다.' 이런 것을 조심스럽게 말하다가 무슨 계기가 있어서 '이것이 죽을 운인데 이때 뭐했나? 안 죽었나?' 이렇게 물어보거든요.

죽은 것은 아니고 신앙 활동에 완전히 빠져서, 매진해서 살고 이렇게 하더라는 것입니다. 그럴 때가 운에서 침체기를 심하게 만났을 때의 시기에 그런 수행의 모양을 취하고 있을 때는 괜찮더라는 것입니다.

지난 시간에 死中生 이것 말씀드렸죠? 죽을 운인데 살아있는 그런 모양을 유지하고 있는 것이 大雄이 사는 집에 가서 지내는 것이죠. 大雄이 사는 집은 붙이는 이름이 다르잖아요. 각(閣)도 아니고 루(樓)도 아니고 궁전할 때 전(殿)자를 붙이잖아요. 대웅전에 가서 속세와 절연한 모양으로 자기 자신이 엎드려 있으니 죽을 운을 그렇게 피하더라 하는 것이죠.

더 나쁜 것을 피하는 방법으로써 그런 것이 되죠. 운을 연다는 중심으로도 있지만 안 좋은 것을 중심으로 한다면 저승사자가 싫어하는 공간에서 谷자 붙은 공간 그다음에 바다(海), 해외에 머무를 때, 친수성이 강한 바다 海자 이런 것이 들어간 곳, 그다음에 총, 칼 같은 것을 싫어하는 것은 다 비슷하니까 그런 것에서 운이 좋지 못할 때에 그런 신앙적인 요소가 없이 숨어있을 수 있는 곳이 谷이라든지 해외라든지 이런 것들이 되는 것이니까요.

부산에도 '곡' 자가 붙은 곳이 있죠. 금곡도 계곡 곡자죠. 부곡도 계곡 곡자가 되고 성지곡도 있습니다. 원래는 구치소가 있다고 보거든요. 저승사자도 미션을 잘못하면 거기서 바로 구금

시켜 버리거든요. 구금시키는 공간이 주로 곡(谷)으로 봅니다. 시내 溪谷도 있지만, 谷이 더 우세하다고 봅니다.

해외는 저승사자가 영어를 잘하지 못하거든요. 그래서 만약에 운이 진짜로 안 좋을 때는 해외로 나가라고 합니다. 해외에 나가 있으면 저승사자가 와서 방해를 못 놓듯이 안 좋은 운에 그것을 넘어간다는 것입니다.

그 까닭을 곰곰이 따져보니까 저승사자가 영어를 못하는 것이에요. 바다를 굉장히 두려워합니다. 두 번째로 저승사자가 올 때는 어떻게 하느냐 하면 영어를 잘하는 저승사자가 와서 영어권 나라는 어디든지 비행기를 타고 따라갑니다. 저승사자도 레벨을 올려서 온다는 것이죠.

운이 나쁠 때 谷에 피신을 하는 것, 해외에 나가 있는 것 이런 것들이 운을 연다는 적극적인 개념은 아니지만, 안 좋은 것을 피하는 것도 굉장히 운을 여는 것에는 중요한 인자가 되기 때문에 그런 것들을 하는 것이 중요하다는 것입니다.

학생 – 지명에서 谷자가 들어가는 그런 곳도 된다는 것이죠?

선생님 – 그렇죠. 운이 아주 안 좋을 때에 그런 곳에 임시로라도 가 있으라고 하거든요. 안 그러면 大雄이 사는 집에 가서 엎드려 있으면 거기에는 일종의 운명의 치외법권 지대로 봅니다.

거기에는 영웅이 살고 있기 때문에, 영웅이 살고 있는 집에 들어갈 때는 특별 체포영장이 있어야 됩니다. 특수부 저승사자가 와야 우리가 체포영장을 가지러 왔다고 해서 들어가는데 한

번은 대부분 다 되돌아갑니다.

너무나 안 좋은 흐름일 때는 그런 것을 활용하는 것도 기법이 된다고 보시면 됩니다.

학생 – 다시 되돌아오는 시기는?

선생님 – 주기는 사람마다 다릅니다. 대운 자체가 아주 안 좋은 경우에는 한 3년 정도 뒤에 다시 옵니다. 평균적으로는 羊刃이 오거나 그 사람의 食神의 入庫가 오거나 이럴 때에 그렇습니다.

저승사자가 뭐를 좋아하느냐 하면 뇌물을 좋아합니다. 여자 빼고는 다 좋아합니다. 여자를 빼고는 다 좋아해서 돈을 준다든지 술을 먹인다든지 하면 거기에 정신이 팔려서 자기 미션을 놓치는 경우가 있거든요.

학생 – 돈을 어떻게 줍니까?

선생님 – 돈을 주는 것이죠. 고아원에 돈을 주거나 기부행위를 하면 저승사자가 "저 사람 인심 좋네!" 하면서 돈을 쓰는 것을 보는 것이죠.

여자를 좋아하는 저승사자는 매우 드물고 간혹 여자 무당들 중에는 혼자서 오래 지내다 보면 귀접(鬼接)을 하는 것이 있습니다. 귀신과 관계를 가지는 것입니다. 귀접(鬼接)의 쾌감을 얻어버리면 속접(俗接)을 못하는 것입니다. 속세의 남자들은 너무 재미가 없는 것이죠. 그런 것들은 있기는 있죠.

학생 – 자기가 접신을 해서 끌어오는 것이죠?

선생님 – 그렇죠. 혼자 그렇게 오래 지내다 보면 그런 것이 오는데 그런 것은 저승사자급은 아니라고 보죠. 잡귀라도 강시 수준은 되는 것 같은 같아요.

그런 귀접의 레벨로 가버리면 그것이 육체적인 그런 것과는 또 다른 영적인 sex 이런 것이 되어 버리는 것이죠. 사실 그때는 육체가 도구화되는 것으로 사람도 육체가 도구 역할을 더 많이 합니다. 그런 것을 사실은 뇌가 즐기고 있는 것입니다. 뇌가 즐기고 있는 것이지 육체는 사실 도구가 되는 것입니다.

학생 – 밤에 귀신이 보이고 그런 것은?

선생님 – 그런 것은 보통 방광의 조절력이라든지 심신의 컨디션이 좋지 못해서 뇌의 활동영역이 그렇다고 볼 수도 있고 정말로 외부나 외계에서 에너지의 작동 때문에 그런 것은 상대적으로 숫자가 드뭅니다. 자기 몸의 컨디션이 발란스가 무너진 상태가 되는 것이죠.

주로 방광이나 심장 이런 것의 조절력이 잘 안 되어 있는 상태에서 온다고 보면 됩니다. 그다음에 조금 예민한 사람들은 뇌 그 자체에서 주변에 좋지 못한 기운을 느끼는 사람들이 있습니다.

학생 – 귀신하고는 상관이 없고 신체적인 문제라고 봐야 합니까?

선생님 – 신적인 문제에서 귀신은 항상 있다고 보면 됩니다. 에너지 형태로 있는 것인데 이런 것이죠. 우리가 바닷가에 가면 파도가 항상 찰랑찰랑하잖아요. 이것이 보편적이라는 거죠.

그런데 거기에 찰랑거림의 수준이 정상수준이 아니고 예를 들어서 파도가 없다고 하면 거기에 무엇이 비춥니까? 물이 일렁이지 않으면 외부에 있는 것들이 비추어지잖아요. 비추어서 그런 것들이 작동하는 것처럼 보이게 되는 것이죠. 물에 비친 구름과 같은 것이죠.

구름은 항상 지나다니는데 파도가 치면 구름이 보일 일이 없잖아요. 그런데 물이 가만히 있으면 다 비치잖아요. 그런 것으로 보면 됩니다.

여기에 언급이 안 된 기법들이 있기도 한데 이 정도만 하더라도 충분히 기운적인 전환을 해볼 수 있습니다. 여러분이 해보시면 압니다. '이 정도의 강약을 가지고 이렇게 작동을 하는구나!' 하는 것을 알 수가 있습니다.

생월에 관련되어서 鬼三合 태우는 것은 좋은 것 안 좋은 것이 섞입니다. 저는 힘들다는 분에게 코치해 봤는데 그것이 순기능만 있는 것이 아니고 좋은 것 안 좋은 것이 뒤바뀌면서 결과적으로는 좋아지기는 하는데 좋은 것 안 좋은 것이 뒤섞이더라는 것입니다. 그것은 제가 경험치로 알고 있는 것입니다.

3) 개운법 종합

3-1. 전지(轉地), 전심(轉心), 전행(轉行), 전식(轉食)

우리가 운을 열고 싶다고 할 때는 현재의 컨디션이 어떤 형태로든 좋지 못하다는 것을 전제하는 것이니까 그럴 때 제일 유효한 것이 이런 것입니다.

운명을 만드는 요소 중에서 地(址)胎부분을 설명을 해 드렸죠? 자기가 머무르는 공간 그리고 조금 더 작은 단위의 자기가 있는 또는 포함된 일 사회 이런 것들로 본다면 그런 것을 바꾸어 보라고 하는 것이죠.

요즘은 글로벌 시대에 있는 국가를 옮겨서 공간을 옮겨 버리는 이런 것들도 하나의 기법이 될 수 있다는 것입니다. 공간을 이동할 때에 그것도 12神殺 자체 그대로의 작용을 챙겨볼 필요가 있습니다.

그림 149)

자기가 머무르는 공간으로 일본과 한국이 있고 중국이 있고 러시아가 있다면, 한국에서 자기 神殺을 기준으로 해보면 되겠죠? 그것이 목적에 따라 다르겠죠. 정신적으로 레벨을 끌어올리는 공부를 하러 간다든지 이럴 때는 주로 天殺을 활용합니다. 공부를 통해서 뭔가 레벨을 끌어 올리겠다는 것이 天殺이 됩니다.

건강이라든지 경제적으로 작은 기반이라도 기반을 찾으려고 하면 攀鞍이 되는 것이죠. 天殺이 정신적으로 레벨업이 된다고 하면 天殺의 반대편이니까 攀鞍은 현실적으로 뭔가 내실이 있어지는 방향이 되는 것이죠. 또는 '제일 편하게 산다.', '안락하게 산다.' 이런 공간으로 攀鞍殺이 잘 활용될 수 있는 것이죠.

서쪽으로 六害殺이 된다고 치면 이것도 天殺과 무리 지어서 장차 사회적인 번영이나 레벨을 올리는 방향으로서 주로 六害殺 방향이 되는 것이죠. 그런 목적이나 용도에 따라서 방향을 정해서 움직이면 되는 것이죠.

보통 나라를 바꾸는 것은 3년 정도는 그 나라에 머물러야 그런 기운이 구체화가 되더라 하는 것이죠. 그다음에 간단한 여행은 최소한 3일 정도는 그쪽 지역에 머물러 주어야 그쪽으로 움직였기 때문에 생기는 그런 기운을 쓰게 되는 것이죠. 공간을 바꾸어서 운을 여는 방법은 이렇습니다.

학생 – 북쪽이 문제입니다.

선생님 – 북쪽이 문제이기는 하죠. 그때는 휴전선에 사는 경우가 아니면 도시를 북쪽으로 움직이면 됩니다. 자기가 있는 곳을 기준으로 도시를 북쪽으로 맞추어주면 되고 서북쪽 이렇게 되어 버리면 서북쪽 방향의 영향을 받으니까 도시를 아래의 지역에서 위쪽 지역으로 끌어올려 주는 이런 작용도 전지 효과가 나더라는 것이죠.

특히 辰戌丑未나 寅申巳亥생은 대체로 태어난 고향이라고 할 만한 곳 즉 고향에서 이동을 해주는 것이 번영의 상징이 되는 것이니까 물어보러 온다든지 하면 그것을 체크를 하십시오.

時	日	月	年	乾命
癸	辛	丙	辛	
巳	酉	申	未	

이런 패턴을 가진 남자의 경우에 未生인데 丙火가 未에도 根이 있고 巳에 根이 있고 한데, 丙辛, 丙辛 合으로 양쪽으로 분탈이 되는 모양이 되어서 색이 탁해졌지만, 부산에서 살고 있는데 직장에 들어가서 지내는데 집을 안 떠나려고 하는 것입니다.

결국은 뒷날에 실제적으로 官星의 기능이라든지 힘을 보더라도 未에서 보더라도 巳가 驛馬죠. 그래서 뒷날에 丙에 머물러 있다가 巳로 넘어갈 것인데 가급적이면 빨리 떠나는 것이 좋다고 설명을 해 주었는데, 아직 장가를 안 갔으니까 밥 해먹는 것이 귀찮아서 집을 안 떠나고 있는 것이죠.

자꾸 내어 보내라고 코치를 해 주었는데 그렇다고 전혀 안 풀리느냐 하면 그런 것은 아닙니다. 영 안 풀리는 것은 아닌데 부모 입장에서 볼 때는 발전성이 너무 더디다. 너무 약하다. 그냥 안정적인 생활만 하는 정도라는 것이죠.

辰戌丑未생은 원래 살던 곳에 머무르면 최소한의 기반을 이루는 것, 몸이 안 좋았을 때에 고향 땅에 돌아왔을 때 몸이 좋아지는 것 이런 정도까지 효과를 봅니다.

그래서 辰戌丑未생이 다 망했다고 하면 무조건 옛날 살던 집으로 가라고 하거든요. 옛날 살던 집이 없어졌다고 하면 '부모 곁으로 가라!' 그렇게 해서 한 3~5년 정도 머무르니까 자기가 힘이 들었던 것이 거의 다 해소가 되고, 또 그 세월을 개인적인 운이 조금 좋아지기 시작을 하니까 다시 객지로 나와서 잘 풀리는 예를 많이 볼 수가 있습니다.

이 친구는 태어나서 금정구에서 자랐는데 직장이 어디에 있느냐 하면 동구입니다.

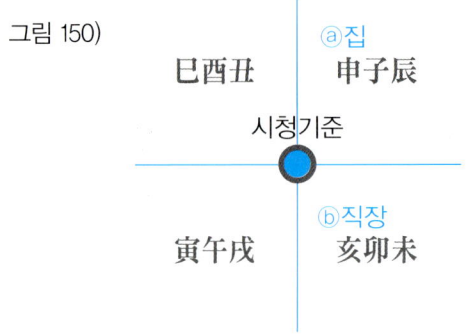

그림 150)

부산 시청을 기준으로 사분면을 나누어 亥卯未 생을 기준으로 하면 동남간이 제일 좋죠. 寅午戌이 서남간에 이상적인 영역, 그림처럼 巳酉丑, 申子辰 영역이 있죠. 집은 ⓐ정도의 申子辰 영역인데 직장은 ⓑ정도가 됩니다.

이렇게 뭐가 풀려 있다는 것은 자기가 주로 활동하는 공간이라도 맞추어져 있다는 뜻이거든요. 사는 집이나 자기가 일하는 공간이나 둘 중에 하나는 맞추어져 있다고 보면 됩니다.

지금 완만한 상승세를 타고 가고 있는데 상승세가 더 가속화 될 때는 亥卯未의 동네로 이사를 오게 됩니다. 그것은 운이 더 무르익으면 자동으로 申子辰 동네에서 亥卯未쪽으로 분가를 해서 이쪽으로 넘어오는 그런 어떤 모양이 되는 것이죠.

학생 - 그러면 집과 일터가 자기에게 맞는 구조면 되는 것입니까?

선생님 - 그렇죠. 그것이 더 이상적인데 최소한 하나만 맞추어주어도 생활의 기반이 유지가 된다는 것이죠. 이해가 됩니까?

학생 - 제가 궁금한 것이 辛未생에 丙辰일주면? 제가 보낸 아이를 선생님께서 상담하였는데 선생님이 그 아이에게 서북쪽으로 가라고 해서 덕천동 쪽으로 가라고 하셨는데, 일주가 丙辰일주입니다.

선생님 - 丙辰일주라서 그런 표현을 하지는 않았을 것이고…

학생 - 辛未생이고 집이 금정구인데 저번에 수업한 것과 비교를 하니까 그렇게 서남쪽이나 동남쪽이 되는데, 왜 덕천동 즉 서북쪽으로 가라고 말씀하셨는지 궁금합니다.

선생님 - 그것은 자료를 한 번 가지고 와봐야 할 것이고, 그것은 공부를 위해서 가라고 한다든지 했을 것인데…

학생 – 취업을 위해서 문의하였던 것 같습니다.

선생님 – 취업은 신분상승을 유도해 내기 위한 그런 특수한 목적 때문에 즉 계급장이 올라가기 위해서 또는 사회적인 신분이나 지위를 위해서 일시적으로 그쪽으로 가라고 그렇게 했을 것입니다. 그래서 머무르는 공간과 정주공간(定住空間)하고, 가서 무엇을 이루는 공간하고는 차이가 있는 것이죠. 시험을 쳐서 공부해서 계급장을 끌어올리는 그런 측면에서는 天殺이 활용될 수 있다는 것입니다.

轉心

전심(轉心)은 정말 어렵습니다. 부처님 말씀인데 일체유심조(一切唯心造)고 마음을 바꾸어서 즉 轉心이 안 되면 改心이라도 되어야 하는데 이것이 참 어렵습니다. 轉心 改心 이라고 하는 것이 잘 안 되는 것입니다.

일단은 마음을 바꾸어 버리면 사실 어떤 운명적인 어려움이나 이런 것들도 사실은 마음을 바꾼 사람들이 가볍게 극복을 해 나가거든요. 그래서 이런 것입니다.

이 세상에 제일 무서운 놈이 바라는 것이 없는 놈입니다. 동업할 때 제일 조심해야 할 사람이 남자도 아니고 여자도 아니고 노인도 아니고 젊은이도 아니고, 바라는 것 없는 놈하고 동업하면 이것이 제일 무서운 것이거든요.

국세청에는 누가 뛰어가느냐? 바라는 것이 없는 놈이 뛰어갑니다. 우리가 사업을 하다 보면 누구나 다 약간씩은 문제가 생기지 않습니까? 바라는 것이 없는 놈은 내가 바라는 것이 없으니까 다 일러바치는 것이죠. 욕심이 있는 놈은 서로 기브앤테이크 give and take를 하려고 하잖아요.

그만큼 마음이라고 하는 것은 운명에서 아주 큰 요소가 되는데, 여러 가지 흐름의 기운에 달려가지 않고 사는 사람은 극히 드물더라는 것입니다. 그냥 드문 것이 아니고 극히 드뭅니다.

최근에 제가 아는 분이 연세도 많으시고 한데, 이분이 6 · 25 때 혼자 내려오셔서 혈혈단신이 되어서 친척이 없는 것입니다. 그래서 94~95세 정도가 되었으니까 돌아가실 날이 얼마 안 남은 것을 느끼는 것입니다. 이분이 일군 여러 가지 재산, 자산, 유물 이런 것들을 전국 곳곳에 가지고 계시는데, 이것을 누가 원하는 대로 처리를 해주면 좋겠다고 해서 사람들을 불러 모아서 그 일을 맡겨보려고 하니까 전부 다 욕심 덩어리라는 것입니다.

사회적으로 명망이 있고 이런 사람들 다 불러 모아서 위원회를 만든 것입니다. 위원회에 경비를 다 쳐주고 있는데도 물보다 잿밥에 관심이 있는 것입니다.

이분이 그것을 보시고 두어 번 실망하시고 저에게 "도덕적으로 좀 깨끗하게 그렇게 해줄 사람을 찾아달라!" 하시는데 "왜요?" 이렇게 이야기를 하니까 "20여년을 겪어 보았는데 박청화 선생은 바라는 것이 없더라는 것입니다."

"그것이 깨달음이 있어지면 저절로 그렇게 되는 측면이 있습니다. 우리는 눈깔사탕만 줘도 좋습니다."

우리가 마음을 비운다는 것 내지는 사욕을 부리지 않는다는 이런 것들이 운명적으로 그물을 잘 비껴가는 방법이라는 것입니다.

　실제로 구해드리려고 찾아보니까 법정 스님 같은 분이나 아니면 명망이 높은 신부님 같은 이런 분들이나 욕심 없이 그런 것을 처리해 주실 것 같은데, 그런 분들은 이런 일을 안 하려고 한다는 것입니다. 묘한 구조가 되어 있는 것이죠.

　우리가 흔히 마음을 비운다고 하는데 비울 수 있을 때 비우는 것이 좋습니다. 안 좋을 때는 마음을 비우면 되는데 참 안되는 것이죠. 그리고 자연의 원리라고 하는 것이 그렇잖아요. 내가 "꽃이 피어라." 하지 않아도 저절로 꽃이 핀다는 것이잖아요.

　그것이 개운법이기는 한데 사람들에게 "마음 좀 바꾸어 보시지요." 하면 "예, 바꾼지 오래되었습니다." 하는데 목구멍까지 다 욕심이 있는 것입니다. 이것은 참 어려운 일인데 운명적으로는 그것이 기준이 될 수 있다는 것입니다.

　마음을 바꾸면 행동을 바꾸게 되는 것이고 행동의 누적이 결국은 습관이 되고 운명이 되고 하는 것이니까, 행위를 바꾸는 것이 운명을 바꾸는 것이 되는 것이죠.

轉食

　그다음에 먹는 것을 바꾸는 것 이런 것들도 의미가 있습니다. 결국, 음식을 먹는다는 것이 수많은 종류의 성분의 음식을 통해서 단백질부터 비타민까지 온갖 요소를 취하고 살지만, 易에서는 어떤 성질을 가진 것에서 취하느냐 하는 것에서 먹는 것을 조절한다는 것은 결국은 운명을 어느 정도 조절한다는 것과 똑같습니다.

먹는 방법도 될 것이고 그다음에 量的인 조절도 될 것이고, 그런 것이 기준이 될 수 있는데 다 어려운 것들입니다. 다 잘 안 되는 것들이기는 한데 그래도 우리가 표준이나 기준을 알고 있어야 되겠다는 것이죠.

3-2. 인연 조화

사람은 주로 골병이 어디에서 드느냐 하면 바로 배연(配緣)에서 듭니다. 짝을 누구를 만나느냐? 운명이 만들어지는 것도 바로 配胎라고 하지 않았습니까? 짝을 누구를 만나느냐에 따라서 정해지는데 보통 생애 6번 정도의 배우자 선택의 시기를 만나는데 그것에 베스트 best도 있고 워스트 worst도 있다는 것입니다.

그중에서 비교적 조화도가 높은 짝을 만나 사는 것이 운명을 가장 안정시키는 방법이 되니까, 일단 인연법 중에서 춘하추동 신사주학에서 인연법의 표준 정도를 소개했다면, 지금 '무엇이든 물어보세요.' 진도에서는 표준보다는 조금 더 확장된 것을 해 놓았죠.

확장판은 대부분 다 부득불 配緣이라는 것입니다. 짝을 완전하게 안정시키는 표준이 없으니 부득이 이것으로서 짝을 삼는다는 것이죠. '부득불 配緣'에도 우선순위는 나누어져 있는데 配緣이 이루어져도 시연에 따라서 굴곡이 생기기 마련이죠. 그래서 配緣을 잘 짝을 지워주는 것 이것은 정말로 운명적으로 영향을 많이 미칩니다.

'정진반'에서 한 번 해 드렸는지 모르겠는데 '접육법(接肉法)'에 대해서 설명을 해 드렸던가요? 여러분이 처자인연법을 잘 확장을 해볼 줄 알면 이 사람과 어떤 인연관계 속에서 어떤 것이 주로 기운이 형성되겠다는 것을 알 수 있다는 것이죠. 그중에서도 '接肉 개운법'이 예를 들어서 인연법에서 入庫자를 冲하는 者에 대해서 나오죠?

入庫자를 冲하는 자는 무엇을 열어주겠습니까? 예를 들어서 甲일주가 未에 入庫를 하는데 丑이 와서 冲을 하잖아요? 丑생이 해주는 역할이 무엇이냐 하면 궁극적으로는 祿을 세워주는 것입니다. 冲을 하면 항상 뒤의 글자를 보라고 하지 않았습니까?

그림 151)

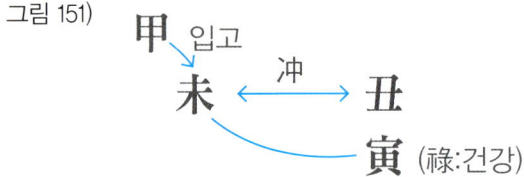

未와 寅이 되는 것을 설명했었잖아요. 그래서 祿을 세워주는 것이 주로 丑生을 만나면 무엇을 얻는다? 건강을 얻는다는 것입니다. 그렇게 그 글자를 六親상으로 확장을 해서 보면 '이 사람과 성적인 접촉이 있으면 어떤 작용이 오겠구나!' 하는 것을 알 수가 있습니다.

그것이 짝이 되어 버리면 그것이 상당히 오랫동안 작용하는 틀이 되잖아요.

보통 이런 것들이 의미나 개념이 되는데 주로 비즈니스 하는 분에게 가끔씩 일러주는 기법이 '偏財의 長生' 그다음에 偏財의 入庫者를 열어주는 것이 되는 것 즉 冲해주는 것인데 예를 들어서 庚일주가 未를 만나면 偏財의 入庫者가 되잖아요. 이것을 冲해주는 자가 丑이죠.

자기를 冲하는 것이지만 명 안에 있으므로 偏財를 열어주는 자가 되잖아요. 거꾸로 명 내에 丑이 있으면 未가 와서 開庫를 하면 자신의 入庫者를 열어주는 자가 되잖아요. 궁극적으로는 자신의 祿을 세워주는 것이죠. 이렇게 偏財를 入庫하는 자를 冲하는 자가 되죠.

庚戌일에 辰월이면 이것은 正財 入庫자를 여는 것이죠. 그래서 辰生 여자를 만나면 큰돈은 아니지만 소소한 돈이 생긴다고 하는 것이죠. 丑生 여인을 만나면 偏財를 入庫하는 것은 그렇고 그다음에 亥生을 만나면 偏財 長生의 기운이 열리죠. 甲木이 長生을 하니까 그렇죠?

辛일주가 午를 만나면 偏財가 長生을 하면서 午가 天乙貴人이잖아요. 이런 것이 여러분이 처자인연법을 보면서 그것을 조금 더 六親的으로 확장을 해서 쓰면 소위 接肉에 의한 기운을 해석할 수 있는 것이죠.

학생 – 나를 入庫시키는 자를 실제 배우자로 맞이하면 수명이나 건강이 크게 미치나요? 未가 없는데…

선생님 – 그럴 때는 내가 "잘 해 드릴게요." 이러면서 인연관계는 만들어지겠죠. 그런데 본인이 祿을 펼쳐낼 행위를 오랫동안 못한다는 것이죠.

학생 – 있는데 入庫者를 만나면?

선생님 – 있는데 入庫者를 만나면 偏財를 열어주잖아요. 偏財를 열어주는 자이니까 결국은 한 번씩 어떻게 해요? 冲의 작용을 일으킬 만한 조건이 주어질 때마다 그것을 마누라 덕에 횡재를 하거나 큰 재물을 장악하거나 큰돈이 융통되는 그런 기운을 얻는다는 것이죠.

학생 – 자기 入庫는 어떻게 됩니까?

선생님 – 자기 入庫는 권장은 아닌데 부득이 라는 것이죠.

학생 – 자기 팔자에 丑이 있는데 丑生을 만나면?

선생님 – 자기 팔자에 丑이 있는데 丑生을 만난다? 이런 경우에는 인연은 있잖아요? 天乙貴人도 걸리고 내가 入庫하는 인자도 걸리는 것이죠. 즉 내가 고개를 숙이는 인자도 되죠.
원래 배우자 간에 서로 고개 숙임이 나쁜 것은 아닙니다. 본인이 사회적으로 크게 기상을 펼치는 것에는 한계를 가지는 것이니까 본인의 직업특성이 변화가 별로 없는 직장, 안정적인 일 이런 것일 때는 무방한데 사회적으로 무엇인가 크게 사업적으로 움직여야되는 이런 경우에는 丑生이 '마누라 때문에 끗발이 다 죽었다.' 하는 이런 것이 있지 않습니까? 끗발이 오르고 있는데 전화를 받고 나니까 끗발이 죽는 것이죠. "이놈의 여편네가…"하고 전화기를 던지는 이런 것이 되는 것이죠.

그래도 人庫라고 하는 것이 사회적으로 활발하게 움직이는 것을 맞기도 하지만 보호자 역할도 하거든요. 그래서 나의 번영을 크게 도와주지는 못해도 결국은 최소한의 안정적인 삶을 구해주는 작용이 발생한다. 그래서 그 띠를 보는 순간에 여러분이 바로 계산이 되어야 합니다.

학생 – 부부 인연 말고 사회에서 만나는 인연도 해당이 됩니까?

선생님 – 당연하죠. 사실 易은 나라나 사회가 정한 어떤 도덕이나 법률이나 질서 이런 것과는 약간은 미스매치가 있는 것이죠. 원래 대자연은 짝을 1명만 두는 것이 아니었다는 것입니다.

학생 – 그런데 보통 대운은 좋은 대운이 들어왔는데 그 대운에 돈을 못 번 사람들이 가끔씩 보면 바람이 나서, 정말 그럴 때 바람이 나면 재산을 못 일으키거나 하는 것이 있습니까?

선생님 – 당연히 있죠. 그것이 목차 중에 '*우연(友緣)'이라고 하는 것이 벗 友자를 적었지만, 사회적인 관계를 말하는 것이거든요. 이것은 정말 여자만 정하는 것이 아니고 남자에도 마찬가지입니다. 남자 여자 이성간에만 적용되는 것이 아니고, 남자와 남자끼리도 그것이 작용합니다.

가족인연도 마찬가지입니다. 형제 중에 있는 것은 내가 도망도 못 가잖아요. 이런 인연 사이에 반드시 그런 작동이 생긴다고 하는 것이죠.

단지 그 시기가 자기의 운명적인 흐름과 언제 오느냐? 이 차이만 있는 것이죠.

학생 − 인연에서 남자 대 남자가 약속을 하는데, 내가 상대방 사주를 알때 그 사람이 운기가 좋다면, 그 사람과 악수만 자주 해도 운이 좋아집니까?

선생님 − 그렇죠. 일단은 악수만 자주 해도 기운을 가지고 온다고 보면 됩니다. 아니면 실제로 비즈니스를 같이 하기는 해야 되죠. 그래서 일단 接觸이라고 하는 것이 사업적으로 무엇인가 지지부진하다든지 하면, 일부로 애인을 偏財 長生 띠를 한 명 만들든지 아니면 애인을 관리할 능력이 안 되면, 자기가 자주 가는 술집에라도 혹시 김양이 그 띠에 해당하면 옆에 손을 꽉 쥐고 호프 잔을 따르라는 것입니다.

김양이 그 날 너무너무 기분이 좋으면 김양하고 '시크릿 룸'으로 가던지 그것은 재주껏 하면 됩니다.

옛날에 입찰 같은 것 큰 것을 하러 갈 때 그런 것들을 기법적으로 코치를 많이 해줘 봤습니다. 일부로 아가씨들 있는 곳에 가서 전부 다 민증 가지고 오라고 해서 민증에 본래 띠 맞는지 확인하고 손만 꼭 한 시간 잡고 있으세요.

그런 사람이 짝이 되어 있다는 것은 자기 삶에 그런 에너지가 공여되고 있다는 뜻이 됩니다. 그래서 짝을 만나는 것, 사회적인 관계나 가족관계에도 처자인연법을 확장해서 쓸 수가 있고, 그 사이의 六親을 왔다 갔다 볼 수가 있으면 그 사람과는 '필경 이렇게 간다.' 이런 것들을 논할 수 있는 것이죠.
 그래서 인연법을 잘 익힐 필요가 있고 그것을 확장해서 해석하고, 확장한다는 것이 六親的으로 어떻게 움직이느냐? 그런 것들을 여러분이 확장해서 해보시면 귀신 장난처럼 작용한다는 것입니다.

학생 – 재수 없는 여자도?

선생님 – 그렇죠. 그런데 그 여인이 아무 남자에게나 다 재수가 없느냐 하면 그것이 아닙니다. 그 여인의 재수있는 남자가 있다는 것입니다. 그래서 그것이 인연법이라고 하는 것이잖아요.

학생 – 偏財의 長生띠죠?

선생님 – 그렇죠. 偏財의 長生띠죠. 그러니까 辛일주가 乙이 偏財가 되잖아요. 이것의 長生이 午生이잖아요. 그다음에 偏財의 入墓가 戌이잖아요. 그러면 辰생이 차선이 되는 것이죠.
 辰생이 食傷 入庫가 되기도 하고 자기 入庫가 되기도 하지만 이것이 偏財를 入庫시키는 것을 막아버리는 작용을 막는 역할을 하는 것이 辰生입니다.

학생 – 偏財의 長生이라고 해서 여자를 취하는 것인데 여자는?

선생님 − 여자도 마찬가지로 내가 돈이 필요하면 偏財 長生의 남자라도 偏財 長生의 남자와 거래를 하든지 하면 됩니다.

학생 − 正官 長生의 띠라면 좋은 남자로 만날 수 있는 것입니까?

선생님 − 正官 長生은 적어도 남자의 덕을 볼 수가 있는 것이죠. 正官이 長生이 되면 그런 것인데 간드러지게 나에게 잘하는 놈은 偏官이잖아요.

나에게 오늘 밤 째지게 잘해줄 놈이 없나하면 偏官 長生의 띠를 만나면 되는 것입니다. 그런데 偏財와 偏官은 오랫동안 유지하는 것에는 에너지 소모가 생긴다고 보면 되는 것이죠.

그런 것을 여러분이 확장해서 짝을 구할 때, 사회적인 관계, 가족 인연 이런 것을 잘 관찰해 보시기 바랍니다. 가족관계일 때는 부모·자식과 같이 상하관계일 때는 처자의 攀鞍殺그룹, 에너지 레벨차이 이런 것도 같이 봐 주어야 되겠죠.

학생 − 桃花나 紅艶은?

선생님 − 순수하게 다른 六親작용이 별로 없고 桃花나 紅艶의 행위만 활발한 것이죠. 다른 것은 마음에 드는 것이 하나도 없는데 그 친구하고는 속궁합은 끝내주든지 이런 것입니다.

時	日	月	年
癸	癸	甲	戊
丑	卯	子	申

坤命

(巳生 남자를 만남)

 여인 고유의 패턴 속에 있는 것인데, 이 여인이 巳生 남자를 만난 것입니다. 巳丑 시의 三合, 일지 卯와 陽貴 陰貴를 채우는 작용, 巳 天乙貴人 이런 것이 걸리죠. 그래서 乙巳생 남자를 만나서 서로 애인지럼 지내는 과정이 발생했는데 이 乙巳생 입장에서 申을 보면 亡身이지 않습니까? 亡身이라고 하는 것이 애인의 기운이잖아요.

時	日	月	年
壬	甲		乙
申	申		巳

乾命

 이 양반은 甲申일주에 壬申시입니다. 그래서 시에 있는 것이 항상 '창밖의 여자'도 있고 '문밖에 있는 그대'도 있고 그렇죠.
 여자는 天乙貴人에 陽貴 陰貴 채우고 있고 해서 이 여자가 자기 짝에서 느끼지 못하는 것을 느끼는 것이죠. 원래 이 申子가 드러나 있으면 애정을 자극하는 인자가 잘 갖추어져 있는 것이잖아요. 그런데 일지에 食神이 놓여 있음으로써 안방을 차지하고 들어오는 사람은 食神을 잘 극복하지 못하는 것입니다.
 官星이 힘을 쓰기 어렵잖아요. 대문 밖에 있는 丑 偏官은 시계의 추처럼 왔다 갔다 하니까 괜찮은데 乙巳생을 만나서 '도저히 다른 남자는 잘 안 보인다.' 이렇게 함으로써 그 관계성이 이어지고는 있는 것이죠.

학생 – 紅艶이 申 아닌가요?

선생님 – 紅艶이 申이죠. 이것은 젊은 날에 年에 官星이 있잖아요. 물론 傷官에 의해서 작용력은 꺾여 있지만 癸일주가 年의 戊申을 보는 것은 젊은 날에 마주쳤던 남자들에게 자기가 예뻐 보였다는 것입니다. 나도 예뻤는데 월에 比劫이 차지를 하고, 어쩌다 보니까 무세한 戊 官星 아니면 丑이 土도 아닌 것이 土라고 우기는 偏官하고 어우러져서 짝이 지어지게 되어 있잖아요. 그런데 乙巳생을 만났으니까 戊가 巳에 祿을 내리는 자리잖아요.

그러니까 이것저것 아무리 계산을 해봐도 이 남자가 좋은 것이죠. 또 남자의 입장에서는 申生이 亡身殺로서 애인이잖아요.

그래서 여자가 저 남자를 만나서 아파트도 2개 정도 사고 했습니다. 乙巳가 天乙貴人이면서 正財가 되면서 正官이 祿을 세우고 巳申 合의 긍정적 작용도 하고 살림은 꼭 쥐고 있으면서 '이혼하면 같이 쓰자.' 이런 것이죠.

저런 六親작용까지 매칭해서 확장하여 쓸 수 있으면 이런 것은 오래가면 된다, 안된다 하는 것을 알 수 있습니다.

3-3. 호부(護符)의 형태와 의미, 활용

護符의 형태와 의미는 아까 말씀을 드렸죠. 護符라는 것이 그림, 상징 이런 것들인데 동그라미 많이 쓰고 엑스표 많이 치지 말고, 공간을 차지하고 있는 글자체계나 문자 체계, 부호체계 이런 것들을 대체로 좋은 상징으로 하라는 것입니다. 하다못해 열쇠고리까지 그렇게 하라는 것입니다. 이상한 것을 하면 기운이 좋은 상징을 주지 못한다고 보면 됩니다.

학생 – 아무리 명품이어도 해골 모양의 그런 것은 좋지 못하죠?

선생님 – 그렇죠. 그런 것은 그런 기운 속에 있는 사람들이 매니아 층이 일시적으로 그것을 채택해 줄지라도 그것은 오래 갈 수가 없는 것입니다.

질문과 답변 3
(무엇이든 물어보세요)

「질문과 답변」 단원은 홍익원격평생교육원 사이트 게시판에 회원분들께 미리 질문을 받아 답변해드린 내용입니다.

질문과 답변 3 (무엇이든 물어보세요)

30. 12神殺을 활용한 개인별 부동산 매도 매수방법

전문적인 질문이라서 선뜻 답변을 해주실지? 기대 반, 설레임 반 상태에서 일단 한번 문의드려봅니다. 정확한 답변이 어려우시면 약간의 힌트 내지는 간단한 예를 들어주시는 등 유추확장을 위한 일말의 힌트라도 던져주시면 감사하겠습니다.

*12神殺을 이용한 개인별 부동산 매도 매수방법
예) 47세 1월 4일 卯時생 여 개인사업자 경우
서울 구로구 거주 제주도 빌라 1채 구로구 아파트 1채 , 커피숍 3 미국 LA 주택1채, 부산 빌라 2채 보유한 경우, 18년도에 다 정리를 하려고 하면 어떻게 해야 되는지?
예를 들어서 劫殺방향쪽 부동산 매도, 天殺방향 쪽은 20년도에 매도 등 처리방법 /우선 순서 등!!!!

답변 – 地殺이나 驛馬殺 방향에 광고물이라든지 부동산 사무실에 홍보하는데, 주로 驛馬殺 방향이 더 강한 것 같습니다. 사북면에서 매도 물건에서 예를 들어서 巳酉丑 띠라고 하면 亥方 서북간 쪽이 驛馬방향이 되는 것 아닙니까?

驛馬를 통해서 움직이는 것이 발생하고 보통 地殺방향은 과정이 시간이 걸려서 이루어지는 것이 맞고, 시원하게 매매를 했다고 하면 驛馬殺 방향이 제일 많더라고 하는 것이죠. 이쪽 방향에 광고물을 내던지 부동산 사무실을 활용하는 것이 제일 일반적인 기법이라고 보면 됩니다.

제가 여러 가지 양밥 중에서 소코뚜레 같은 것을 가져다 놓는 것 이런 것은 교양적으로 여러분도 아시지 않습니까? 소코뚜레를 구해 와서 매매물건의 문 위에다 붙여 두면 끌고 나간다는 것입니다. 소코뚜레를 민간에서 많이 쓰는 방법이기는 한데 그것도 기법적으로 알고 있으니까 해 보시고 싶으면 해 보시라 이렇게 하죠.

학생 – 가위.

시샘님 – 예, 가위도 자른다는 의미인네 훔쳐온 가위 이런 것도 많이 쓰죠. 하여간 민간 양밥인데 가위를 훔쳐와서 그렇게 하는 기법도 되고 소코뚜레를 구해 와서 문 위에 두는 것 이런 것들이 있는데 그런 것이 전부다 유감주술입니다. 닮은꼴끼리는 서로 어울리는데 코뚜레는 끌고 간다는 유감 주술이 되고 가위라고 하는 것은 잘라버린다는 것이죠. 이 공간과의 × 아닙니까?

유감주술법에 의해서 이렇게 나온 것인데 또 유감주술 중에서 세트로 되는 것이 있습니다. 그것도 사실은 서적이 아니고 누가 메모를 해 놓은 것을 제가 보수동 헌책방에서 노트 된 것을 얻어서 봤는데, 원래는 살던 집의 아궁이 흙입니다. 그다음에 동전 새것, 깨끗한 지폐(만 원권 또는 오만원권), 육포, 생

팥, 술(잔에 부은 술)을 준비하는데 이것은 전부 새것을 활용하는 것입니다. 육포 약간, 생 팥 약간인데 술은 소주 같은 것을 쓰면 됩니다.

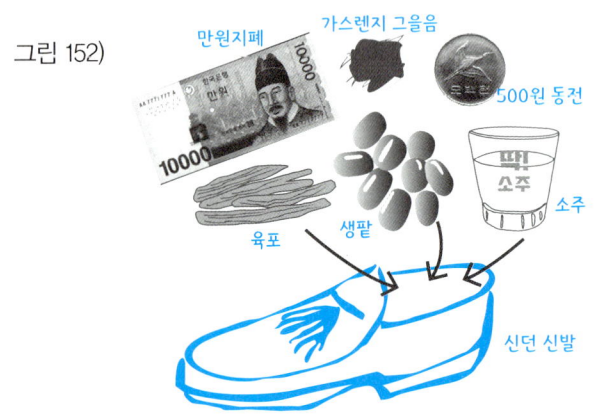

그림 152)

신던 신발에다가 잔에 부은 술을 넣고 육포와 생 팥 약간, 만원짜리 깨끗한 것, 동전도 새것을 넣는데 그다음에 아궁이의 흙인데 요즘은 가스레인지 그을음을 대신하는 것이죠. 옛날 방식인데 현대식으로 한 것이죠.

이것들을 신던 신발에 넣어서 매도하려고 하는 공간이 있으면 신발의 코가 문 밖을 향하도록 양쪽 신발에 똑같은 상태로 두는 것이죠.

귀신은 새것을 좋아한다는 것입니다. 등급이 높은 귀신은 새것 즉 신상품을 좋아한다는 것입니다. 그래서 새것이 얼마나 좋으면 새로울 신(新)자에 사내 랑(郎)자 그게 무슨 뜻입니까? 새로 만난 사내 이것이 신랑이잖아요. 새것에 올라붙는다는 것인데 그 힘을 이용하는 것이죠.

거기에 소주잔에 술을 부어두면 이것이 등급이 있는 귀신이 좋아하는 세트입니다. 육포도 가게에서 산다고 하면 제일 앞에 있는 것, 제일 위에 있는 것 그것을 사면됩니다. 생 팥도 포장이 되어 있잖아요? 쌓아 놓은 것 중에 제일 위에 있는 것을 구하면 됩니다.

귀신도 자기들끼리 엄청 서열이 많습니다. 우리가 우환이 많은 집에 가서 기도를 하고 그 집안을 보면 어떤 것이 오는가 하면, 그 집안의 영가들 중에서 똑똑한 영가들이 먼저 옵니다. 공부를 많이 했고 책을 많이 본 똑똑한 영가들이 따라오면, 그 뒤에 질뚝기리민서 오는 영가 등이 오고 뒤에는 레벨이 떨어지는 영가들이 쭉 따라옵니다.

등급이 높은 귀신들이 올라붙게 하는 기법으로 쓰는데 술을 마시고 신발 안에 머무르게 되거든요.

술의 정기를 흠향(歆饗)을 해서 머무르게 되는 그런 작용이 오는데 신발코를 입구 밖으로 해서 놓아두면 "빨리 나가자." 합니다. 술에 취해서 신발 안에 갇힌 것이잖아요. 그래서 빨리 나가자고 하는데 누군가가 집을 보러 왔다면 그 사람의 눈에 분칠해 줍니다.

빨리 나가게 해 달라는 것이죠. 신발을 옮겨 주어야 할 것 아닙니까? 빨리 나가게 해 달라고 합니다. 이 방식으로 보통 제가 경험치로 해보면 보름에서 45일 정도 걸리는데 어떤 일이 있었느냐 하면, 그때가 IMF 지나고 몇 해 뒤쯤이 되는데 만덕에 있는 어떤 아파트였던 것 같습니다. 넓은 평수를 팔아야 되는데 이것저것 해 보고 안 되어서 이 방법을 써보라고 했는데 이 양반이 그렇게 해보고 보름 정도가 지난 것입니다.

부부가 다 맞벌이니까 나가고 친정엄마가 있었던 것이죠. 부동산을 통해서 와서 "얼마에 팔려고 합니까?" 하고 물어보니까 친정엄마가 "1억 8천600" 이렇게 이야기를 한 것입니다. 원래는 얼마에 내놨느냐 하면 1억 6천800에 내놓은 것입니다. 1억 6천800인데 할매가 말을 잘 못 해서 1억 8천600에 내놓은 것이에요.

화상실 문을 열어보니 하수구 구녕노 너무 마음에 든다는 것이죠. 오후에 마누라가 보러 왔다가 초저녁에 남편이 퇴근해서 거기서 1억 8천 600만 원으로 그냥 계약서를 써버린 것이죠. 말을 잘못하는 바람에 얼마를 번 것입니까?

학생 – 저런 건물 말고 땅을 매매할 때도 그렇습니까?

선생님 – 땅을 매매할 때도 이런 기법을 쓸 수는 있습니다. 거기에 있는 사방토를 모아서 그 터의 입구 쪽에다가 바람이 살짝 통하는 모양으로 가려서 두는 기법인데 그런데 거기에는 짐승들이 자꾸 입을 대어 버리니까 문제가 되기는 한데 땅을 매매하는 기법에서도 그런 방법이 쓰이기는 하는데 대신에 바람이 조금 통기성이 있어주어야 됩니다.

학생 – 신발도 가려 놓으면 됩니까?

선생님 – 가려 놓으면 되는 것이죠. 그렇게 통기성이 있는 곳에 두면 됩니다. 아니면 아예 4귀퉁이에 계란 같은 것을 가지고 하는 것이 있는데 실제로 그곳에는 부적 같은 것을 활용을 해야 되는 것이죠.

부적 같은 것을 활용해서 계란을 부적으로 입혀서 태우고 이런 것들이 있는데, 여러분들이 부적법에 보면 나와 있으니까 그 기법대로 해 보세요. 그것도 잘 되기는 합니다.

학생 – 거기에 들어가는 것들이 무슨 관계성이 있는 것입니까?

선생님 – 아궁이 흙이라고 하는 것이 옛날에는 그 집의 불씨를 그 집안의 아주 중요한 에너지, 생명력 이런 것으로 파악했기 때문에 이사를 가면 불씨를 떠서 가지고 갔잖아요. 그래서 그 흙을 쓰는 것이죠.

아궁이의 불씨를 그 집안의 핵심적인 기운으로 보는 것이니까 아궁이의 재를 약간 쓰고 그다음에 동전이나 깨끗한 지폐는 항상 등급이 높은 신이 들러붙는 것으로 보는 것이죠.

세뱃돈 줄 때 우리가 헌 돈을 주려고 합니까? 새 돈을 주려고 하죠. 등급 높은 신이 어울리라고 하는 이런 뜻입니다. 육포나 생 팥도 마찬가지로 제일 위쪽에 있는 것 이런 것들을 채택해 주는 것이죠.

부작법을 보면 그런 몇 가지 기법들이 있으니까 찾아보시고 저는 이 기법을 많이 하고 그다음에 일종의 기도나 주술처럼 하는 것이 六害殺 방향을 보고 "제가 모르는 조상님, 저를 도와주세요." 하고 합장을 하고 아침에 세 번씩 외우게도 만듭니다. 물론 술을 올리면 더욱 좋습니다.

그것은 평상시에도 인덕을 입는 것에는 좋은데 주거변동을 꾀할 때 그렇게 하는데, 그것 말고도 기법은 여러 가지입니다.

"선생님은 어떻게 3일 만에 팔았어요?" 하고 저에게 묻는 사람이 있거든요. 제가 3~4년 전 이사를 했는데 이야기를 해드렸잖아요. 부동산 다섯 군데 중에서 다 3억 5천만 원에 내놓고 한 군데만 3억 4천에 내놓는 것이죠. 3억 4천에 내놓으니까 똑같은 집인데 왜 가격이 다르냐고 해서 대번에 찾아올 것 아닙니까? 그렇게 해서 바로 이틀 만에 팔았죠. 비법은 싸게 팔면 됩니다.

학생 – 나가면 다행이지만 안 나가면 내용물 상태가 상해질 수도 있고 그렇잖아요.

선생님 – 내용물을 1주일이나 열흘에 한 번씩 새것으로 갈아주어야 됩니다. 전부 다 새것으로 갈아 준다는 것이죠. 10일에 한 번 정도 하면 됩니다. 육포는 조금만 하면 됩니다. 생 팥은 벌레가 안 드니까 상관은 없죠.

학생 – 다른 것은 그대로 두고 부패할 수 있는 것만 새로 넣으면 안 됩니까?

선생님 – 그것이 아니고 내용물을 갈아줄 때 전부 다 새것으로 해야 됩니다. 새로운 것으로 다 바꿔주세요. 그런 기운이 걸려들었다고 하면 직방으로 가는 것입니다. 열흘에 한 번씩 갈아주고 이미 계약이 되었다든지 이러면 할 필요가 없습니다.

학생 – 구매자나 판매자가 서로 모르고 하는 방법이 없습니

까?

선생님 – 그것이 "제가 모르는 조상님." 하고 기도를 하는 것이죠. 이것이 六害殺 방향이 되어서 결국은 내가 잘 모르는 내 물건을 사가는 사람도 촌수가 멀다뿐이지 다 인연 속에 있습니다.

그런 기법을 사용하고 그다음에 역학적인 시기로 볼 때는 天殺, 月沖 또는 年沖 이런 것들이 제일 많이 활용되고 그다음에 大殺 대용으로 쓰이는 것이 亡身이나 六害의 기운에도 그런 것들이 많이 발생합니다.

내가 다루기 어려운 영역에 있는 것이 무엇인가 다루어진다고 하는 것이죠. 天殺은 그중에서도 부동산 같은 것은 큰 단위의 것이라고 보는 것이거든요. 天殺달을 이용하고 亡身, 六害를 활용하는 것이 좋습니다.

이분은 부동산 보유를 많이 하고 계신 분인데 부동산은 개인적인 운의 흐름도 살필 필요가 있지만, 전체의 큰 파도도 볼 필요가 있다고 했잖아요.

전체의 큰 파도로 볼 때 2016년~17년을 기점으로 전체적으로 정점을 찍고 하락세로 돌아서니까 '이때 팔아라!' 했는데 실제로 판 사람도 많습니다.

단지 업무용, 주거용, 임대용인데 여기서도 금융이 너무 많은 것은 대세를 따라서 2016~17년 정리를 하는 것이 맞죠. 그리고 18년도가 마지막 정점 같은 효과가 생기는 것이니까, 서울이 지금 마구잡이로 올라가는 이것도 결국은 마지막 정점이라고 이렇게 보면 됩니다.

물론 큰 국운적인 요소도 있지만 干支구조로 보면 癸未年이 2003년이었습니다. 2003년에 부동산 조치들이 나오면서 지방의 부동산들이 전부 다 내려가죠.

기억이 나십니까? 기억이 안 나세요? 찾아보세요. 그다음에 甲申年 乙酉年 이때가 노무현 대통령 때입니다. 乙酉 丙戌年까지 서울에서도 너 오르다가 丙戌年을 정섬으로 해서 빠지기 시작을 하죠. 그래서 丁亥年부터 급매물이 막 쏟아져 나오기 시작을 하고 戊子年에 리먼브러더스 사태가 오면서 더 빠지죠.

그래서 12地支를 보면서 소용성 즉 어떤 기운이 많이 활용되고 써지는 소용성이라고 하는 것이 申酉戌年까지는 남아 있지만, 戌에서 土의 入庫가 생기죠. 그래서 가장 상징적인 것이 버티고 밀리고 나가다가 戌을 넘어가면서, 亥로 넘어가면서 반드시 꺾이게 되어 있거든요.

많이 꺾이느냐? 조금 꺾이느냐? 이것은 전체의 맥락에 따라 편차는 조금 생기지만 소용성이 꺾여 버린다는 것이죠. 사실은 지금 서울에 있다고 하면 팔아야 되죠. 여러분을 보니까 팔 분이 없는 것 같네요.

심리나 기운의 조성이 그렇게 가게 되어 있는 것이죠. 그다음에 지방도 2016년~17년을 기점으로 꺾이게 되어 있는 것이고 그다음에 올해가 戊戌年 아닙니까?

戊戌年을 정점으로 해서 꺾여 나가게 되고 己亥, 庚子, 辛丑年이 전체적으로 침체국면으로 들어갈 수밖에 없는데, 辛丑年 전후로 큰 금융환경변화가 발생할 것이라고 보는 것이죠. 그러니까 지금은 오히려 팔아야 되죠.

항상 포지션을 반대로 서야 되는 것이죠. 사려고 하는 사람이 많을 때 팔고, 팔려고 하는 사람이 많을 때 사면됩니다. 그 간단한 것을 왜 못하느냐? 욕심 때문에 못하는 것입니다.

학생 – 冲이 올해 안 들어오고 내년에 들어온다고 하면?

선생님 – 그런 것은 하는 수가 없죠. 冲이 들어올 때 거의 매매나 거래가 10케이스 중에 7~8케이스는 天殺, 月冲, 年冲 여기에 걸려서 움직여집니다. 그다음에 나머지 2~3케이스가 天干의 작용이 예를 들어서 집을 넓히는 운, 즉 食神이 확 들어온다든지 이럴 때 주로 팔고 움직이고 이렇게 되거든요.
그래서 이런 시점을 잘 맞추어가지고 매도를 해야 되는 것이죠. 그다음에 임대용 부동산일 때 日冲이나 時冲이면 됩니다. 日이나 時 冲일 때는 주로 임대용이 됩니다. 그다음에 日은 주로 자기가 머무르는 공간이 되는 것이니까 자기가 살던 공간에서 이것을 다시 재편하는 작용 이런 작용이 많이 생기는데, 시에 冲이 발생하는 것은 주로 임대용 부동산 이런 것에서 변동성이 자꾸 생겨나는 것입니다.
임대용은 刑이 와도 들고 나고 하는 것이 있고 破가 와도 신경 쓸 일이 생깁니다.
神殺을 쭉 時를 중심으로 정리하면 되겠죠. 주로 月冲, 年冲이 보유 세월이 일정 기간 있었던 그런 부동산들의 변화 이렇게 보시면 되고 天殺 시기에 가장 많고 그다음이 亡身 六害가 다음 그룹이 되는 것입니다.
지금 저분의 개인적인 명조를 정확하게 열어볼 필요는 있는데 음양력 표시가 없고 해서 이분 명조에 따라서 판단을 해 드리기는 그렇고 이것이 법이 바뀌면 굉장히 피곤하겠네요.
 [서울 구로구 거주 제주도 빌라 1채 구로구 아파트 1채, 커피숍 3, 미국LA주택 1채, 부산빌라 2채]라고 되어 있는데 미국도 다주택에 걸립니까? 그것은 아니겠죠?

학생 – 미국은 세금만 많이 내면 됩니다.

선생님 – 일단 다 정리하려고 하는 궁극적 목표가 있다면 아까처럼 네 군데에 얼마에 내고 한 군데는 싸게 내고 이런 기법을 이용해서 매도하는 것과 驛馬殺이라든지 광고물을 이용해서 활용하는 것, 그다음에 亡身, 六害, 月冲, 年冲의 달 또는 해 이런 것을 활용하는 것이 제일 기법적으로 좋겠죠.
 금융이 없다면 또 그렇게 신경을 쓸 필요가 없겠지만, 금융이 있으면 저런 방법을 통해서 전체적으로 정리를 해 놓을 필요가 있다고 보면 됩니다.

학생 – 月 冲은 월운에서 당겨쓸 수 있습니까?

선생님 – 당겨쓸 수 있습니다. 왜냐하면, 좌표론에서 年이 화분으로 생각하시면 된다고 했잖아요. 그러니까 화분을 건드리느냐? 밑둥을 건드리느냐? 하는 것입니다.
 冲이라고 하는 것은 화분을 찬다는 것이죠. 年을 冲하는 것은 화분을 차는 것이고 월은 밑둥을 차는 것이니까 이것을 발로 밀어주는 효과가 작용력이 발생하는 것이 되는 것이죠.
 그럴 때 주로 자기가 머물러 있는 또는 보유하고 있는 부동산과 인연이 다시 재편되는 과정이 발생하니까 그런 때에 부동산 매매가 원활하게 진행된다고 보시면 되죠.

저것이 금융환경이 안 좋은 흐름이 다가올 때를 대비해서 약간 욕심을 버리셔야 됩니다. 작년에 이렇거든요. 저의 집에 오는 손님들을 4종류로 나누면 수퍼리치 super-rich, 리치 rich, 투비 리치 to-be rich, 푸어 poor 이 네 그룹이라는 것입니다. 그런데 리치 rich가 제일 말을 잘 듣습니다. 리치 rich 그룹은 작년에 다 팔았습니다. 그리고 서울 것만 하나 가지고 있으라고 한 것이죠. 그 말 그대로 들었는데 한이불을 덮고 자도 복이 다르니까 마누라는 서울에 하나 가지고 있더라는 것이죠.

물론 사는 것이 좋은지 안 좋은지 물어보길래 사라고 했거든요. 사라 했는데 설마 살지는 몰랐죠. 돈을 어디다 숨겨두고 있는지 알 수가 없습니다. 최고로 잘한 것이 서울에 있는 것 하나 산 것이죠.

리치는 말을 잘 들어요. 사라고 하면 사고, 팔라고 하면 팔고, 작년에 10% DC해서 팔았다는 것입니다. 작년에 10% DC해서 다 팔았잖아요.

"선생님 이제 뭐 할까요?" 해서 "조금만 기다려 보세요. 2019년 상반기에 금융장이 한 번 올 것이다. 주식장이 한 번 올 것이니까 야금야금 적립식으로 사든지"

지수가 올라갈 때 전체적으로 대표주들 있지 않습니까? 삼성전자 이런 것부터 야금야금 사모아서 벌었을 때 또 떠나야 된다는 것입니다. 벌었는데 또 끝까지 미련이 남아서 가지고 있는 사람들이 있거든요. 주식하고 부동산하고는 결혼을 하지 말라는 것입니다. 주식하고 부동산하고 결혼을 하면 너무 좋았다가

"내가 미쳤지! 미쳤지!" 하는 날이 온다는 것입니다. 결혼하면 어떻게 되는지 결혼을 해본 사람들은 알죠?

주식과 부동산은 결혼을 할 대상은 아니고 한때 어울려 지내다가 서로 즐거웠으면 빠이빠이 해야 된다는 것입니다.

그렇게 궁극이 부동산이냐? 궁극이 결국은 경제적 보상이냐? 이것을 목표를 정해야 되는 것이죠. 저런 전체적인 흐름과 맥락을 가지고 가는데 질문하신 분의 명조가 명확하지 않으니까 앞에 설명해 드린 것을 기준으로 해서 적극적으로 해보시고, 사실은 지금 5~10% 디스카운트해서 팔아도 2021년이 되면 휘파람 불고 다닙니다.

이것은 제 앞으로 안 하고 가족 명의로 했는데 제가 잘했다고 하는 것이 아니고, 2003년도까지 하고 딱 부동산 투자를 끝을 내고 나서 알아서 얼마를 벌었는지는 알 필요도 없다고 하고 알아서는 안 된데요.

우리는 거기에 대해 터치를 안 하는데 개인적으로 2004년~06년에 금융장이 오니까 그런데 그것을 들여다볼 시간이 없으니까 적립식 펀드를 한 것이에요. 적립식 펀드를 해서 2년도 안 되어서 57% 정도 수익률을 낸 것이죠.

어차피 집에서도 모르게 하고 저도 모르게 하니까 2억 정도를 가지고 있었던 것이에요. 그것을 가지고 반드시 금융위기가 올 것이라고 한 것이죠. 그래서 2009년도 언저리에 올 것이라고 봤는데 2008년도에 왔잖아요.

2008년도에 오고 2009년~10년 두 해에 경매를 받아서 땅을 7개를 샀잖아요. 2억으로 무슨 땅을 7개를 삽니까? 다 경매로 샀습니다.

거제도에 땅 3개, 남해에 땅 3개, 거창 북상에 하나 이런 식
으로 땅을 7개를 샀는데 그것은 싼 땅이라는 뜻이잖아요. 경매
니까 얼마나 싸겠어요. 한 3천 만 원 주고 사고, 2천만 원 주고
사고 이렇게 7개를 채웠는데 전부다 '나는 자연인이다.' 코스 있
지 않습니까? 차가 들어갈 수 있고 집을 지을 수 있고 텃밭 만
들 수 있고 이렇게 해서 그때는 구한 것이죠. 경제적 목적이었
다면 보상이 훨씬 더 많았겠죠.

그런 경제적인 성취를 말씀드리는 것이 아니고 준비를 하며
거우 2억을 가지고 땅을 7개를 산다는 것이죠. 거제도는 구입
가격 중심으로 4배 올랐다가 지금은 떨어져서 2.5배 정도가 되
는데 그래도 팔리면 팔리고 안 팔리면 말고 하는 것이죠.

언니 떡도 싸야 사 먹는 것이고 싸게 사 놓으면 걱정이 없다
는 것입니다. 그것보다 더 쌀 수가 없으니까 그때를 기다리라는
것입니다.

절대로 노사가 가난하게 살아서는 안 된다는 것입니다. 미래
를 아는 사람이 어떻게 가난하게 사는데? 훨씬 잘 살아야 되는
것이죠.

그래서 여러분이 이런 맥락적인 것을 잘 연구해 보세요. 산
중에 자연인 코스가 되어서 땅을 잡혀달라는 사람은 없어요. 오
신다고 하면 제가 예쁘게 준비를 해 드리겠습니다. 호미만 하나
들고 올라오세요.

2018년 정도까지가 土의 소용성이 거의 갈무리 되는 것이고
내일 무슨 조치가 하나가 나온다고 하죠? 내일도 사실은 소프
트하게 나올 수가 있습니다. 강력한 규제가 안 나오고 소프트한
이유가 무엇인지 아십니까? 공무원이 안 다쳐야 되니까 그런

것입니다.

　만약에 하드하게 나와서 너무 찬물을 끼얹어 버렸다면 그러면 부작용이 생기겠죠? 부작용이 생기면 누군가가 책임을 져야할 것 아닙니까? 그래서 소프트에서 조금 더 하드 쪽으로 단계를 거쳐서 1차 대책, 2차 대책, 3차 대책 이렇게 내게 되어 있는데, 3차가 나오면 반드시 국가의 말을 들으라는 것입니다. 국가적인 정책에서 3번째 정책이 나오면 무조건 그 말을 신뢰해야 됩니다.

　그것은 무슨 말이냐? 국가가 반드시 이것은 하겠다는 것입니다. 2003년도 마찬가지였습니다. 제가 부동산의 왕언니들에게 다 이야기를 해 주었습니다. 부동산 1차 대책이 나오면 더 오른다. 2차 대책이 나오면 더 오른다. 3차 대책이 나오면 그때부터 맛이 가는데 이것을 한 방에 할 수 있는 것을 왜 3번에 나누어서 하느냐?

　그것을 담당한 공무원이 다치면 안 되기 때문에 책임론 차원에서, 이렇게 했는데도 안 되었으니까 이렇게 한다는 명분이 생기고 공직인데 내무행정의 집행 입장에서 자기가 다칠 일이 없잖아요. 그래서 3번째가 나왔는데 정말로 안 들으면 그것이 자기 무덤을 파는 일입니다. 3번 말했으면 들어야 할 것 아닙니까? 그래서 그런 맥락을 여러분이 알고 있으면 환히 보입니다.

　부동산은 그런 큰 줄기, 개인적인 선택 이렇게 두 가지 매칭해서 선택을 하시기 바랍니다.

31. 日支 三合과 年支 三合을 같이 해석해야 하는지요?

통변할 때 年支 三合을 기본으로 했는데, 日支 三合도 같이 중요하게 통변해야하는지요?
세운이나 대운도 그런지요? 어떤 분은 日支 三合을 기준으로 보시는 분도 계시고, 어떤 분은 年支 三合만 보시는 분도 계시고 해서 같이 해석할 때 어느 쪽 비중을 크게 잡아야 할지 너무 헷갈립니다. 부탁드리겠습니다.

답변 – 기본적으로 年支의 속성과 日支의 속성 차이를 생각하시면 됩니다. 年支는 사회적 관계가 되고 日支는 개인적 관계로 약간은 믹싱이 되어 있지만 이렇게 분류를 하면 됩니다.

年支 : 사회적 관계, 활동무대, 주거, 명함, 가족(조상)
日支 : 개인적 관계, 개인적 모임, 개인 배우자(가족)

日支에 三合이 온다는 것은 내가 활동하는 사회적인 무대를 편하게 변화를 주는 것이 아니고, 개인적으로 '무슨 모임에 개인적으로 가입했다.', '어떤 사람과 사회적인 관계가 만들어졌다.' 이것이 日支의 三合에 이루어지는 것이고 사적인 영역으로 보시면 됩니다. 사적인 영역에서는 '중매를 통해서 소개를 받았다.' 하는 것들도 사적인 영역에서 이루어지는 것이 되겠죠.
年支는 사회적으로 활동무대, 주거, 사회적인 명함 그런 것들이 '크게 움직여졌다.', '궤도를 바꾸었다.' 이런 속성으로 보고 그다음에 가족 중에서 조상과 관련이 된 것이죠. 조상과 관련된 가족이 되겠죠.

日支의 三合은 배우자와 관련이 되겠죠. 개인이나 배우자와 관련이 된 가족요소의 변화성 이런 것들이 되는 것이죠. 그래서 日支에 三合이 되거나 時支 三合이 되어서 합에 의한 어떤 변화 요소가 발생할 때 방향성은 참작을 해야 되겠지만 대체로 합이라고 하는 것이 새로운 것을 생성시키는 것이지 않습니까?

'자식이 여러 가지 긍정적인 변동을 하게 되었다.', '공부를 더 열심히 해서 성과를 내게 되었다.' 이런 식으로 확장해서 해석해도 됩니다.

年支에 있는 것은 자기가 사회적으로 활동하는 무대, 주거 이런 것들이 크게 궤도를 바꿀 수 있는 상황이 왔다고 보면 되는 것입니다. 그다음에 조상에 관련해서 무엇인가 관계성이 만들어지든지 다시 재론을 통해서 매듭을 짓든지 이런 것들이 보통 年支라고 보면 되거든요.

좌표론적으로 기준을 두어서 분류를 해주면 충분할 것이라고 생각을 합니다.

32. 박청화 선생님 운의 주기 대운 춘하추동 질문 있습니다.

박청화 선생님 '운의 주기'를 수강하고 있습니다. 선생님 누구나 대운에서 봄 여름 가을 겨울이 오는데

1) 대운에서 춘하추동 계절을 地支로만 보는지요? 아니면 天干도 보는지요?

답변 – 주로 경제적인 활동이나 현실 활동 면에서는 주로 地支를 위주로 한다고 보시면 되고, 天干을 활용할 경우에는 주로 공적인 일이나 조직사회 중심으로 활동할 때 甲乙丙丁을 봄과 여름으로 분류해서 그 속성을 보기도 하는데, 그래도 天干은 六親을 더 많이 쓰고 地支를 더 우선하여 해석의 기준으로 삼는다고 보시면 되겠습니다.

2) 일간을 기준으로 자신이 木이면 木火土金水 순서대로 춘하추동이 되는데 일간이 金이면 比劫계절 金이 春이 되고 食傷계절 水가 夏가 되는지요? 그래서 기준을 比劫계절 春 食傷계절 夏 이렇게 되는지요? 아니면 日干 상관없이 木이 春, 火가 夏 이렇게 되는지요?

답변 – [일간을 기준으로 자신이 木이면 木火土金水 순서대로 춘하추동이 되는데] 이 부분을 어느 부분에서 다루는 부분이 있기는 있는데 그것보다는 운에서 와있는 고유의 대운의 甲乙丙丁 그 자체의 木의 속성을 봄의 속성, 그다음에 地支에 있는 寅卯辰을 木의 속성, 봄의 속성을 조금 더 기준으로 삼는다고 보시면 될 것입니다.

3) 調候 用神, 格局 用神, 身强 身弱 用神 상관없이 누구나 財官의 계절이 가장 좋은 것인지요? 그 사람에게 좋은 대운이란 것이 누구나 財官의 계절인가요? 너무나 궁금합니다.

답변 – 다 그런 것이 아니고 이것은 담론적이고 큰 틀에서 이것은 꼭 명조라는 개념보다도 人間이라고 하는 것입니다. 즉 사주를 보는 것이 아니고, 사주를 보기 전에 남여 구성차이, 에너지 적용의 차이 그 밑에 인간이라고 했잖아요.

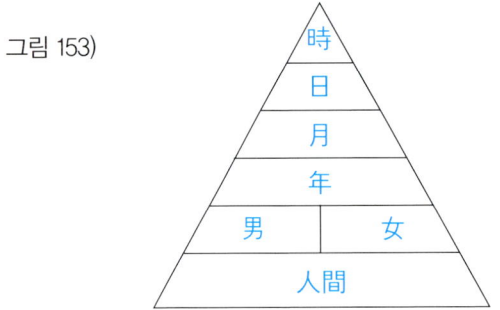

그림 153)

인간은 어떻게 보면 남녀 위에 年月日時가 있으면 인간이라고 하는 존재에서 항상 짝을 지으려고 하는 것이 財官이라고 하는 이런 개념으로 보면 되는 것이죠.

이분은 年月日時에 있는 대운의 변화에서 財와 官대운만을 잘 쓰느냐? 이것을 물어보시는 것이거든요. 그것이 아니고 인간의 삶을 움직이게 하는 것은 財官이라는 것입니다. 그래서 아무리 말을 듣지 않는 언니도 전화 한통화면 됩니다. "언니야! 돈 되는 것 있는데 와볼래?" 하면 바로 옵니다.

그것이 用神이 무엇이고 이런 것이 아니고, 인간이 결국은 동력을 얻게 되는 인자가 財官이니까 무엇을 보라고 했습니까? 명 내의 財官의 구성을 보라고 했잖아요.

명 내의 財官의 구성을 제대로 쓸 수 없는 구성일 때, 운에서 어떻게 財官을 끌어 쓸 수 있느냐? 이런 것을 보라는 큰 시각을 설명하기 위해 제가 인간의 가장 좋은 짝은 財官이라고 하는 것이지 대운이 돌아가면서 오고가는 財官만 잘 쓴다는 개념이 절대로 아니라는 것입니다.

누구나 財官대운에 성공하고 이런 것이 아니거든요.

인간은 누구나 다 財官을 끌어다 쓸 수 있는 조건 또는 환경 속에서 움직인다고 하는 담론적인, 철학적인 기준을 제시한 것입니다.

33. 수강 중 궁금했던 것들

안녕하세요? 저는 여태까지 박청화 선생님의 강의 과목을 수강하고 듣는 사람입니다. 저는 2013년부터 현재까지 홍익원격평생교육원에서 공부하고 있습니다. 출발여행부터 춘하추동, 테마별까지 열심히 했는데 아직도 감이 잡히지 않습니다.

※ 박청화 선생님의 分論에 대하여 질문을 하고 싶습니다.

1. 각자 타고난 팔자에 다 그 分이 있다고 하는데, 그 分은 무엇을 보고 말하는지요, 물론 成格은 빼놓고 雜格을 말하는 겁니다.
(시간, 공간적인 分 난해합니다)――실관 위주로 설명

2. 分論을 해석해 줄 때 문점자에게 설명요법입니다.
(그릇이 안 될 때, 비빔밥일 때, 기타 등등)

3. 처자인연법이 너무 간단히 설명만 되어있습니다. 자세히 강의 좀 부탁드립니다.

답변 – '처자인연법' 이 부분은 이번 강의에서 많이 해소가 되었을 것이라고 봅니다.

이 시각은 상당히 기준을 가질 필요가 있습니다. 그릇의 分 문제인가? 세월의 分 문제인가?

이것은 시각적으로 그 사람에게 일어나는 여러 가지 현상적인 것을 볼 때 이런저런 상황이 벌어졌다고 하면 이것이 그릇에서 간섭했는지, 운에서 간섭했는지? 이것을 분리해서 보려고 하는 그런 시각적인 기준은 자꾸 훈련하면 됩니다.

時	日	月	年	乾命
乙	甲	壬	丙	
亥	辰	辰	辰	

己	戊	丁	丙	乙	甲	癸	大運
亥	戌	酉	申	未	午	巳	

아까 샘플 중에서 이 팔자가 일반적인 직장생활을 하지 않는 것은 六親的인 요소와 官의 不透요소가 같이 깔려있는 것이죠. 그것은 그릇의 分이 되는 것이죠.

원래는 불기운이 드러나면 유통이나 건축인자로도 잘 쓰는데 유통인자를 대운에서 어떻게 쓰고 있죠? 申酉운이 들어오면 유통인자가 약해져 버리는 것이죠. 巳午未가 젊은 날에 지나가 버렸잖아요. 辰을 土로써 활용하기에는 기운이 이미 대운상 꺾여 있잖아요.

　원래 팔자는 유통인데 유통을 하지 않고 다른 부가적인 방법을 쓰는 이유가 무엇입니까? 申은 무엇입니까? 팔자에 官이 없는데 官을 쓰는 것은 전부 다 접객성이라는 뜻이거든요.

　접객성에서 申辰이나 辰酉 이런 것이 어우러져 있는 것이, 물론 기본적인 접객이면서 또는 어떤 것이냐 하면 소위 물 기운을 조장하는 인자들이거든요.

　辰이 巳午未를 지니갈 때 土로 붙들려 있다가 申부디 물 기운으로 바뀐다고 했잖아요. 소위 물과 연관성을 가지는데 팔자 내에 드러나 있는 글자를 재물활동의 근거지로 삼는 것이 연간의 丙이 되잖아요.

　물장사한다는 속성이 발생하는 것이 대체로 음식, 유흥이 되고 뒷날에 가면 임대 이런 쪽으로 가거든요. 그런 것들은 지금 닭 장사를 하고 있는 것은 운에 의한 간섭이죠.

　이 酉운을 넘어서서 戊戌 己亥대운 이런 단계에 들어가면 이 단계는 食神이 入庫를 해버리잖아요. 이것이 음식을 안 다루거든요. 뒤에는 이런 모양이 戊戌 己亥 대운 같은 운을 지나가면 주로 시설임대인데 辰戌 相冲 작용이 생기죠.

　辰戌 相冲 작용이 생기면 옷을 입고 벗고 이런 동작과 관련이 되는 것인데 사람들이 옷을 입고 벗고 하는 것이 무엇입니까? 목욕탕업, 숙박업 이런 모양으로서 시설을 임대하는 이런 쪽으로 넘어가게 되는 것이죠. 무엇의 간섭? 세월의 분수 이렇게 보면 되는 것이죠.

　六親이라든지 그 地支인자, 간섭자 이런 것을 통해서 하는 것인데 그런 것을 이제 상담을 하면서 보고 있어야 되는 것이죠. "팔자의 그릇은 유통이네! 그런데 운에서는 유통이 지나갔네!"

재료를 사와서 파는 것이니까 물론 유통 요소는 있기는 있죠. 그러나 그런 것에는 어떤 접객성 인자, 유흥성 인자 이런 것들이 부가성이 발생하기 때문에 소위 닭장사라는 것이 가지고 와서 물론 가공을 하지만 유통 속성이 상당히 많은 것이죠. 그런 것들을 무엇 때문에 왔구나 하는 것을 두 군데서 찾아보시라는 것이죠. '무엇 때문에 이것을 하고 있구나!'

학생 – 그냥 닭 자체를 손질해서 닭만 유통을 시키는 것하고 그것을 튀겨서 가게에서 판매를 하는 것하고 그것을 어떻게 구분을 합니까?

선생님 – 유통인자가 상당히 간섭하고 있으면서 그런 것을 할 때, 상기 팔자는 원래 유통업이 더 강하잖아요. 유통을 지나와 버렸기 때문에 유통을 약하게 쓰면서, 그다음에 이런 (申, 酉) 접객성으로 바꾸어 써버린다는 것이죠.

학생 – 튀겨서 파는 것입니까?

선생님 – 그렇죠. 그러니까 프랜차이즈 있지 않습니까? 이것이 官星의 간섭이 있으니까 프랜차이즈 닭집을 하고 있는 것이죠. 그것을 누나하고 같이 하다가 누나가 최근에 나에게 넘겨준다고 하는데, 이것을 내가 다 떠안아도 되느냐 안 되느냐? 그런

대로 됩니다.

학생 – 닭만 파는 것은 어떻습니까?

선생님 – 단순한 유통업이죠. 丁酉 이런 구성이 되었을 때는 酉가 財星이잖아요. 유통업인데 실제 닭을 팔 수도 있죠.

時	日	月	年	命
	丁			
	酉	丑		

여기에 食神인자가 간섭이 되어 있으면 뚜렷하게 '닭은 닭인데 먹는 것과 관련성이 있는 닭이구나!' 그렇죠?

時	日	月	年	命
	丁			
	酉	辰		

그다음에 辰이 들어와 있으면 辰이 空亡입니다. 이것은 영업으로 팔아먹는 쇳덩이니까 이것은 액세서리 아니면 보석이구나! 이렇게 추론을 해 나가는 것이죠.

그렇게 추론을 해서 ①②③, 이렇게 하면 다 걸립니다. 운에서 닭 酉자를 훼손하지 않는 한 酉는 유통이 위주가 되겠죠?

時	日	月	年	乾
乙	甲	壬	丙	命
亥	辰	辰	辰	

辰辰辰이 財星, 財星, 財星 이잖아요. 이것은 잡화 유통이거든요. 이것저것 다 팔아먹을 수 있는 잡화유통이 되죠. 乙未대운 끝자락 즈음에는 뭘 했느냐 하면 未가 天殺이잖아요.

뷔페에서 요리한 것이 아니고 뷔페에서 관리인으로서 직장생활을 한 것입니다. 하다가 운이 바뀌면서 丙申대운으로 넘어오면서 직접 프랜차이즈 닭집을 해서 영업은 어지간히 되고 있는데 이 팔자에서 무엇이 아프겠습니까? 가정이 아프겠죠?

언제 결혼을 하느냐 하면 丙戌年에 결혼을 합니다. 丙戌年에 왜 결혼을 하는지 보이죠? 안방 문 열고, 집 떠나고 丙戌年에 결혼을 했다는 것입니다.

丁亥年에 돼지띠 쌍둥이 딸을 낳습니다. 그것도 보이죠? 이 亥라고 하는 것이 雙을 만들잖아요. 그랬다가 辛卯年에 六害가 되죠? 외로움의 별이 왔잖아요. 외로움의 별과 羊刃이 왔습니다. 그래서 드디어 칼을 뺐습니다.

"네 이년! 너하고는 안 살아야겠다."

원래는 일찍 결혼을 하면 喪妻를 할 운명이잖아요. 그래서 먹고 사는 것은 甲戌 지나서 벌써 어디까지 들어왔습니까? 甲午年부터 벌써 亡種이 지났잖아요. 먹고 사는 것은 己丑年 立夏에 장사를 시작하거든요. 그렇게 해서 자리는 잡혀 있는데 가정적으로 힘든 이런 과정을 겪어서 결국은 乙未年에 정리를 했습니다. 乙未年에 어떤 작용이 있습니까?

　天干 劫財 그리고 辰未가 어떤 작용? 비껴나가게 하는 작용이 생기잖아요. 넘어지게 그렇죠? 비껴나가게 만들고 天殺입니다. 그래서 '하늘을 보고 울었노라!' 하게 되는 것이죠. 그러면서 天殺에 부동산도 바꾸고 이사도 '그것 때문에 했노라!' 하는 것이 되는 것이죠. 그래서 그것이 세운에서 일어나는 변화들이죠.

　이런 경우는 점잖게 물어보려고 하면 "가정은 안녕하신가?" 이렇게 물어보는 것이죠. "안녕하지는 않습니다."

　2006년에 결혼을 하든 2009년에 결혼을 하든 그다음에 2003년에 결혼을 할 수 있는 운이 들오는데 그때가 癸未年, 乙酉年~丙戌年, 己丑年에 혼인 운이 들어온다고 하는 것이죠. 丙戌年 결혼을 해서 丁亥年에 아이를 낳았는데 辛卯年에 여러 가지 가성석으로 굴곡을 많이 겪었다는 것입니다.

　술을 자꾸 마시니까 그런 것이죠. 원래 木氣가 세력이 있으면 그렇습니다. 辰이 晩春之氣 잖아요. 晩春之氣니까 木氣가 힘이 있으면 술이 잘 내려가잖아요. 본인도 원인 제공이 있는 것이죠. 이 세상에 여자만 나빠서 그런가요? 자존심을 우리가 터치하기 싫으니까 "술은 조금 조심하시고," 표현을 해주는 것이죠.

　학생 – 딸은 엄마가 데리고 갔습니까?

　선생님 – 동거운이 없잖아요. 辰이 正官 入墓地가 되니까 내 품에서 제대로 육아를 할 수가 없잖아요.

학생 – 일찍 결혼을 하면 喪妻하는 이유는 辰 때문에 그렇습니까?

선생님 – 自刑에 偏財에 白虎大殺이잖아요. 갑자기 마누라가 죽는다니까요. 옛날식으로 20대 초반에 결혼하면 자식을 얻고 얼마 지나지 않아 喪妻를 했다는 것입니다.

갑자기 옆구리가 터졌는데 하여튼 그릇에서 유통이 있어도 운에서 유통인자가 꺾이니까 접객성으로 변색이 되면서 먹는 것을 다루더라는 것입니다.

戌대운 정도까지 가면 운에서 변화를 주니까 결국은 사람들이 옷을 입고 벗는 그런 업종으로 들어갈 것이라고 하는 것입니다. 새 마누라하고 모텔을 경영하든지 할 것입니다.

"선생님, 그러면 음식이 맞는 것입니까? 부동산이 맞는 것입니까? 뭐가 맞는 말입니까?"

"두고 보면 안다. 시끄럽다."

언제 저런 인자들에 의해서 간섭을 받아서 생겨나는 세월의 분수, 그릇의 분수를 시각적으로 떼서 보는 훈련이 필요하다고 하는 것이죠.

34. 천재지변과 사주와의 관계

천재지변과 개인의 사주와는 어떤 관계가 있을까요? 혹 피할 수 있는 방법도 있는지요?

답변 – 이것은 정말로 어려운 문제입니다. 이것은 말 그대로 사회적인 공공의 카르마 karma라고 봐야 되거든요. 이번에도 일본에 지진이 나서 그런 것들은 址(地)胎的인 환경에서 이때는 오히려 터 址자의 개념이 더 가깝지 않습니까? 어떤 물리적인 땅에 머무르느냐에 따라서 결국 그 카르마를 감당하게 되는 것이니까 그렇죠.

물론 옛날에 아시아나 항공에서 떨어졌을 때 살아난 사람하고 시간도 보내보고 밥도 먹어봤다고 했는데 진짜로 三奇가 있어서 그렇기는 한데 그것만 가지고 명리의 인자를 가지고 더 설명을 할 수 있겠느냐 하는 것이죠.

입에 떠올리기는 그렇지만 세월호에 있던 사람들이 그날 일진이 다 더러웠냐면 그것은 아니잖아요? 그래서 보험에 든다는 것 아닙니까? 이것은 사회 전체의 카르마 karma이다. 이런 차원으로 우리가 받아들이고 하시면 될 것 같습니다.

35. 土의 六親的 해석과 五行的 해석

時	日	月	年	乾命
壬	辛	乙	戊	
辰	卯	丑	辰	
傷官	日干	偏財	正印	
正印	偏財	偏印	正印	

癸酉	壬申	辛未	庚午	己巳	戊辰	丁卯	丙寅	大運
71	61	51	41	31	21	11	1	

질문 – 주변 지인분들에게 기회가 있을 때 조금씩 봐 드리고

합니다. 위 명조는 어머니 지인의 자제분입니다. 어떠냐고 물으셨습니다.

"건설, 건축, 장식, 인테리어, 의류, 패션 관련 직업을 가질 것이라고 하였습니다. 20대에 접어들면서 어려운 시기가 다가왔고, 30대 초중반에 계기가 만들어지면서 30대 후반이 되면 나아진다고 하였습니다. 내년부터 5년간 좋은 운이 오니, 자리를 잡는 기회로 삼았으면 좋겠다고 조언해주었습니다."

그랬더니 지인분이 좋아하셨답니다. 자제분을 대형 쇼핑몰 의류 매장에 취직시키려는 참이었고, 당시 면접 대기중이라고 했습니다. 자제분이 관심 있는 것은 요리에 관심이 많다고 했습니다.

"그래서 사회 활동력이 정체가 있는 시기이고, 서서히 나아질 것이니까 너무 걱정하지 말라고 했습니다. 丁酉年이라 직장에 취직하더라도 불만족스러울 것이나 세운의 흐름이 좋은 쪽으로 간다고 했습니다. 그리고 음식을 한다면, 절대로 크게 하지 말고, 적게, 좁게, 그리고 밑에 수하를 많이 두지 않아야 하며, 사람 눈에 띄지 않는 구석, 골목에서 해야 한다. 음식의 종류는 단품으로 가되, 압력을 사용하는 것이어야 한다. 예컨대 찌는 종류의 음식, 그리고 커피처럼 자릿세를 받는 형식으로 가면 좋고, 커피숍이 아니라면 주류도 괜찮은 것 같다고 말해주었습니다. 여기에 덧붙여서 본인이 직접 장사하는 것이 아니라 호텔의 주방장처럼 조리사 자격증을 바탕으로 본인은 일을 하고 돈은 주인에게 받는 형식을 취해야 할 것이라고 말했습니다."

　나중에 자제분의 상황을 전달받았습니다. 회사에서 면접을 통과했으나, 자기가 원하는 곳으로 발령이 나지 않았다고 하여 그만두었고, 하고 싶어 하던 요리도 아직 진전이 없다고 합니다. 그냥 안 하고 있다는 것 같습니다. 현재 몇 개월이 지났고 무엇을 하고 있는지는 모릅니다.

　丑中 癸水가 辰卯辰 주변 글자의 영향을 받아 水로써 제대로 발휘하지 못하고, 대운도 巳대운이니 더욱더 水의 역할을 잃어 버릴 것으로 생각했습니다. 그리고 壬水가 辰에 入庫합니다. 그런데 요리에 관심이 많고 그쪽 일을 하고 싶다고 해서 깜짝 놀랐습니다. 물론 학습, 학업운 편에서 설명하듯이 반가운 인자인 壬水를 좇아서 현실적으로 너니세 발전하시만 긴 시산이 흘러서 인생의 중년, 말년이 되어서 본인이 바라는 것을 이루어 가려는 방향성이 된다고 해석할 수 있습니다.

　여기서 질문하고 싶었던 것은 다음과 같습니다. 壬水는 제쳐두고, 丑土에만 초점을 맞춰 질문을 드리고자 합니다. 보통 土를 설명하실 때, 丑土는 五行的으로 土의 작용력이 거의 없다고 하십니다. 地藏干에 있는 水의 작용력이 餘氣로 들어와 강하다고 합니다. 그러나 직업 관련으로 설명할 때는, 丑土의 육친을 드러난 그대로 사용하여 씁니다. 춘하추동 추편 172쪽에 있는 명조 정도를 제외하고는 거의 丑土의 六親을 드러난 그대로 쓰셨던 것 같습니다. 위의 명조로 말하자면 偏印으로 말입니다. 地藏干에 있는 癸水 食

神으로는 거의 직업설명을 안 하셨던 것 같습니다.

답변 – 이 개념은 五行的으로인데 地藏干과 드러난 자의 관계성인데 실제로 地藏干에서는 癸辛己라고 하는 인자인데, 土의 고유성이 드러난 土는 말 그대로 木火 陽氣를 수렴하고 수렴한 것을 金水로 넘겨주는 것이거든요.

陽의 기운을 수렴해서 陰으로 넘겨주는 것이 五行에서 말하는 土의 고유성을 보여주는 해석이 되는 것입니다. 이것이 진짜 土의 고유성인데 辰戌丑未에서 전부 다 陽의 기운을 수렴해서 陰을 열어주는 것이 아니고 어떤 기운을 '수렴한다. 다시 다른 기운을 열어준다.' 그런 의미의 수렴과 다른 기운과의 어떤 연결, 커넥팅 이런 기능에서는 辰戌丑未가 土의 두 가지 성질 중에서 하나를 감당하고 있는데, 土의 고유성이 丑이나 戌에서는 매우 약해진다는 것입니다.

陽氣를 수렴해서 陰氣로 가는 것이죠. 물론 戌은 土나 火의 기운을 거의 다 닫아줌으로써 역할을 하지만 이미 자기가 申酉戌과 무리 지어 있지 않습니까?

丑은 제일 반대편의 亥子丑과 무리 지어 있기 때문에 五行的인 土로서의 힘은 매우 약하다고 하는 것입니다. 단지 겉으로 드러난 것은 丑이라고 하는 것입니다. 이것이 물상과 비유가 되려는지 모르겠지만, 논에 물을 많이 부으면 논이 물이 되느냐? 흙이 되느냐? 결국은 '물논'이죠. 물을 댄 논이라고 하죠.

원래 六親的 형식은 어차피 이것을 土로서 해석해줄 수 밖에는 없는 것이죠. 논은 논인데 물이 대어진 또는 많은 논이라는 것이죠.

우리가 일단 논이라고는 평가를 해야 되고 土로서의 의미는 취해준다는 것이죠. 해석하고 강약을 볼 때 그때의 土의 성질은 아주 약하다 이렇게 보면 되는 것이죠.

土를 설명할 때 五行的으로는 여기로 들어온 地藏干의 작용을 강하게 판단하여, 부부, 자녀, 부모, 형제 운을 볼 때는 경제적인 힘을 실질적으로 발휘하는 것으로 판단합니다. 그런데 직업운을 판단할 때는 그냥 겉으로 투출되어 드러난 것을 가지고 食神生財냐, 官印相生이냐를 판단하셨는데요. 왜 그런 것인지 무슨 원리가 있는 것인지 궁금합니다.

丑이 편인으로 작용하는게 아니라, 癸인 식신이 작용하는 것인가? 실제로 요리 관련 직업을 갖게 되었다고 한다면, 식상이 투출하지 못하여, 사주의 分을 벗어났기 때문에 좋고 나쁨의 굴곡을 거치면서 살아갈 것이라고 해석해야 하는가? 아니면 丑中 癸가 식신으로도 미약하게 작용하니, 미약하게 한다면 分을 지킨다고 할 수 있는 것인지요?

답변 − 그렇죠. 직업이라고 하는 것은 겉으로 남에게 보여지는 것, 대외적으로 갖추어진 또는 드러난 형식을 말하는 것이니까, 그럴 때 형식상 土로서 六親관계를 형성한다는 것이죠.

단지 五行的인 힘이 있느냐 없느냐 할 때는 土의 힘이 매우 약하다. 다른 辰戌丑未에 비해서입니다. 그러면 다른 인자에 비해서 土의 힘이 없느냐? 하면 그것은 아닙니다. 卯하고 丑하고 했을 때는 丑이 土로서의 성질을 얼마든지 가진다는 뜻이죠.

丑의 해석에서는 丑은 형식이나 대외적으로 자기의 모양을 갖출 때에는 土로서의 형식은 갖춘다는 것입니다. 그런데 내부적으로는 水의 기운이 충분히 분포되어 있는 그런 것으로 해석하실 때 적용을 하면 될 것입니다.

時	日	月	年	乾命	壬	辛	庚	己	戊	丁	丙	大運
壬	辛	乙	戊		申	未	午	巳	辰	卯	寅	
辰	卯	丑	辰		61	51	41	31	21	11	1	

명조적 특성은 어차피 官은 없고, 印星은 年과 時에 다 드러나 있고, 財星을 바라보고 있으면 자격, 교육, 기술 이런 분야로서 직장활동을 일시적으로 하고 자기 사업으로 가는 것이 맞다고 보는 것이죠. 이런 부분이 명조 자체에 드러나 있는 것이죠.

학생 – 아까 巳酉丑생이 외국에 살 경우에 돼지고기를 안 먹으면 무슨 고기를 먹어야 됩니까?

선생님 – 돼지고기를 많이 먹으면 되죠. 그것은 災殺인데?

학생 – 개고기를 구할 수 없을 경우?

선생님 – 개운법 위주로 쓰려고 하면 災殺 위주로 쓸 수 밖에 없는 것이죠. 巳酉丑 생은 주로 돼지고기.

학생 – 먹는 것 중심입니까?

선생님 – 그렇죠. 먹는 것 중심이죠. 저번에 말한 달 鬼三合 말고, 자기 띠를 기준으로 해서 攀鞍殺을 구하기 어려우면 災殺 위주로 해도 좋다 이렇게 보면 되죠.

전생은 이렇게 생각을 하면 됩니다. '어제가 전생이다.'

학생 – 선생님, 잘 살고 계시잖아요.

선생님 – 밥도 제대로 못 먹고 이것이 잘살고 있는 것입니까? 설사 조금 돈을 번다고 칩시다. 누가 쓰는데요? 돈은 쓰는 놈이 임자입니다. 버는 놈이 임자가 아닙니다.

학생 – 지난번에 식도암 환자 이야기 있었지 않습니까? 거기에 辛丑年을 적으면서 바로 "이 정도면 단명인데?"라고 하셨는데 왜 그렇게 말씀을 하셨는지?

時	日	月	年	乾命
辛	癸	壬	辛	
酉	酉	辰	丑	

선생님 – 이 경우에 당연히 食神이 辰중에 깔려 있어도 酉 偏印 중첩, 丑 羊刃 이것만 봐도 수명이 장수 하기가 어렵다고 하는 것이 辛, 酉, 酉, 丑 인자 속에 드러나 있지 않습니까?

학생 – 명조를 다 펼쳐놓고 말씀을 하셨으면 조금 이해가 쉬웠을 것인데 年柱만 적으면서 바로 "단명인데" 하셨으니까 이해가 안 되는 것이죠.

선생님 – 그렇죠. 왜냐하면, 직독직해라고 하지 않았습니까? 辛丑이라고 하는 글자 자체가 원래 생태를 보라는 것입니다. 생태라는 환경에서 보면 辛丑이라고 하는 글자 하나가 사람의 활동영역이 좋은 것이 아니잖아요.

그다음에 壬辰이라고 하는 것이 魁罡이라고 하는 것이 펼쳐져 있어서 에너지의 편중성, 압력 이런 것이 강하게 몰려 있는 것이니까, 年과 月 두 가지만 보고도 辰戌丑未라든지 이런 글자가 중복이 있다고 하는 것은 잡병 즉 병이 뒤섞여서 온다고 하는 것이죠. 그래서 글자를 적으면서 바로 생태적인 환경을 여러분이 생각하시면서 직독직해하는 훈련을 조금 하시면 어느 정도 감명이 됩니다.

팔자를 안 쓰고도 감명이 되어야 합니다. 오늘은 丙辰일이죠? 용날 소를 물으니 용이 하늘이잖아요. 하늘을 만나러 왔다면 그것은 골치 아픈 문제성을 오늘 다룰 일이 생겼다는 것이죠. 골치 아프다고 하는 것이 다루기 어려운 건강, 팔기 어려운 부동산, 그다음에 바꿀 수 없는 가족관계 이런 것입니다.

그래서 그날 명조를 적는 순간에 "이 사람이 오늘 天殺을 만나러 왔으니 결국은 도사님 말을 잘 듣겠구나!" 여기까지 답이 나와 있잖아요. 하늘 같은 존재를 만나러 왔잖아요.

그런 것을 여러분이 훈련을 해보시라는 것이죠. 해보시면 "적을 것도 없다. 바로 이야기를 해주께" 하는데 그렇게 하면 반드시 학술이 아니라 무엇이 와서 본다고 이야기를 한다는 것이죠. 그렇기 때문에 적는 척을 하는 것이죠.

학생 – 지난 시간에 接肉法을 할 때 왜 굳이 偏財의 長生띠를 중심으로 합니까?

선생님 – 偏財의 長生띠를 우선하여 쓴다는 것이에요. 偏財가 長生을 한다는 말은, 長生이라고 하는 말은 '없는 것에서 있는 것으로 넘어서는 것'이잖아요. 그래서 큰돈이 없다가 생겨나게 하는 통로 역할을 해 준다는 말입니다.

辰戌丑未 생은 '偏財의 入庫를 열어주는 者' 이렇게 되겠죠. 그러니까 長生地는 子午卯酉, 寅申巳亥 밖에 없잖아요.

"그러면 재수있는 辰戌丑未는 없나?" 하는데 그런 것이 아니고 辰戌丑未도 偏財를 開庫하는 자인데, 예를 들이시 辛일주가 戌을 만나면 이 戌이 乙의 入庫잖아요. 乙의 入庫를 열어주는 辰生을 만나면 곳간에 문이 잠겨있던 偏財의 인자가 쏟아져 나온다고 하는 것이죠.

학생 – 그것은 아는 데 힘은 祿이 더 낫지 않습니까?

선생님 – 이것도 문을 열자 마자니까 이것도 현금 박치기입니다.

학생 – 그것도 맞는데 偏財의 長生띠를 만나려고 하면 기다려야 되잖아요.

선생님 – 뭐를 기다려요? 長生날에 하라는 것이 아니고 長生띠에 해당하는 사람을 찾아서 손을 꼭 붙들고 있다가 열이 나면 조금 더 가까이 다가가든지 그렇게 하라는 말이죠.

학생 – 기다려야 됩니까?

선생님 – 기다리는 것이 아니라 찾아야죠. 주민등록증 가지고 오라고 해서 찾아야 되는 것이죠.

학생 – 旺地가 더 낫지 않습니까?

선생님 – 旺에 해당하는 띠도 전체적으로 기세를 부팅해주는 이런 개념이고, 그다음에 없는 것을 생겨나게 해주는 개념은 長生띠가 더 많은 작용을 한다는 것입니다. 開庫띠가 더 많은 작용을 한다고 보면 됩니다.

그래서 분명히 그것은 작동합니다. 간접적인 코칭을 통해서 확인해본 것입니다. 그런데 그것을 너무 자주 쓰면 재물이라고 하는 것이 갑자기 단위가 있는 돈을 자꾸 짊어지는 효과가 생기기 때문에 건강에 부담이 생기겠죠. 무엇인가 자꾸 지지부진하고 좋지 못할 때 그때 쓰시라는 것입니다.

36. 개운 방향에 대하여

선생님! 안녕하세요? 강의 내용 중에서 가게를 할 때 地殺방향은 출입구가 나 있어야 좋다고 하셨는데, 만일 가게 명의를 부인이나 처형 명의로 하고 운영을 남편이 한다면, 남편기준으로 방향을 잡는 건지 아니면 명의자 기준으로 잡는 건지 궁금합니다.

답변 – 애석하게도 운세에서는 대통령 중심제입니다. 대통령 중심이기 때문에 당연히 이 경우에서는 남편을 기준으로 해서 유리한 방향을 정하는 것이 맞는데, 만약 부인이 이것을 주로 관리를 할 때 남편이 가담하거나 조금이라도 거든다고 하면 그 때도 남편을 기준으로 합니다.

언제든지 남편이 있는 경우 부부관계의 속에 있을 때 남편을 기준으로 하는 것을 우선으로 하되, 완전히 별도로 남편의 간섭이 전혀 없는 그런 환경 속에 있을 때는 본인 위주로 보면 됩니다.

남편은 직장의 일 때문에 전 세계에 돌아다니고 있다. 그리고 부인이 별도로 일을 하고 있을 때는 부인을 기준으로 삼는 것이 더 많이 작동하더라 하는 것이죠.

자주는 아니라도 남편이 문짝이라도 한 번씩 열고 닫고 발로 차고 하면 남편의 기운을 더 많이 받더라고 하는 것이죠.

학생 – 명의는 와이프 이름으로 되어 있어도 남편이 거들면 남편의 운이 간섭한다는 것이죠?

선생님 – 그렇죠. 남편을 기준으로 하는 것이죠.

학생 – 남편이 亥卯未생입니다. 그 사람들이 일식집을 하면 申子辰이 攀鞍이니까 생선을 팔아도 되는데 일식집은 치킨 데리야끼 같은 것이 나가잖아요.

선생님 – 부분으로 조금 나가는 것은 상관이 없고 메인메뉴를 맞추면 됩니다. 그것은 생선장사라고 봐야 되는 것이죠. 만약에 남편이 亥卯未생에 생선류를 다루는 것이 잘 맞는데 부인이 申子辰생이라고 하면 그러면 돈은 버는데 부인이 아픕니다.

학생 – 부인이 아파요?

선생님 – 그렇죠. 자기 동족을 팔아서 돈을 벌고 있기 때문에 그렇습니다.

학생 – 안 아프면?

선생님 – 헤어지는 경우도 간혹 볼 수 있습니다. 보통 몸이 아픈 경우가 더 많습니다.

그런 것을 보면 안쓰럽습니다. 亥卯未생 남편에 申子辰생 부인이 생선장사를 하고 있다면 장사는 어지간히 됩니다. 장사는 잘되는데 마누라가 내도록 치다꺼리를 하고 매번 고생하고 있는 것이죠.

그렇게 해서 돈 좀 벌었다고 할 때쯤 되면 마누라는 병이 들고 亥卯未생 남편은 옆집에 괜찮은 여인들이 보이기 시작을 하면서 갈등이 만들어지더라는 것입니다.

학생 – 하라고 할 수도 없고 안 하라고 할 수도 없고…

선생님 – 그렇다고 안 할 수도 없지 않습니까? 그러면 두 사람 사이에 안 겹치는 것이 있지 않습니까? 안 겹치는 것이 災殺이 되지 않습니까? 닭고기 소고기를 다루면 두 사람이 다 將星그룹이나 天殺 그룹을 피하잖아요.

학생 – 야채 장사 이런 것은 어떻게 됩니까?

선생님 – 그것도 亥卯未로 보면 됩니다. 亥卯未라고 하는 자체가 木의 운동성을 열었다 닫았다 하는 것이 되는데, 보통 식물의 가공, 채소의 가공 이런 것으로 보는 것이니까 亥卯未를 다루는 것은 무리로 보면 되죠.

학생 – 그러면 닭고기보다는 장사가 안될 수도 있겠네요.

선생님 – 바꿔서 하면 됩니다.

보통 攀鞍殺그룹은 장사가 바로 되는 것이 아니고 천천히 기반을 다지는 이런 속성이 제일 많습니다. 그래도 그것을 다루어서 무탈하고 재정적인 기반을 제일 원만하게 이룬다고 이렇게 보시면 되거든요.

37. 旺者喜泄에 대해서

時	日	月	年	命
戊	己	甲	丙	
辰	酉	午	午	

사주 명조에 있는 旺者를 泄氣하는 운에 대발한다고 합니다. 그런데 '춘하추동 신사주학 추편 357쪽'에 있는 위 명조에 대한 설명에서는 다음과 같이 설명되어있습니다. 金運에는 작게 쓰고, 水運에 와서야 크게 쓴다.

질문 1 : 왜 金운에 작게 쓴다는 겁니까? 旺者를 조절하는 인자가 甲, 酉가 있는데, 金운에 甲이 絶地 胎地에 들어가니, 가을에는 旺者를 조절하는 인자 하나는 잘 쓰고, 하나는 잘 못쓰니 좋고 나쁨이 교차하기 때문에 작게 쓴다는 것입니까?
아니면 사주원국에 食神만 드러나 있고, 財星이 숨었으니, 金運에 기술, 생산 관련 일을 하면 일 자체는 잘되는데, 여러 가지 일, 외적인 요소에서 財星 癸水가 病地 死地에 들어가니 재물을 쪼개는 일이 생겨 돈이 모이지 않기 때문에 그런 것입니까?
戊대운에 辰을 冲하여 癸水를 쓸 수 있으니 이때부터 크게 쓸 수 있는 것입니까? 아니면, 午가 申을 隔角하고, 酉에 長生하여 세력이 있어서 火剋金의 요소로 적게 써먹는다는 뜻입니까?

답변 – 대략 기준점을 잘 잡고 계시기는 한 것 같은데, 상대적으로 金運과 水運을 비교하면 이렇습니다.

이것을 病藥法에 의해서 본다면 고전식 해석이기는 하지만 病藥 用神으로 쓴다면 이 경우에는 病이 일종의 火가 먼저 되는 것이므로, 病을 제거하는 인자로서 水가 조금 더 잘 쓰인다고 보는 것이죠.

病藥論으로 보면 조금 더 쉽게 이런 논리의 해석이 쉽게 될 것 같다고 하는 것이죠.

물론 金運은 작은 것을 이루게 해주는 속성으로서 작용은 하는데 결국은 金水가 무리 지어서 陰의 기운을 보완해주고 있죠. 그렇지만 金運만 가지고는 보완성을 주는 것에는 한계가 있겠죠?

여기 있는 내용으로도 그렇게 이해를 해도 크게 무리는 없습니다. 무리는 없는데 水運에 내비해서 金運이 작세 쓰인나는 것이죠. 기운의 소통 또는 病의 제거 이런 측면에서 상대적으로 제한적이라는 것입니다. 金과 水의 운을 비교했을 때를 그렇게 이해를 하시면 될 것 같습니다.

질문 2: 위 명조에서 午 偏印을 무기로 사용해서, 偏印관련 직업을 가져도 성공 번영할 수 있는 것입니까?

사주 명조에 있는 旺者를 格으로 삼고, 무기로 삼는다는 말이 있습니다. 위 명조에서 酉는 旺者喜泄 인자가 되고, 午는 세력이 강하니 旺者로써 무기로 삼아 酉, 午 둘 다 성공 번영의 인자로 삼을 수 있습니까?

戊己일주는 假傷官格에 해당할 때, 印星이 강하더라도 12운성으로 比劫도 또한 강해지기 때문에 火 印星이 강한 것을 종종 보게 됩니다. 그런데 火는 金을 극합니다. 剋을 하지만, 長生해주는 역할도 하니, 처음에 힘들어서 酉를 괴롭게 잘 못 쓰거나, 결국 나중에는 쓰게 된다고 이렇게 해석할 수 있는 것입니까?

답변 – 이분도 엄청나게 머리를 많이 써서 논리적인 접근을 해보시는 것이네요.

偏印을 무기로 쓴다고 하는 것이 喜忌論的인 논리를 너무 강조하지 않으면 偏印星이라고 하는 것이 소위 기술이라든지 전문성을 가지는 그런 인자로서 충분히 직업적 연결이 되는 것이죠.

喜忌論이 자꾸 끼어들어서 그렇기는 한데 저 偏印을 쓴다는 것 자체가 돌산에서 돌을 깎아서 판다. 훨씬 수월하잖아요. 그 다음에 우물에서 물을 판다는 것은 훨씬 수월하잖아요.

그런데 그것을 자꾸 喜忌論을 넣어서 해석하는 습관이 생기면 그러면 이것이 忌神이 아닌가? 이런 식의 해석을 하는데 그럴 필요가 전혀 없다고 보시면 됩니다.

그래서 이 경우에는 偏印이 旺하고 官星이 무력해서 일반적인 조직사회 중심으로 오래 번영하기에는 어렵다고 하는 것이죠. 偏印을 활용하는 분야 중에서 직업적인 성공이 기본적으로 가능하고 세월이 흐르면 재물에 관한 어떤 유익한 흐름이 오느냐? 운이 오느냐? 이런 것을 따져보면 되는 것이죠.

이분은 五行論的으로 많이 구조화를 하려고 하는 그런 측면에서 해석을 붙이려고 하다 보니까, 五行논리가 조금 장황해진 측면이 있는 것이죠.

酉金을 나중에 쓰기는 씁니다. 뒷날에 酉金을 돕는 운을 만나면 酉金의 기운도 팔자에 있는 것은 하나의 도구나 수단으로서 활용된다고 보시면 됩니다.

저런 경우에 두 가지를 팔자의 해석에 붙일 수도 있겠죠? 偏印이라고 하는 것이 기본적으로 가공이나 기술적인 요소 이런 것으로 본다면 그것이 무엇과 관련해서? 식품 또는 금속과 관련을 하라는 뜻이 되는 것이죠.

酉가 무엇이냐 하면 소재가 될 수도 있고 五行的인 측면에서 해석을 붙일 수도 있겠죠. 남자들은 부가가치가 높은 기술 이런 것들을 실제로 많이 하기는 합니다.

時	日	月	年	乾命
辛	庚	戊	辛	
巳	申	戌	酉	

'춘하추동 신사주학 夏편 312쪽'에 나오는 명조입니다. 申中 壬水가 旺者喜泄 요소가 되어서 水운에 대발하는데, 밭론에서 사실상 어떤 운이 오더라도 저 壬水를 써먹을 수 있고, 써먹기만 하면 경제적인 번영의 인자가 된다고 설명합니다.

時	日	月	年	乾命	乙	丙	丁	戊	己	庚	辛	大運
己	乙	壬	癸		卯	辰	巳	午	未	申	酉	
卯	未	戌	卯									

그런데 바로 위에 있는 명조는 '직업운 44쪽'에 나옵니다. 이 명조에 대한 설명은 다음과 같습니다. 旺者喜泄하는 운에 食傷이 地藏干에 숨어있으니 절대로 수하를 많이 두거나, 직접적으로 참여하여 제조, 생산에 나서면 문제가 생길 수 있다고 나옵니다. 따라서 OEM을 하거나, 지분의 일부를 차지하는 형식을 취하거나, 빌리거나, 좁게, 적은 규모로 해야 잘 쓸 수 있다고 합니다.

답변 – 이것은 旺者喜泄이 아닌데 그렇죠? 乙木이 年과 時에 祿을 세움으로써 身旺의 조건을 가지고 있기는 하지만 계절적으로 戌月의 기본 작용을 가지고 있기 때문에 旺者라고만 하기에는 한계가 있습니다. 어찌 되었든 強弱論에서 보면 旺者에 속한다고 보면 되기는 합니다.

질문 3 : 춘하추동 하편 312쪽에 나온 명조는 밭론에 의해서 地藏干에 있지만, 굉장히 큰 것이기에 조건부로 제한적으로 쓸 필요가 없다는 것입니까?

직업운 44쪽의 명조도 木이 세력이 있고, 未속에 丁火가 餘氣로 들어와서 튼튼히 작용하리라 생각합니다만 戌의 인자로 인해서, 乙이 入庫하고, 火가 入庫하기 때문에 그런 것인지 모르겠습니다. 아니면, 하편 312쪽에 나온 명조도 밭론에 의해서 地藏干에 있지만, 굉장히 크더라도, 투출되어 드러나지 않았으므로 제한적으로 사용한다는 것입니까? 책에서는 해외에서 또는 親水환경에서 제조 생산에 참여하기 시작한다고 나옵니다.

답변 – 이 경우에는 金이 5개나 있잖아요.

時	日	月	年	命
辛	庚	戊	辛	
巳	申	戌	酉	

 水의 바탕이 될 수 있는 金이 여러 개 있기 때문에 그렇기는 한데, 이 경우에는 水의 투출이 없기 때문에 시간에 따라서 크게 썼다가 그 조건이 없어지면 크게 줄어들어 버리는 그런 작용이 당연히 투출인자에 의해서 그 여부가 발생한다고 보면 되고, 그 밑에도 당연히 투출이 되어 있지 않기 때문에 작게 하는 것이 좋다는 뜻이죠.
 투출이 없다고 하는 것이 이 경우에는 五行的으로는 金의 작용이 크지만, 水의 투출이 없다는 것이 질문이 되는 것으로 보이네요.
 그다음 질문이 엮여서 있네요. 〈〈직업운 44쪽의 명조도 戌의 인자에 의해서 乙이 入庫를 하고〉〉라고 질문이 되어 있는데, 질문의 구조를 이해하기 조금 난해하네요.

 어찌 되었든 둘 다 食傷이 드러나지 못했기 때문에 여러 가지 외부적인 운의 변화나 조건에 의해서 차이가 많이 발생을 하는데 다 그렇게 설명 자체는 그렇게 되어 있는데, 庚申일의 壬水는 長生地에 앉아 있죠?
 그래서 五行的인 세력이 강한 그런 어떤 조건에 해당하기 때문에 운에서 오면 크게 써먹는 효과가 발생한다고 보면 되겠죠?

학생 – 地藏干 안에 아예 없는 것은 어떻게 당겨서 쓸 수가 있습니까?

선생님 – 그것은 빌려서 쓰는 것이죠.

학생 – 어떻게 빌려 쓴다는 것입니까?

선생님 – 빌려 쓴다는 말이 말 그대로 임대를 해서 쓴다든지 계약에 의해서 쓴다든지 자기가 만들어서 납품해 달라, 그런 운이 왔을 때 자기 자체로 만들 수 있는 에너지나 패턴이 없으면 OEM을 주는 것이죠. 그것을 만들어 달라는 곳에다가 만들어 달라고 해서 그다음에 내 이름을 붙여서 납품하는 것입니다. 그런 방식으로 쓰는 것이죠.

학생 – 내 물건을 못 팔고 남의 물건을 팔 수 있다는 것입니까?

선생님 – 그것이 아니고 무슨 산업구조를 설명하게 되는데 큰 대기업이 있으면 대기업 밑에 등록업체가 있지 않습니까? 1차적으로 대기업과 다이렉트 계약이 된 경우에 1차 밴드라고 하지 않습니까?
　1차 밴드업체 밑에는 새끼 밴드업체들이 있겠죠? 이것은 2차 밴드업체가 되겠죠.

나에게 이런 1차 밴드를 할 수 있는 권리가 왔는데 나에게는 제조라고 하는 인자가 팔자에는 약하다고 합시다. 그러면 2차 밴드업체에서 만들어서 나의 이름으로 나가는 것이죠. 브랜드만 내 이름이 나가는 것이죠.

실제로 대기업도 자기 브랜드를 쓰지만, 자기들이 다 만드는 것이 아니잖아요. 자기 브랜드를 파는 것이 주 위주죠. 이런 밴드업체로부터 받아서 대기업 브랜드를 붙여달라고 하면 붙여가고, 필요가 없다고 하면 내 이름을 붙이는 것이고 이것은 결국은 내가 OEM을 줘서 하는 것이니까 어떻게 보면 가짜 제조업이죠.

그런데 그런 가짜 제조업이 많다는 것입니다. 실제로 보면 이런 1차 중에도 페이퍼컴퍼니 같은 것이 많거든요. 종이로 법인을 만들어 놓고 물건은 다른 곳에서 다 만드는 것이죠.

이것이 멀티로 되는 경우도 있습니다. 어느 업체는 밴드 ⓐ업체에도 넣고 ⓑ업체에도 넣는 것이죠. 밴드 업체는 다른 업체로 구분되어 있는데 ⓐⓑ 업체에 다 넣어 주는 것이죠. 그런 성격의 제조업도 있거든요.

제가 이런 산업적 제조의 구조를 하는 것은 아니니까 그렇기는 한데 이런 성격의 구조를 아시겠죠? 그래서 누구의 이름을 붙이는 것이냐? 하는 것인데 제일 복장 편한 것이 페이퍼로 회사를 만들어놓죠. 옛날에 건설에 그런 것 많았었거든요.

건설에 ㅇㅇ건설이라고 해서 국가의 프로젝트 같은 것을 따잖아요. 그러면 1조 단위 공사라고 하면 이것을 자기 직원을 데리고 했겠습니까? 밑의 밴드업체를 주잖아요. 그러면 진짜 진성밴드가 있고 가짜밴드가 있거든요. 가짜 밴드는 무엇을 위한 것이냐 하면 2차 밴드로 건설하는 사람이 많이 있으니까 "내가 100억이 배당되었는데 너희 86억 받고 할래? 말래?"

그러면 1차 밴드는 가만히 앉아서 14억이 남잖아요. 그러면 지금은 어떤지 모르지만, 대기업에 다시 비자금으로 7~8억을 다시 얹어주는 것입니다.

종이만 있는 회사 컴퍼니인 것이죠. 사무실에 가보면 아무것도 없습니다. 전화를 받는 사람 한 사람, 사장 둘이서 앉아 있다는 것입니다. 그런데 매출은 100억, 1,000억 이렇게 한다는 것이죠. 말 그대로 가짜 밴드죠. 가짜밴드를 만들어서 비자금을 조성하기 위해서 이렇게 하는 것이죠.

그러면 7억~8억은 어디로 가느냐? 자기가 다 쓰느냐? 그것이 아니고 위에 그런 힘을 가진 분들에게 또 올라가잖아요. 이런 구조화가 있는 것이죠. 그런데 그것도 이런 운이 와 있으면 하는 것입니다.

팔자에 드러나지 못했다는 것은 제한적이다 이렇게 보시면 되고, 長生地에 앉은 것과 그다음에 餘氣가 넘어와 있는 것과는 힘의 차이가 분명히 있다는 이런 정도로 정리를 해두시면 될 것 같습니다.

38. 명조분석!

1.

時	日	月	年	坤命 52
庚	丙	癸	丙	
寅	申	巳	午	

丙	丁	戊	己	庚	辛	壬	大運
戌	亥	子	丑	寅	卯	辰	
70	60	50	40	30	20	10	

불우한 가정에서 태어나 이 가정을 벗어나고픈 생각으로 고등학교 졸업 후 일찍이 乙巳생 남편 만나서 살다가 남편이 40대 중반쯤에 酉띠 여자랑 바람나서 가버리고, 자식은 庚午생 딸과 丙子생 아들이 있습니다.

남편한테 의지하고 살다가 남편이 가버리니 먹고 살아야 하는데 케셔cashier로 살아온 것이 전부니 배운 것이 도둑질이라고, 지금도 케셔 cashier로 일하지만 이마저도 나이가 점점 드니 자리에 대한 위협도 받고 겨우겨우 생계를 이어가는 수준이다 보니 어렵고 힘들어합니다. 자식들도 그다지 형편에 도움을 주지 못하는 처지입니다.

최소한 먹고는 살게 해주어야 할 것 같은데? 어떤 방향의 직업이 좋아 보이는지요? 앞으로 노후 대책은 어떤 식으로 준비하는 것이 현명한 방법이며 자식하고의 관계도 어떤 식으로 대처하는 것이 서로 간에 좋은 방법인지 궁금합니다?

답변 – 食傷이 투출되지 못했죠? 이 팔자에서는 당연히 比劫의 重重인데 이 팔자의 최고의 약점이 食傷의 不透라고 보는 것이죠.

食傷이 투출하지 못하였다고 하는 것은 정말로 시집을 가서 자식을 못 두는 경우도 있지만, 결국은 官星을 붙들어 매어둘 수 있는 중요한 틀이라든지 수단 이런 것이 약하다고 보는 것이죠.

심하게 보는 사람은 이렇게 표현을 하는데 "食傷이 없는 사람도 과부다." 이렇게 보거든요. 官星이 없는 사람만 과부로 보는 것이 아니고 食傷이 없는 사람은 무조건 과부로 보는데 그냥 과부도 아니고 무조건 과부로 보는 사람도 있습니다.

'춘하추동 신사주학'에 보면 官은 食傷이 있어야 되고, 財는 印星이 있어야 된다고 하는 그 이야기 기억을 하시죠? 官은 食傷이 있어야 떠나지 않고 財는 印星이 있어야 떠나지 않는다는 것이죠. 그것은 서로 짝이 되어 균형을 이루는 자가 되니 財를 볼 때는 반드시 印星을 보고 官을 볼 때는 반드시 食傷을 보라는 것입니다.

그런데 어찌 되었든 운의 흐름에서 결혼을 해서 자식 인연이 왔는데 자식하고도 동거 기운이 오래 지속이 됩니까, 안 됩니까? 안 된다는 것이 기본적으로 답이 되겠죠?

먹고사는 문제는 어차피 官星이 無勢 즉 세력이 없잖아요. 그다음에 印星이 있다고 해도 官과 印星의 소통이 매끄럽지 못하고 주로 사용하는 자가 偏財이지 않습니까?

偏財는 결국은 재화의 유통에 관련된 분야로서 자기 직업으로 삼는다는 것인데 주로 제일 많은 것이 유통분야입니다. 그다음에 운의 간섭에서 보면 亥子丑으로 들어가죠.

戌의 작용력이라고 하는 것이 관직이나 직장의 운을 좋게 해주는 작용보다는 저런 모양일 때는 주로 사람을 많이 접하는 접객성 요소로 가는 것이죠.

접객성 요소와 偏財의 요소를 어우러지게 본다면 이런 경우에 기호식품 유통 이런 것도 괜찮죠. 커피, 술, 아이스크림, 빵 이런 것들에 관한 유통업이나 일반적인 재화의 유통 중심으로 가는 것이 좋습니다.

물론 이것이 寅申 相冲이나 寅巳 刑이 있으면 기능성을 가진 것, 의료성을 가진 것 이런 것들이 되니까 건강식품이라든지 여러 가지가 있겠죠. 刑의 간섭은 어느 정도 있는 것으로 보고 유통업을 하는 것이 좋다는 뜻입니다.

亥子丑 운에 남자의 덕을 어떻게든 보고 싶다면 이런 경우에도 여러 남자를 자꾸 만나서 관계성을 가져보는 것도 방법이 됩니다. 그중에서 어느 오빠가 나를 좋다고 할지 모르거든요. 나이는 부담스러운 나이지만 그래도 여자는 승부수가 남자입니다.

학생 – 관계의 깊이가 어느 정도 되어야 되어야 됩니까?

선생님 – 일단 "오빠 느낌 어때?" 하는데 즉 관계성이라고 하는 것이 거의 애인 관계까지 가서 발전하는 것이 되는 것이니까, 거기서 일단은 官이 약하면 官과의 매칭을 만드는 과정에서 官星을 채우는 효과가 생기거든요. 그런 것을 통해서 官氣를 취하는 개운법은 개운법이죠.

官이 약하면 포기하고 사느냐? 그것이 소모적인 것을 줄이는 방법은 되지만 기회를 얻는 것에는 그것이 안 되는 것이죠. 기회를 얻는 것에는 오히려 자꾸 만나 버려야 그중에서 매칭되는 사람과 인연이 메이크업이 되는 것이죠.

학생 – 亥子丑에는 잘 만나지죠?

선생님 – 그렇죠. 亥子丑에는 징그러운 남자들이 많이 들어오는데 그 징그러운 남자 중에서 한 둘이는 매치가 되게 되어 있거든요. 그래서 그 사람과 관계성을 유지하면서 장사나 사업을 해 나가는 것이 수월한 것이죠.

결국은 남편은 왜 잘 안 되느냐 하면 아까 食傷의 조화가 없다고 했잖아요. 食神이 官星을 제어하고 붙들어 매는 작용을 하는데 그 붙들어 매고 제어하는 힘이 없어서 남편을 안정적으로 이끌어가기는 어렵다는 것입니다.

남편하고 남자하고는 다르다고 하는 것이죠. 남편은 1-동거, 2-잔치 즉 잔치를 한다는 말은 무슨 말입니까? 주변의 사람들이 그 사람과 짝이라고 하는 것을 알리는 것입니다. 3-신고를 하는 것이죠. 법적으로 신고되어 있는 것이죠. 동거, 잔치, 신고 이 중에서 한 개만 없어도 남자로 보는 것입니다.

잔치도 하고 혼인신고도 했는데 떨어져 산다면 남편 덕에서 남자 덕으로 떨어진 것이죠. 그다음에 동거도 했고 혼인신고도 했지만, 주변에 알리지 않았다. 그것도 남편 덕을 보는 것이 아니라 남자 덕을 보는 것이라고 보는 것이죠.

근래에는 돈을 잘 가져다주고 한집에 안 살면 훨씬 좋다고 하는 분들도 있는데 남편 덕을 입는다는 것은 금전, 애정, 동거 이 세 가지가 충족되어 있는 상태라고 하는 것이죠.

그래서 일정수준의 경제적인 역할, 두 사람의 관계성이 애정적으로는 어느 정도 유지되고 있는 것, 동거는 한집에 사는 것인데 이 중에 하나만 빠져도 이것은 남편 덕이 아니라 남자 덕을 보는 수준에 머무른 것으로 보는 것이죠.

예를 들어서 애정적인 덕을 보지 않고 그 사람하고 잘 지내는 어떤 장사판 같은 것 있지 않습니까? 나에게 재물은 자꾸 가져다주는데 애정적인 관계성은 없다는 것은 남자 덕을 보는 것이라는 것이죠.

학생 – 운에서 올 때에 正官대운하고 偏官대운하고 똑같이 남자로 보면 됩니까?

선생님 – 묶어서 남자로 보면 됩니다. 그 남자 중에 남편과 근사한 사람이 출현할 수 있다고 이렇게 보면 됩니다.

학생 – 보통 10년이면 남편으로서의 역할이 되는 것 아닙니까?

선생님 – 글쎄요. 그것이 명조마다 다르니까요.

학생 – 채용이라고 봤을 때 채용이라도 10년 동안 한시적으로 남편으로서 살 수 있지 않을까요?

선생님 – 명조마다 다릅니다. 결국은 食傷의 중요함을 계속 놓치고 있는 것이죠. 그래서 官星이 왔을 때 食傷자체가 노출되지 않은 사람은 그냥 좋은 직장으로만 正官을 많이 쓴다는 것이죠.

학생 – 亥子丑이 아무리 官대운이어도 丑대운에 그 여자가 남자 덕을 볼 수 있을까요?

선생님 – 남편 덕이 아니고 남자 덕 정도로서 입을 수 있다는 것이죠. 그러니까 돈만 주는 남자. 그것이 손님이잖아요. 그러니까 사랑까지 줄 필요가 없다는 것입니다.

학생 – 天干에 食傷이 있다고 하면?

선생님 – 天干의 食傷이라고 하는 것이 결국은 자기가 남에게 가르치는 행위를 하든지 먹는 것을 다루든지 이런 것의 간섭이 있다고 보는 것이죠.

1.

時	日	月	年	坤命 52
庚	丙	癸	丙	
寅	申	巳	午	

丙	丁	戊	己	庚	辛	壬	大運
戌	亥	子	丑	寅	卯	辰	
70	60	50	40	30	20	10	

학생 – 여자가 만약에 壬일간이라고 하면 지금 이것은 丙일간에서 子丑으로 가니까 여자가 陰대운으로 가니까 기복이 좀 있을 수 있다고 보지만,,,

선생님 – 기복이 있다라기 보다는 고생을 하는 것이죠.

학생 – 여자가 만약에 壬寅일간이면 운에서 午未로 가면 고생을 덜 하는 쪽으로 가는 것으로 보면 됩니까?

선생님 – 그것은 陽대운, 陰대운 이야기니까 그렇죠. 壬일간이든 무엇이든 午未대운에 남자 덕을 볼 일이 많다는 것입니다. 壬이든, 癸든, 甲이든, 乙이든, 庚이든 丁이든,,,,

학생 – 壬일주가 되면 午未대운이 正官이 되지 않습니까?

선생님 - 그것은 六親의 논리를 강조하니까 그렇죠. 그냥 午未는 甲乙丙丁戊己庚辛壬癸 어떤 일주든 상관이 없습니다. 그러니까 제가 앞에 표를 만들어서 거듭해서 설명했는데 기억이 안 나십니까?

그림 154)

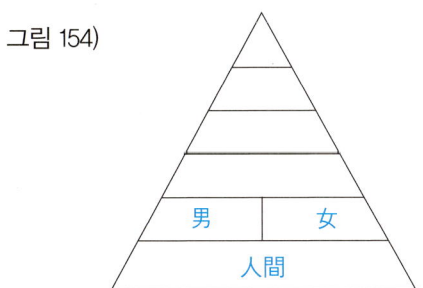

이것은 남자이기 때문에 걸리는 것, 여자이기 때문에 걸리는 것, 인간이기 때문에 걸리는 것을 자꾸 六親으로 끌고 와서 억시로 믹스를 하려고 할 필요가 없다는 것입니다.

자꾸 六親이 상기 그림의 '남/여', 人間으로 내려가면 안 된다는 것입니다. 이해가 됩니까? 작용의 범주를 염두에 두어야 됩니다.

오늘도 역학 공부를 한 분이 찾아오셔서 "선생님!" 하면서 엄청 진지한 질문을 하는데 "그것은 설명하기 복잡하다." 설명했는데 그분이 질문하는 것입니다.

"六親에서 偏財하고 傷官이 있는데 왜 이때 이런 일이 일어나요?"

"그게 아니고 五行으로만 해석하지 말고, 六親으로 해석을 하지 말고 여기에 토끼 卯자가 있지 않습니까? 그러면 토끼 卯자의 작용을 그대로 연결을 해보라!"

"그렇게 안 배웠는데요."

10干이라고 하는 것 자체가 10行을 의미합니다. 12地支라고 하는 것은 12行이잖아요. 그리고 이것을 조합해서 60行을 만들어 놓았습니다. 60行을 가지고 아주 클래시파이 classify를 해서 정밀하게 나누어 놓은 것을 왜 다시 五行으로 뭉쳐놓느냐 하는 것입니다.

상기 그림에서 六親과 人間, 남녀를 넘나들면서 적용하는 범주 기준에 여기 정도는 제일 전제하고 이 글을 읽었으면 좋겠다고 해서 춘하추동 신사주학 앞부분에 머리말만 48페이지입니다.

실제로는 머리말만 500페이지였습니다. 머리말만 500페이지를 적고 나니까 더 책을 만들 수가 없더라는 것입니다. 그래서 추리로 빼고 해서 일러두기 형식으로 해서 제일 간단하게 이것은 전제를 하고 가야 될 것들을 앞부분에 정리해 놓은 것이죠.

학생 – 공부를 하신 분들이 70%까지는 맞는데 30%는 그것을 풀지를 못해서 고민하거든요. 그래서 30%를 이렇게 저렇게 해보는데 선생님은 이 30%를 어디에서 잡아내십니까?

선생님 – 기본적으로 저번에 강의했었습니다. 一因一果 기억이 나십니까? 그리고 多因一果, 一因多果, 多因多果 그다음에 相關關係가 되는데 一因一果, 多因一果, 一因多果, 多因多果 이것은 주로 因果性으로 찾는 것이고, 자연의 법칙은 因果性이 있으니까 因果性으로 찾는 것이고 相關關係와는 또 어떻게 다르냐?

因果性과 相關性은 다르죠. 因果性은 아무리 실타래가 꼬여있어도 하나의 출발점이 한쪽 끝점하고 원인과 결과로 이어져 있는 경우에 因果性이 됩니다.

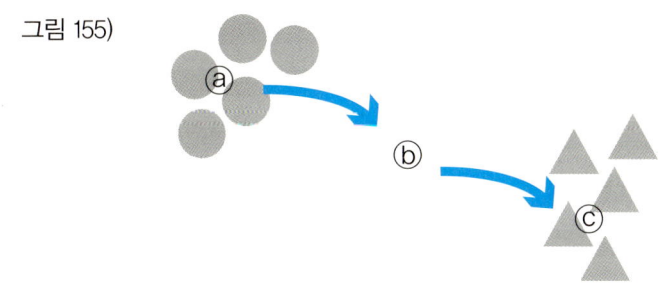

그림 155)

相關關係는 어느 것이 영향을 주어서 여기에서 반응을 주어서 결과가 나왔다. ⓐ ⓑ와 ⓒ도 또 서로 因果性이지만 멀티 프로세스가 만들어져 있잖아요. 이것이 또 相關關係잖아요. 동그라미를 던지니까 삼각형이 튀어나오는 것은 相關關係가 되는 것이죠.

그래서 우리가 팔자를 바라볼 때도 이 사람이 몇 년도에 이혼해서 헤어졌다고 하는 이것은 "그때 보니까 日支를 沖하고 있네? 傷官이 왔네!" 그렇게 해석을 하려고 하는 것이 一因一果식 해석이잖아요.

그해에 와있는 六親, 神殺, 여러 가지 작용만 가지고 이혼을 설명하려고 한다는 것입니다. 설명은 되지만 설명을 하지 말라는 것입니다.

설명과 이해는 다르다는 것입니다. 자꾸 설명하는 식의 논리로서 갈무리해버리게 되는 이유가 자꾸 一因一果식의 해석을 붙여서 답을 자꾸 구하려고 하는 것이라는 겁니다.

그런데 실제로 이혼은 多因一果라고 하는 것입니다. 그러니까 이미 그전부터 누적된 수많은 원인이 있지 않습니까? 그러니까 이 친구가 잘 다니던 직장을 때려치우고 나와서 사업을 해서 내 지갑을 거덜을 내었다는 것입니다. 그런 것은 多因一果 즉 여러 가지 원인!

그다음에 나만 헤어지게 되어 있어요? 상대방도 헤어지게 되어 있습니까? 상대방도 헤어지게 되는 수많은 원인들이 누적이 있겠죠? 그다음에 하나의 결과로서 이혼이 일어나게 된 것이라는 것입니다.

그래서 이것이 多因으로 일어난 결과를 자꾸 一因으로 몰고 나가려고 하는 것 즉 이런 것들이 운명학적인 통계요소가 되었든 또는 이론의 정리요소가 되었든 그런 것을 할 때 굉장히 사람이 많이 걸려드는 오류라고 하는 것이죠.

그래서 一因一果 식으로 계속 통계를 내어 보는 것이죠. 이때도 傷官이 지나갔고 저때도 傷官이 지나갔는데 이때는 안 헤어졌는데 그러면 傷官이 헤어지는 것인가? 안 헤어지는 것인가? 통계적으로 처리했을 때에 모르겠다는 것이죠.

그런데 이런 多因一果에서 예를 들어서 대운이 陽대운 陰대운으로 편중성이 생겨있고 그다음에 상대의 운의 계절에서 이런 것의 처궁이 안정되지 못한 흐름 속에 있을 때 관계성이잖아요. 이것은 多因이라고 하는 것이죠. 多因을 통해서 나오는 一果하고 그 성격의 사안 따라 전부 구별을 해주어야 된다는 것입니다.

1개의 원인이지만 여러 개의 결과가 나온 것이 있잖아요. 불어온 것은 태풍인데 어떤 놈은 간판이 떨어지고 어떤 놈은 창문이 떨어지고 그렇죠? 다르잖아요. 어떤 사람은 깃발이 넘어지고 어떤 사람은 과일이 떨어지잖아요.

그러면 空亡이라고 하는 글자 하나에서 꼭 한 가지 결과를 유추해 내려고 이렇게 애를 쓰는 것이 결국은 또 정리가 안 되는 것입니다.

'바람이 왔다.' 그래서 불측 즉 예측할 수 없는 다양한 재난이 이를 수 있다. 그런데 그중에서 즉 空亡도 그 안에 六親의 작용이 있을 것 아닙니까?

올해 戌年이 와서 辰을 冲했으니 辰의 변화성이 많이 조장이 되는 空亡殺이 될 가능성이 크다고 하는 것입니다. 그것은 一因多果의 요소이기 때문에 그렇다는 것입니다.

그림 156)

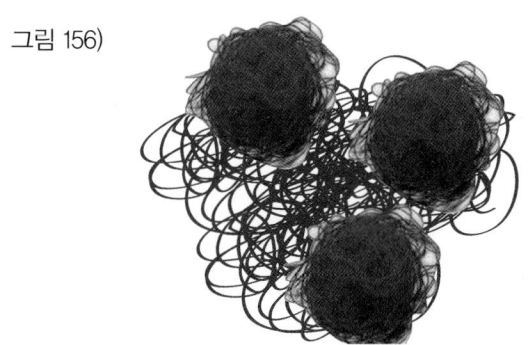

多因多果는 相關關係처럼 보이지만 사실은 실타래가 이중 삼중이라고 하는 것인데 실마리가 섞여 있지만, 요놈은 요놈하고 그렇죠? 그다음에 서로 섞여 있지만, 저놈과 또 맡게 되어 있잖아요. 그렇죠?

복잡하더라도 一因一果가 서로 엉켜진 경우 이런 경우에는 이놈을 빼내면 이 두 개가 남는다는 식의 해석 접근이 필요하다고 하는 것이죠.

그런 것을 안 하고 "오늘 귀신처럼 맞는데 그 다음 날은 안 맞더라." 이것은 一因一果라고 그래요. 사고체계가 잘못된 것이 아니고 이 세상에 일어나는 일은 수많은 원인적인 요소가 계속 간섭을 하고 결과도 여러 개로 나타나는 것이죠.

항상 多因 즉 여러 가지 원인이 중복될 때 一果는 피하기 어렵다고 하는 것이죠. 그래서 이것을 강약 차이를 두고 해석을 해줄 수 있어야 된다는 것이죠.

거기에는 神殺의 간섭이냐? 六親의 간섭이냐? 아니면 종합이냐? 아니면 하나의 원인이 여러 개의 종합적인 현상을 만들었느냐? 이런 것을 기준을 가지고 해석을 하셔야 된다는 것이죠.

그래서 그렇게 요소들을 여러 개를 가지고 해석을 하는 논리가 공학에는 나오지 않습니까? 공학을 전공하신 분들은 다들 아시는 것이지만 '유한요소해석법'이라고 합니다. 공학에 관련된 전공을 하신 분들 계시죠? 제일 기초적인 개념이기는 하지만 '유한요소해석법'이라고 있죠?

이렇게 원인은 여러 가지인데 개수는 어느 정도 정해져 있으므로 유한요소가 되는 것이죠.

2.

時	日	月	年	坤命 49
甲	丙	庚	己	
午	辰	午	酉	

丁	丙	乙	甲	癸	壬	辛	大運
丑	子	亥	戌	酉	申	未	
69	59	49	39	29	19	9	

제조업을 해서 홈쇼핑과 함께 손을 잡고 일을 하고 있습니다. 정작 본인은 돈은 없는데 매일 여기저기서 돈을 빌려서(돈은 잘 구함.) 그 돈으로 공장을 임대해서 직원들을 쓰고 제조(신발위주)로 해서 홈쇼핑으로 물건을 파는 것 같습니다. 근데 늘 돈에 허덕입니다. 현재 하시는 제조업이 맞는지? 돈은 벌수 있는지? 아니면 다른 방향을 하면 지금보다 더 효율적으로 일할 수 있는 직업이 있는지 궁금합니다? (같이 일을 하는 분은 丁酉생 남)

답변 – 이 경우에 팔자에는 食傷이 五行的인 대세가 강하죠. 己土가 午에 祿을 月支와 時支에 두고 있고, 日支 辰이 午와 午에 의해서 五行的으로 土로서의 작용을 강하게 하므로 食傷이 잘 펼쳐져 있는 모양입니다.

食傷이 팔자 내에서 대세를 차지하고 있기 때문에 제조 생산도 팔자에 맞고, 그다음에 庚이 酉를 보고 있으니까 유통업도 팔자에 맞는데 대운의 속성이 어떻습니까? 食傷을 대세적으로 쓰기 어려운 甲戌 乙亥 丙子 이렇게 흘러가고 있죠?

저런 경우에는 土의 대세가 五行的으로 강할 수 없다는 뜻이기 때문에 남의 것을 빌려 쓰는 것이 맞는 뜻이 되고, 유통도 팔자에는 충분히 맞는 분야가 되고 단지 이 분은 운이 아직 오지 않았다고 보면 되겠죠.

立春 立秋 이론으로 끊으면 어디에 걸립니까? 丙子 丙午에 걸리죠. 丙午가 立秋라고 보면 되겠죠.

돈을 빌리러 다니고 있는 것이 주로 立夏가 됩니다. 물론 立秋 넘어서도 그런 현상이 많이 발생하지만, 立夏에서 立秋 넘어서까지 규모 따라 다르기는 하지만 금융을 활용해서 가고 있고, 그다음에 일이 된다는 개념도 되고 일을 한다는 개념도 됩니다.

'빌려진다.' 이런 것들도 일하고 있다는 말이잖아요. 그런 것들이 丙午 立秋를 향해서 서서히 나아가고 있는 모양이죠. 丙午 立秋를 기점으로 경제적인 번영이나 발전을 상당세월 이룩하게 될 것이다.

이 경우에 身旺 財旺 정도까지 몰아가기까지는 그렇지만 身旺 財旺의 패턴을 가지고 있기 때문에, 운이 올 때 크게 한번 경제적인 장악이 이루어지는 그런 팔자라고 보시면 됩니다.

3.

時	日	月	年	乾命 아버지
辛	壬	丁	辛	
丑	戌	酉	巳	

己	庚	辛	壬	癸	甲	乙	丙	大運
丑	寅	卯	辰	巳	午	未	申	
71	61	51	41	31	21	11	1	

책장사만 30년 넘게 하시고 그냥 나름대로 건물도 있으시고 임대료 받으시면서 처와 그냥저냥 함께 살고 계시는데 이분의 가장 큰 걱정은 아들입니다.

답변 – 책장사의 인자는 아시겠죠. 偏財와는 무리 지어 있지만, 巳 偏財와 무리 지어 있는데 印星이 格을 갖추고 있죠. 주로 선비사업인데 선비사업은 부동산, 교육, 임대, 문필, 골동품 등인데 주로 선비사업에서 성공을 이룬다고 하는 것이죠.

年月을 冲하는 인자가 있는 사람은 아버지를 기준으로 하면 乙卯生이 卯酉相冲을 일으키죠. 또는 아버지가 酉生이라고 해도 아버지와 冲에 들어가겠죠. 이런 모양일 때 주로 '기르기 어렵다.', '키울 때 힘이 든다.' 그러나 '키워 놓기만 하면 대발한다.', '크게 발달한다.', '생각 밖의 성공이 있다.' 이렇게 보는데 보통 동거번영의 예는 드물다는 것이죠.

주로 객지로 나가서 성공을 한다는 뜻이 되는데 아들의 띠에 붙어 있는 卯 傷官 즉 이것이 乙卯할 때 乙이 아버지를 기준으로 하면 傷官이 되잖아요. 이 傷官星이라고 하는 것이 원래 사식의 역할, 기능 이런 것들에서 특히 아들로서, 즉 傷官이 딸일 경우에는 아무 상관이 없지만, 아들일 경우에 여러 가지 굴곡진 삶을 감당하는 것이라고 보시면 됩니다.

時	日	月	年	乾命	辛亥	壬申	癸酉	甲戌	乙亥	丙子	丁丑	戊寅	大運
己	戊	己	乙										
未	辰	卯	卯		76	66	56	46	36	26	16	6	

아들 (壬戌생 처)

다른 자식도 있지만 제일 부모님 속을 안타깝게 하는 아들입니다. 서점 한다고 부모한테 돈 좀 해달라고 해서 1년 만에 1억 까먹고,

고시원 한다고 돈 좀 빌려 가더니 또 한 1억 까먹고, 당구장 한다고 돈 좀 빌려 가더니 또 1억 넘게 까먹고, 더 이상 빌려주지 말라고 말씀드려도 부모 입장에선 가엾고 안타까워서 계속 빌려주시는 것 같습니다. 그렇다고 아들이 노력을 안 하지는 않는 것 같습니다.

어릴 때 차 사고를 당했는데 차가 발등을 찍고 지나가서 오래 서 있는 일은 못 한다고 아버님이 말씀하시더라고요. 신체적인 요소도 있는 것 같습니다.

아드님이 이번에도 운수화물은 한다고 5,000만 원 빌려 갔는데, 어떤 직업 방향으로 나가야 먹고사는 문제를 해결할 수 있을지 궁금합니다. (처는 壬戌생이고 乙未생아들 丁酉생 딸)

답변 – 원래 기르기 어렵다. 기르기 어렵다고 하는 것 속에는 원래 이렇게 위기스런 과정이 잘 생기는 것도 기르기 어렵다고 하는 것에 포함됩니다.

[이번에도 운수화물을 한다고 5,000만 원 빌려 갔는데…]

壬戌생 처는 戌이 일지의 財庫를 冲하는 인자로 작용하는 것이 되고, 二者合緣의 인자도 들어가죠. 그것은 충분히 그렇게 이어진다고 보면 되고 저렇게 官星이 득세하여 있는데 印星의 소통이 없으면 어떻게 됩니까? 조직생활에 임하더라도 안정적인 일을 할 수 없다고 봅니다. 그래서 이런 경우에 官星을 전부 다 무엇으로 되돌립니까? 손님으로 되돌린다는 것이죠.

사람을 상대하는 접객성 사업 그중에서 내가 만드는 제조 생산의 인자도 없고 그다음에 財星에 유통인자도 없으니까 되거든요 그런데 당구장 업종은 맞거든요. 그런데 당구장을 한다고 해서 늘 돈을 잘 버느냐 하면 그것은 아니죠. 가수가 노래를 부르면 매일 떼돈을 버느냐? 그것은 아니라는 것이죠.

운이 없을 때에는 노래를 부를 무대가 별로 없고 운이 약할 때는 밤무대를 뛰고 운이 좋을 때는 전국무대를 나가고 하는 이런 순서를 밟아 나가는 것이 되는 것이죠.

운이 언제 들어오겠습니까? 戌대운 중반부 넘어가면서 보통 50대 초반정도 가면서 본격적으로 번영이 이루어진다고 보시면 됩니다. 그때 戊寅 戊申에서 戊申年에 끊기네요. 그렇죠?

학생 – 아버지가 아들을 볼 때 어디 冲을 봅니까?

선생님 – 年月을 冲하는 자죠. 年이나 月을 冲하는 띠는 키우기 어렵다. 그런데 키워 놓기만 하면 크게 발달을 한다는 것이죠. 그리고 동거 번영보다 객지 번영이 훨씬 많습니다. 그러면 동거를 끝까지 해서 번영을 하는 경우에 아버지가 엎어지면 됩니다.

학생 – 번영이 되려면 아버지가 엎어지든지 아니면 이 사람이 나이가 들어서 엎어지면 되는데 年月이 冲이니까.

선생님 – 그렇죠. 그것은 巳酉丑하고 亥卯未하고 인생관 차이가 퍽 많이 난다고 보면 되는 것이죠. 그래서 수직적으로 한쪽 사람이 한쪽 사람의 부양을 받을 때에는 기울어진 시소로 보면 되니까 수직관계일 때는 괜찮습니다. 일방적으로 위에서 도와주는 것이지 않습니까?

밑에 있던 친구가 활동력이 좋아지면 시소가 펼쳐지잖아요. 아버지가 잘 나가면 내가 일그러지고 내가 잘 나가면 아버지가 활동력이 꺾이는 것이 되는 것이죠.

그래서 당구장으로 제 2세트로 해봐도 될 것 같은데, 뒷날에 가서 시설임대 중에서 토끼 卯자를 잘 사용하는 이런 것도 생각해 볼 필요가 있겠네요.

예를 들어서 어떤 것들이 있느냐 하면 토끼가 뛰어 다니는 것이니까 당구장의 공도 토끼로 보면 되거든요. 빠징고의 구슬도 토끼로 보면 되고 그 다음에 스크린 골프 그런 것도 되겠네요? 오락실 이런 것들이 전부 토끼 卯자가 됩니다. 일종의 장식이나 구조물을 가지고 있으면서 움직이는 것이니까

4.

時	日	月	年	坤命 53
戊	丙	乙	乙	
戌	子	酉	巳	

癸	壬	辛	庚	己	戊	丁	丙	大運
巳	辰	卯	寅	丑	子	亥	戌	
76	66	56	46	36	26	16	6	

時	日	月	年	乾命 55
戊	丙	乙	癸	
戌	寅	卯	卯	

丁	戊	己	庚	辛	壬	癸	甲	大運
未	申	酉	戌	亥	子	丑	寅	
76	66	56	46	36	26	16	6	

부부입니다. 甲戌생 아들, 癸未생 아들 2명 있습니다. 전에 남편이 사업을 한다고 처가에서 돈을 빌려갔는데 쫄딱 말아 먹은 것 같습니다. 그 뒤로 여자 분은 우울증이 온 것 같습니다.

여자분은 나름대로 살아보겠다고 작년 올해 2년 정도 부동산 분양을 다녔는데 별로 신통치 않고 오히려 우울증만 더 심해져서 지금은 집에서 쉬고 있습니다.

남편분은 영업 비슷한 부동산 관련 일을 하시는데 집에는 그냥 최소한의 생활비만 주고 밖으로 겉도는 것 같습니다. 남편분이 사업하다 망해서 어쩔 수 없이 서류상으로는 이혼을 해놨었는데(동거는 같이함.) 최근 들어 남편하고 사이가 더 안 좋아지고 살아야 되냐? 말아야 되냐? 할 지경까지 온 것 같습니다.

여자분이 밥벌이를 한다면 이혼도 생각하겠지만 그렇지도 못하고 아직 중학생 아들이 있어서 그것도 쉽지는 않은 것 같습니다. 이 부부는 앞으로 경제적인 부분은 지금 보다 나아질 수 있는지 궁금하며 어떤 식의 관계로 지내야 현명하게 잘 지낼까요?

답변 – 巳西丑과 亥卯未의 그룹 조성이 되어 있어서 그렇고 남편 팔자 자체에 財氣가 어디에 있습니까? 戌중이 辛金으로 드러나지 못한 모양에 日支에 偏印이 있음으로써 원래 이런 남편의 명조 자체가 처궁이 안정이 못하게 되는 모양에 있죠.

부인이 몸이 아프거나 아니면 직업적으로 좀 떨어져 살거나 이런 식으로 해야 땜이 되는 그런 모양인데, 이런 경우에 제일 좋은 방법은 직업적으로 떨어져 사는 것이 좋다고 보시면 되고 남편의 활동영역은 어차피 자격증이나 교육 관련 분야로서 부동산 관련 분야도 괜찮습니다. 시에 있는 戌이 空亡이잖아요.

五行的으로 土의 空亡으로도 해석을 하고 食神의 空亡으로도 해석을 하고, 食神의 空亡이라고 하는 것은 내가 자체로 보유한 생산 수단이 없다 내지는 약하다는 것이죠.

어차피 토끼 卯자를 활용하든 개 戌자를 활용을 하든 대체로 부동산이라든지 한시적 건축 이런 것을 활용하는 것도 가능하다고 보면 되겠죠.

서방님하고 떨어져서 각자 생활의 방편이나 방법을 마련하는 것이 좋겠다고 하는 것이죠.

여자분 팔자에서는 酉 財星이 空亡해 있잖아요. 丙子일주는 正官을 취하고 있는데도 불구하고 묘하게 食傷의 조화력을 얻지 못해서 陰陽差着 이런 것 들어보셨죠? 陰陽差着에 걸려서 그냥 남편이 형태는 유지해 주는데도 정신적인 갈등을 많이 겪는다고 보시면 됩니다.

이 경우에는 떨어져서 왔다 갔다 하면서 주말 부부식으로 하면서 각자 각자 일을 해 나가는 것이 훗날의 기반을 안정적으로 이루는 방법이 됩니다.

5.

時	日	月	年	乾命 29
丁	辛	丙	己	
酉	酉	子	巳	

時	日	月	年	坤命 33
壬	戊	庚	乙	
子	子	辰	丑	

남자가 여자랑 자면 가위에 눌린다고 합니다. 5번 중에 3~4번을 같은 방에서 자면 가위에 눌린다고 합니다. 근데 거실에서 따로 자면 괜찮다고 합니다. 가위에 눌리는 이유와 이것을 해결할 수 있는 방법이 있는지 궁금합니다?

답변 – 이 경우에는 여자의 명조 특성에서 상당히 많은 기운이 작동을 하고 있다고 보면 되겠죠. 여자 팔자에서 乙木이 官星이잖아요. 乙이 辰에 五行的인 세력을 강하게 뿌리내리고 있지만 庚金이 항상 乙의 고유한 운동패턴을 붙들어 잡고 있잖아요.

물론 庚이 지상에 세력이 강한 것도 아니지만 약한 것도 아니거든요. 辰이라고 하는 자리가 養金 이잖아요. 12운성 상으로 養의 자리에 이르기 때문에 乙木이 제대로 자기 기상을 펼치기 어려운 모양으로 구성되어 있죠.

거실에서 자서 괜찮으면 그냥 거실에서 자면 될 것 같은데, 거실에서 자면 꼭 서로 필요할 때는 그렇게 하면 될 것 같은데 그렇죠?

남자 팔자에 이런 모양에서 財根이 매우 약하잖아요. 그래서 이런 경우에 마누라를 안쪽으로 옆에 두는 힘이 떨어지는 모양이니까, 그래서 팔자의 특성상 이런 경우에는 침대라도 따로 쓰든지 아니면 각방을 쓰든지 하는 것이 해결책이 되는 것이죠. 적어도 각방을 쓰는 정도는 여러분이 언제든지 기준으로 제시해 주어야 됩니다.

원래 인간은 자기 것으로 태어난 것이 아닙니다. 내가 누구의 것이 될 수가 없고 누가 나를 가질 수도 없는 것인데, 부부가 되면 서로 소유하려고 하는 것에서 갈등과 괴로움이 시작이 되는 것입니다.

절대로 "Live my life (with him)" 부사구는 생략을 해도 문장의 성립에 방해를 주지 않는다는 것은 알고 계시죠? 내 인생을 내가 사는 것이 팔자론이라고 하는 것입니다. 그런데 with him이니까...

　어떤 때는 영향을 지대하게 미치기도 하지만 궁극적으로 "Live my life (with him)"라는 것이죠. 저런 것을 부사구라고 하죠. 품사를 붙여서 전치사구가 되죠.

　완전히 주말부부처럼 사는 것도 하나의 존재하는 양식이기 때문에 조화도가 높지 않거나 또는 조화도가 잘 안 만들어지는 시기에는 떨어져 사는 것이 좋습니다.

　특히 남자들이 만성질환에 노출되어 있는 사람들이 꼭 마누라하고 붙들려 있는데 서방이 병이 들어 있는 것이 마누라 팔자에 딱 나와 있습니다. 그런데 제일 비극은 저녁마다 마누라가 옆에 와서 안고 있는 것이죠.

　마누라 팔자는 서방이 병이 드는 운인데 그 남편은 만성질환을 앓으면서도 마누라가 좋다고 팔베개를 하더라는 것입니다. 물론 저승사자가 매우 기뻐할 일이기는 하죠.

　학생 – 만성질환이라고 하면?

　선생님 – 우리가 간이 안 좋아서 수치가 높아서 매일 체크하든지 당뇨 이런 것 있지 않습니까? 심장이 안 좋다든지 혈압 이런 만성질환이 마누라 팔자에 나와 있는 것입니다.

그림 157)

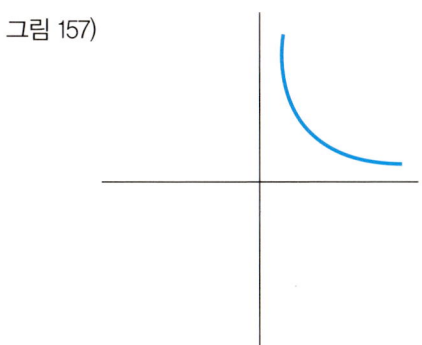

거리의 제곱에 반비례한다는 것 아시죠? 방만 바꾸어 써도 배우자가 주는 기운이 반감이 되더라는 것입니다. 그래서 2대 맞을 것을 한 대 맞는 것과는 차이가 많이 나잖아요. 매일 밤 뺨을 맞고 있는데도 좋다고 마누라를 붙들고 있는 것이죠.

학생 — 여자의 사주팔자 안에 남자의 별이 入庫가 되거든요. 남자의 사주로서도 여자의 그런 것이 있을 것 아닙니까? 마찬가지로 그렇게 되지 않는 사주를 가지고 결혼하는 것이 있습니까?

선생님 — 그래서 인연법에서 開庫를 쓰는 이유가 그 수많은 놈은 나에게 가까이 왔다고 하면 시들시들해지는데 그놈만 이상하게 나에게 오면 무엇인가 힘이 있고 모양을 갖추게 되더라는 것입니다.
 그것이 開庫 인연법이잖아요. 그래서 인연법을 활용하는 것이 그런 것이거든요. 인연법의 종류가 여러 종류가 있잖아요. 인연법의 표준이 있고 그 다음에 확장의 논리에서 오는 開庫의 논리가 있습니다.

특히 여인이 自坐入庫하는 己丑일주라고 합시다. 己丑이 自坐入庫잖아요. 未生이 오면 이상하게 본인이 액티브해지는 것입니다.

아니면 財星이 入庫되는 남자 丁丑일주가 庚金이 正財인데 늘 入庫를 하니까, 연애할 때는 그 여자가 건강하고 활달하다가 나의 안방에만 들어오면 비실비실해서 매일 아프다고 하는 것이죠. 그런데 아프다는 소리 안 하는 여자가 있었는데 그게 양띠라고 하는 것이죠.

이것이 配星에 따라서 그 작용이 丑의 入庫를 막아주는 配星이 옴으로써 결국 양띠 여자하고는 서로 건강하게 좋은 관계성을 유지하고 살더라는 것입니다.

이 경우도 그렇지 않습니까? 乙木의 작용력이 제한되어 있고, 남자 팔자에서도 妻宮 不美 그다음에 남자 팔자에서 뭐가 더 걸려요? 陰陽差着에 또 걸리잖아요. 외롭게 태어났으면 그냥 외롭게 사세요. 뭘 그렇게 짝을 찾고 하는지?

물론 우리가 태어났기 때문에 生에서 死로 넘어가기 위한 프로세스는 맞는데, 몇 년 전에 기억나는 이분은 결국은 중풍도 알았고 간암으로 올해 초인가 세상을 떠납니다. 부인 명조가 지금 정확하게 생각이 나지 않네요.

時	日	月	年	乾命
乙	壬	乙	戊	
巳	寅	丑	子	

이 경우에 결국은 金장부의 조절력이 떨어지니까 폐, 대장,

호흡기, 소화기 그 다음에 혈압 이렇게 넘어가는 것인데 金장부하고 木氣하고 대응관계에서 오는데 저런 팔자의 모양에서 어차피 偏財밖에 없으니까 配星에 대한 만족도라든지 조화도는 한계가 있잖아요.

그런데 본인이 기세가 좋을 때에는 다른 여인을 보러 다니지는 않는데 밤새도록 술과 함께 부산의 밤거리를 먹여 살리더라는 것입니다. 정작 몸에 병이 오고 또 부부관계에서 어느 정도 안정화가 되는데 그런데 본인이 병이 걸리니까 사이가 좋은 것이에요.

그런데 그 부인의 운명이 배우자가 만성적인 질환 속을 자꾸 빨려 들어가게 되어 있는 그런 구조가 되어 있는 것이죠.

이 분이 올해 戊戌年 庚申월에 세상을 떠나 버린 것입니다. 물론 대운의 작용력은 열이보면 되겠지만 어떤 작용이 발생을 하는 것입니까? 戊戌年에 偏財의 入庫, 木월, 申월 이길 때에 食神이 入庫, 絶地가 되는데 그것을 못 넘기더라는 것이죠.

같은 명조에 살아 있는 사람도 있는데 이 날 이시에 태어나서 살아 있는 사람인데 그런 사람은 산 속에서 도를 닦고 있거나 아니면 "나는 자연인이다." 하면서 소나무에 있는 넝쿨을 잡고 "아~~아아!"하면서 지내는 것이죠.

학생 – 집에서 살면 안 됩니까?

선생님 – 집에서 하면 안 된다니까요. 부인이 있으면 부인의 기운이 그림자처럼 와 버리는 것이죠.

학생 – 시에 空亡이 있는 사람들은 대체로 나이가 들면 떠나는 것이 좋습니까?

선생님 – 그러니까 巳가 劫殺이면서 空亡이잖아요. 이 경우에는 어디로 가야 됩니까? 끄트머리, 섬, 외딴 곳 이런 곳으로 가서 은신을 하고 자기를 養命을 하면 수명을 지킬 것인데 그것이 안 되더라는 것입니다.

학생 – 혼자서 오랫동안 살면 뭐 하겠습니까?

선생님 – 인생은 어떻게 사느냐? 어느 남녀가 사랑을 하다가 나를 낳았는데 기왕 내가 이 세상에 태어났으면 나는 왜 사느냐? 하는 것이죠. 운명적으로 따지면 두 가지입니다.

天干 : 영적진화
地支 : 번영(육신)

天干 地支의 에너지 흐름이라고 하는 것이 天干은 영적진화 즉 정신적으로 영적으로 진화를 이루어내는 것이고 그다음에 地支는 육신적으로 번영하는 것입니다.

육신은 건강하고 번성하고 정신적으로는 영적인 진화를 이룩하고 그런 영적인 진화를 위한 여러 가지 수단으로서 삶의 물리적인 삶을 감당하기도 하고, 그다음에 영적인 진화를 일시적으로 포기를 하고 육신의 번영을 위하여 열심히 재물의 활동을 하기도 하죠.

그래서 그것을 이룩해서 다음 삶의 모양으로 들어가기 전에 레벨을 최대한 끌어올리는 것입니다.

죽음이 두렵다거나 피해야 하는 것은 아닌데 결국은 영적인 진화를 할 수 있는 기회는 무엇이 있어야 됩니까? 육신이 있어야 도를 닦든지 수업을 들을 것 아닙니까?

그런데 우리가 영적인 형태로 존재한다고 본다면 그것을 계도해서 가르쳐서 그 단계에서 바로 영적인 진화를 한다고 하는 것이 굉장히 어렵다는 것입니다.

그래서 불가에서는 무엇을 해줍니까? 천도재 같은 것을 해주는 이유가 스스로 영적인 진화를 하기 어렵다는 것이에요. 그래서 영적인 진화가 될 수 있도록 거들어주는 의식이 천도재도 있고 영가를 다스려주는 의식도 하잖아요.

학생 – 천도재가 의미가 있다는 말씀입니까?

선생님 – 의미는 있는데 그렇게 손쉬운 일이 아니기 때문에 그래서 그런 것이죠.

時	日	月	年	乾命
乙	壬	乙	戊	
巳	寅	丑	子	

상기 팔자가 食神이 子丑寅으로 묶여서 가고 있잖아요. 傷官 乙도 포함이 되죠. 원래는 이분의 영혼이 무슨 과에 속하는 것입니까? 자유로운 영혼과에 속하잖아요.

'나는 자유다.' 하는 것인데 현실 속에서는 子나 丑이나 이런 것에 매달려 있는 분이잖아요. 이분이 교육사업을 한 분이거든요. 학교 재단을 운영했던 분인데 정신적인 요소는 乙이잖아요.

戊土가 壬水를 제어해주는 작용을 해야 되는데 乙 때문에 안 되는 것입니다. 밤만 되면 등에서 '황금박쥐의 날개' 하면서 날개가 나옵니다. "이 밤은 다 내 것이다." 하면서 그래서 황금박쥐처럼 왔다갔다 이렇게 했던 분이죠.

학생 – 술을 많이 마시는 인자를 木의 인자로 보는 것입니까?

선생님 – 그렇죠. 丑寅이 간의 기능적인 요소가 강하고 간의 기능적인 요소가 강하면 상대적으로 폐의 기능적인 요소가 약하겠죠? 호흡기나 대장은 약한 패턴에서 간이 감당을 해내니까 술을 많이 마시는 것이죠.

그런데 결국은 시간이 가면 寅중의 丙火이런 것들이 대체로 압력으로 작용을 합니다. 그래서 혈압으로 데미지를 입었고 그 이후에 하나씩 다 망가져 있는 것이죠.

다 큰사람보고 커서 뭐가 될래? 이런 말을 하는 이유가 이것입니다. 영적으로 진화 좀 하라는 뜻이거든요. 결국은 인간에게 둘 다 유용성이나 유익을 주는 것이라는 것이죠. 잘 먹고 잘 사는 것이나 아니면 영적으로 진화를 하는 것이라는 겁니다.

물론 타고난 명조의 패턴상 어느 쪽으로 경향적으로 에너지가 강하다 약하다 하는 것이 있잖아요.

6.

時	日	月	年	坤命
	丁	癸	戊	50
	亥	亥	申	

乙	丙	丁	戊	己	庚	辛	壬	大運
卯	辰	巳	午	未	申	酉	戌	
72	62	52	42	32	22	12	2	

時	日	月	年	坤命
	丁	壬	壬	46
	丑	子	子	

甲	乙	丙	丁	戊	己	庚	辛	大運
辰	巳	午	未	申	酉	戌	亥	
72	62	52	42	32	22	12	2	

戊申생이 친언니이고 壬子생이 친동생입니다. 戊申생 여자 분은 자꾸 가위에 눌리고 이상한 것이 자꾸 보인다고 합니다. 올해 들어서 더 심하다고 합니다. (응급실도 다녀옴) 동생도 계속 증세가 비슷하다고 합니다.
물론 두 분은 떨어져 삽니다. 언니는 성남에 살고 동생은 전라도 광주에 삽니다. 왜? 그런지 궁금합니다. 가문의 무슨 업이 있는 건지? 이런 증세가 오는 이유와 이것을 해결할 수 있는 개운법이나 방법이 있는지 궁금합니다.

답변 – 이런 경우는 대체로 2가지 큰 요소를 볼 수가 있는데 보통 태어난 계절에서 戊亥子 있죠? 戊亥子라고 하는 것이 주로 간이나 소화기의 조절력이 대체로 약하고 그 다음에 심장, 시력, 신경 이런 쪽의 기능이 기본적으로 약하다고 보는 것이죠.

그것을 보는 이유가 이 앞의 언니가 되는 분도 亥月 생이잖아요. 亥月생이면서 丁일간에 癸亥亥라고 하는 水旺火弱이 되어 있잖아요. 丁일간이니까 水가 旺하고 火가 약하죠.

옆에 있는 명조도 설명이 필요가 없이 亥子丑에 해당하고 水旺火弱이고 그렇죠? 보통 이런 분들이 신경쇠약 이런 것이 많습니다. 스트레스 신경쇠약 그리고 또 시력이 약해서 오는 것 이런 것이 있습니다.

학생 – 방금 말씀하신 것 그런 병증이 밖으로 드러나지 않고 내적으로만 쌓이는 경우 그것이 표현이 됩니까? 내적으로만 쌓이는데 외적으로 표현이 되는 경우가 구분이 됩니까?

선생님 – 명조자체가 그렇고 운의 흐름에서 사회활동이 활발하냐, 활발하지 못하냐? 이런 것들을 봐야 되는 것이죠. 현대인들은 크게 나누면 陽太過 陰不足이거든요. 너무 많이 활동을 하고 너무 많이 '쳐묵쳐묵' 해서 그렇습니다.

너무 많이 퍼먹는다는 것이 무엇입니까? 외부의 것을 끌어들여서 자기화를 시키는 대사를 엄청나게 많이 한다는 것이잖아요. 그래서 쓰는 운동성, 에너지 그리고 잠 안자고 TV보고, 잠 안자고 싸돌아다니고 이것이 전부 陽太過 운동이거든요. 전부 다 陽太過 陰不足같은 생활의 환경 속에 살고 있다고 보면 됩니다.

우리가 원시 시대를 생각하면 지금 같은 조명이 없었을 때는 해가 지면 뭘 했겠습니까? 낮에 채집을 한 것을 가지고 먹고, 잔치를 조금 하다가 배를 땅땅 두들기면서 음악이 되는 것이죠.

음악 조금 하다가 자는 것이죠. 잠을 푹 자고 했잖아요.

그것이 오히려 강한 번식력이 있었다고 보는 것이죠. 현대인들은 번식력이 떨어지는 이유가 바로 陽太過 陰不足의 생활 때문에 그렇거든요. 대운에서 똑같은 명조라도 어떤 사람이 이런 운이 흘러갈 때 그 사람의 팔자 내에 있는 재물, 사업적인 환경 이것을 잘 활용을 해서 재물을 상당히 많이 이루었다면, 이 사람은 短命으로 보는 것입니다.

자기가 기진 에너지를 한 번 대워비린 것으로 보기 때문에 그렇습니다. 그런데 똑같은 명조라도 어떻게 시골에 살다가 보니까 크게 일을 벌려 보지도 못하고 농사만 고만고만하게 짓고 살았다면 이것은 '長壽' 이렇게 보는 것입니다.

학생 – 재물을 취득하는 과정에 개인이 에너지를 불살라서 재물을 취득하는 경우도 있을 수 있고, 그렇게 에너지를 불사르지 않았는데 그냥 재물이 저절로 모이는 그런 경우도 있습니까?

선생님 – 그것은 주로 상속이나 증여에 의한 재산이니까요.

학생 – 그럴 경우에는 에너지를 소모한 것으로 안 보는 것입니까?

선생님 – 그렇죠. 받은 것이니까 그렇게 보지는 않는 것이죠. 노동없이 대가를 얻은 것이니까 그것은 부모복이라든지 이런 주변 인덕에 의한 것이라고 보고, 자기가 비즈니스를 벌려서 성공을 이루었다면 일단은 차를 몰고 그 바닥을 질주를 한 번 해 버린 것으로 보는 것이죠. 질주를 해 버리면 결국은 고물이 되잖아요.

학생 – 엄청나게 에너지를 소모해서 그 재물을 취했는데 의도적으로 그 재물을 없애버린다면?

선생님 – 그런 도인의 경지에 있는 사람은 간혹 볼 수가 있습니다.

학생 – 효과는 있습니까?

선생님 – 효과가 있습니다. 운세에서 극명하게 대조분이 무엇이냐 하면 스티브 잡스 Steve Jobs가 있습니다.

스티브 잡스를 2005~07년 이런 시기에 사람들이 막 칭찬을 하더라고요. 칭찬하는 것을 가만히 듣고 있는 것입니다. 그때 '잡스를 배우자.', '위대한 잡스' 이렇게 해서 책도 나오고 했습니다.

가만히 듣고 있다가 "그 복도 없는 놈 이야기 다 했나? 복 없는 놈 이야기 그만하고 술이나 묵자!" 하면서 술이나 마시는 것이죠. 듣는 사람은 "선생님 이상한 사람이다." 하는 것이죠.

그것이 재물과 몸을 다투는 구간에 억만금을 벌어들이면 반드시 몸을 잃는다는 것입니다. 그 다음에 관상학적으로 답이 나와 있잖아요. 잡스 이야기 해 드렸죠. 뺨에 有毛하면 즉 뺨에 털이 차면 쥐새끼가 들락거려서 그것을 지탱할 수가 없잖아요.

그런데 그 복이 없는 놈을 칭찬을 하고 있으니까 우리가 볼 때는 우습다는 것입니다.

그런데 눈치 빠르게 마음을 비우고 싹 빠져나간 사람이 있습니다. 세계적으로 유명한 사람 중에 빌 게이츠가 있습니다. 빌 게이츠가 2005년도에 寒露 霜降이거든요. 최고로 화려할 때 떠나 버리잖아요. 寒露 霜降에 떠나는 사람을 우리는 운명학에서는 도인이라고 부른다는 것입니다. 小雪 정도에 떠나는 사람도 침 지혜로운 사람이라고 보는 것입니다.

冬至에 떠나는 사람은 小雪에 떠난 사람보다는 못하지만 冬至에라도 접고 떠나는 사람은 인격적으로 자기 욕심을 절제하는 사람이라고 봅니다. 大寒 小寒정도에 떠난 사람도 그나마 양호하다고 봅니다.

立春 떠나고 驚蟄 오는데도 뭘 해 볼 것이라고 하는 사람들이 있어는요. 인산이 그렇다는 것입니다.

저는 어떤 비유를 많이 해주느냐 하면 영적인 진화를 위해서 자기가 에너지나 시간을 많이 쓰는 것을 밭농사로 표현을 하고, 그 다음에 재물의 번영과 육신의 번영을 위해서 많이 쓰는 사람은 논농사라고 하거든요.

그래서 논농사, 밭농사를 넘나들 수 있는 기회는 타고난 사람들마다 다 빠르고 늦고 오는데 논농사를 짓는 사람은 계속 논농사를 짓다가 결국은 자식만 '룰루랄라!' 하면서 가더라는 것입니다.

"아버지 안녕히 가십시오."

며느리는 시아버지 돌아가셨는데 접시 들고 붕붕 날아다니는 것이죠. 식당처럼 문상객이 오면 "어서 오십시오!" 하는 것입니다. 이것이 논농사의 끝이라고 하는 것입니다.

그러면 밭농사는 좋으냐? 밭농사는 일단 배가 고픕니다. 그래서 밭농사만 지으면 주변 사람들에게 무시를 당한다는 것입니다. 그래서 우리가 논농사도 밭농사도 적당히 시점에 따라 지어야 된다고 하는 것입니다.

재물을 한 번 크게 일군다는 것은 논농사에서 땅의 지력을 훼손했다고 보는 것입니다. 그런데 거기에 논농사를 놀려놓았다고 하면 地力을 훼손하지 않는 것처럼 에너지도 마찬가지라는 것입니다.

이분은 정상적인 논리는 볼 수 있겠는데 가문의 업까지는 아니고 체질에서 올 수 있다고 보면 되겠죠.

대체로 계절적으로 엄마 아버지가 태어난 계절적인 중복성이 자식에게 많이 발생을 합니다. 그래서 보통 체질적으로 내려온 요소가 많다고 보시면 되고 거기에 따른 일반적인 개운법은 우리가 앞에서 정리를 다했죠? 그런 것들을 통해서 결국은 조절하면서 사는 것이 현실적인 대안이 됩니다.

학생 – 巳午未 쪽으로 대운이 가니까 좋은 쪽으로 가는 것 아닙니까?

선생님 – 예, 그러네요. 그러니까 충분히 조절이 가능하겠죠.

7.

時	日	月	年	坤命 48
乙	癸	辛	庚	
卯	卯	巳	戌	

癸	甲	乙	丙	丁	戊	己	庚	大運
酉	戌	亥	子	丑	寅	卯	辰	
76	66	56	46	36	26	16	6	

고등학교 졸업 후 乙巳생 남편에게 일찍이 시집가서 丁卯생 딸과 辛未생 딸과 甲申생 아들이 있습니다. 카센타 하던 남편은 훌라당 돈을 다 까먹고 이혼하고 다른 여자랑 바람나서 가버리고, 丁卯생 딸과 辛未생딸은 객지에서 생활하고 甲申생 아들만 혼자 키우고 있습니다.

그동안 남편 뒷바라지만 하다가 먹고는 살아야 되니까 올해 낮에는 점심만 하는 뷔페같은 음식점과 저녁에는 조그만 호프집을 하는데, 일반적인 12운성 이론으로 이런 걸로 볼 때는 장사나 재물이 잘 안 굴리기야 정상인 것 같은데 지기는 그래도 괜찮다고 합니다.

답변 – [고등학교 졸업 후 乙巳생 남편에게 일찍이 시집가서]에서 乙巳생은 天乙貴人 空亡, 亡身 세 가지 인연법이 겹치죠.

고생을 하고 있으니까 그렇죠. 그 업종 자체가 卯戌이라고 하는 두 가지 글자가 먹는 것을 다루는 분야나 사람을 많이 상대하는 분야이고, 年에 있는 戌을 다루는 일을 하면 일상적인 운이나 약간의 침체 운에는 유지는 되고 돌아가거든요.

많은 돈은 아니지만 낮에 하는 뷔페는 그래도 이거저것 다 제하고 200만 원 정도 남는 것 같다고 하고 저녁에는 호프집에선 그래도 200~300만 원 정도 남는 것 같다고 합니다.
낮 장사, 밤 장사 합치면 그래도 400~500만원 정도 남는 것 같다고 합니다. 같이 일을 봐주는 사람이 있는데 庚子생 이라고 하는데 그 사람 덕에 그래도 장사가 되는 것 같기도 합니다.

답변 – 이것은 災殺이면서 祿이죠.

이런 경우는 자기운이 그렇게 좋지 않아도 상대방 덕으로 이어가는 경우도 있는지요? 저는 陽貴陰貴 다 출현해서 사회생활을 잘 못할 것으로 봤는데(매일 자기 것 해야지 입으로만 생각만하다가 이혼하고 처음한 것임.) 또 자기 것을 하려면 祿이란 글자가 있어야만 되는 걸로 알고 있는데 운에서 들어와서 가능한건지도 궁금합니다.

답변 – 운의 작용이 있다고 하는 것은 활동성을 끌어 올려준다고 보면 되거든요.

그리고 업종은 어떤 업종이 잘 맞는지도 뷔페가 나은지? 호프집이 나은지? 아니면 다른 업종을 추천한다면 어떤 업종이 잘 맞는지도 궁금하며, 애정운에서 癸卯생 남자를 만나고 있는데 공무원이라고 합니다.

답변 – 이것은 日支法이죠.

술을 그렇게 좋아한다고 합니다.

답변 – 왜요? 桃花거든요. 토끼는 桃花작용이 발생을 하니까 술을 좋아하든 유흥을 좋아하든 아니면 노름, 오락 이런 것들의 기운을 조장하는 기운이 생기는 것이죠.

인연이 있는지도 궁금하며 앞으로 남자랑(띠, 직업)같이 살 수 있는 삶이 가능한지?
남자는 그냥 밖에서만 만나고 혼자 사는 것이 좋은지 궁금하며 甲申생 아들하고 잘 안 맞는 것 같은데 엄마한테 욕도 한다고 하는 것 같은데, 甲申생 아들하고 어떤 식으로 처세를 해야 좋은지도 궁금합니다?

답변 – 어차피 申生은 커서 동거운이 없는 것이죠. 동거운이 없는 것이니까 아이가 장성을 하여 객지로 나가면 갈등 부분도 많이 해소 완화된다고 보시면 되겠죠.
토끼 卯자는 경제적으로 나를 흡족하게 보좌해 줄 수 있는 그런 관계는 잘 안 된다고 보면 되겠죠. 그룹이 계급장이 낮잖아요. 대신에 잘 놀아주고 잘 통하죠. 왜냐하면 나의 食神을 그대로 기운적으로 펼쳐가잖아요.
여인이 食神이 펼쳐져 있는 곳에 어울리는 어떤 시기나 대상은 애정적 관계성이 잘 이루어지거나 잘 진행된다고 보면 됩니다. 그래서 이런 기법을 연애할 때 꼭 기법적으로 알려달라고 하면, 예를 들어서 저 여인과 즐거운 저녁을 보내고 싶다고 하면 그 여인의 食傷이 열리는 타이밍을 활용하는 것도 방법이 됩니다.

食傷이라고 하는 것은 '자기 뜻대로 해서 즐거운' 이런 뜻이거든요. 번식의 행위를 조금 강하게 펼쳐내려고 하는 것이죠. 거기에서 食傷이 펼쳐지면 어떻게 됩니까? 官星이 일반적으로 약화되잖아요. 그럴 때 비법이 하나가 있죠. 조금 더러워도 참으면 됩니다.

남자 입장에서 여인이 食傷의 날에 이르면 '번식에너지' 가 자극되거나 드러나잖아요. 그러면 그때는 일반적으로 여자가 傷官이 오면 官星이 상대적으로 꺾이는 것이 일반인데, 그때 꺾이는 그 남자의 입장에서 그날 즐거운 시간을 보내고 싶다면 더러워도 참아야 되는 것이죠.

그래서 감탄사가 있습니다. 남자와의 사이에 무엇인가 어우러지면서 나오는 감탄사가 '오메 죽겠네' 하는 것이죠.

학생 – 이 사람이 癸卯일주인데 卯가 食神이 되니까 그런 것이 활성화 될 때 그런 것입니까?

선생님 – 卯자체가 여자의 번식 에너지를 쉽게 받아내는 틀을 가지고 있잖아요.

학생 – 24시간 중에 보면 아침, 점심, 저녁에 어느 때에?

선생님 – 地支로는 아침이지만 天干에 붙는 甲乙이 붙잖아요. 天干에 甲乙이 붙는 것은 낮에도 붙고 저녁에도 붙겠죠? 그렇게 돌겠죠. 그런 시간에 여인이 정신적으로 食傷과 번식의 에너지를 발산하려고 한다는 것이죠.

학생 – 地支에서도 卯가 움직일 때가 됩니까?

선생님 – 그렇죠. 寅時 卯時 즉 시간도 되고 공간도 되고 기운도 되는데 그 남자가 그것을 잘 받아낼 수 있는 기본 틀을 가지고 있는 것이죠. 그러니까 토끼띠만 보면 마음이 즐거워지는 것이에요. 그래서 돈이 많지 않아도 "좋아" 하게 되는 것이에요.

학생 – 제가 잘못 알아들었는데 그날 시간이 이 사람일 경우에 卯가 食神이니까 시간을 공략을 할 때, 남자가 무슨 시간일 때 공략을 해야 됩니까? 天干이 돌아갈 때 그렇게 되나요?

선생님 – 食傷과 무리 짓는 시간이 있잖아요. 卯時 未時 亥時도 있죠. 食傷에 合이 붙는다는 것은 무엇입니까? 여인의 번식 채널에 무엇인가 와서 조화를 부린다는 뜻이잖아요. 戌時도 되죠.

癸亥 癸巳에서 立春 立秋가 끊기면 癸巳부터 돈을 잘 벌게 되어 있죠. 그렇죠? 그래도 2029년~30년까지는 그런대로 잘 나간다고 보면 되죠. 재물을 상당한 수준이나 규모로 이룰 수 있는 인자를 가지고 있으나 원천적으로 원국에 배우자를 편안

하게 안방에 스테이를 시킬 수 있는 힘은 약하다는 것입니다.

그나마 토끼띠는 그 기운에 응하도록 모양새나 옷을 입고 있 잖아요. 수영장에 갈 때 수영복, 등산을 갈 때 등산복, 토끼와 만날 때 토끼 옷 그렇죠?

8.

時	日	月	年	坤命 56
庚	甲	壬	壬	
午	申	子	寅	

甲	乙	丙	丁	戊	己	庚	辛	大運
辰	巳	午	未	申	酉	戌	亥	
72	62	52	42	32	22	12	2	

남편하고 이혼하고 혼자살고 있는 여자 분인데 한 7년 정도 노래방 도우미를 전전하고 있습니다. 저 나이 먹도록 노래방 도우미 하는 것도 안타까워 보이고 이분에게 노후 수단을 마련해 드려야 할 것 같은데 특별히 권해 드릴만한 직업적 방향이 궁금합니다.
특별히 만나는 남자는 없으며 자식은 약간 장애가 있는 딸이 있는 듯한데 같이 살지는 않습니다. 어떤 직업적 방향이 좋은지 궁금합니다?

답변 – 이 팔자는 偏官에 의한 어떤 官星의 부조화성, 시의 傷官의 空亡이 되고 또 하나가 印星의 기질적인 작용 이런 것이 이 경우에는 문제가 되는 것이죠. [자식은 약간 장애가 있는 딸]은 시에 空亡이 있어서 그렇죠.

학생 – 인연은 깁니까?

선생님 - 그렇죠. 空亡이 되어 있으니까, 금이 갔으니까 이런 경우는 인연이 오래가죠. 그릇으로 치면 금이 간 것이잖아요. 그래서 인연은 오래가죠.

寅申 相冲도 드러나 있죠? 寅申 相冲이 있으면 무조건 '애정에 갈등'이라고 기억이 나시죠? 子 正印이 이런 식으로 五行대세까지 가지고 있으면 도덕선생님 기질이 좋은 쪽으로 작용을 하는 것이 아니고 부정적으로 많이 작용을 합니다.

물론 印星 혼잡의 해로움은 당연히 있죠. 偏印 正印의 혼잡이 되어 있는 모양이 있는데 印星의 모양이 도리어 官星의 모양을 훼손하는 모양이 되는 것이 이런 것입니다.

"나는 거짓말 못하거든요. 당신이 어제 잘 못했잖아요." 그리고 그 다음날 "나는 거짓말 못하거든요. 당신이 그제 잘 못했잖아요." 그 다음에 일주일이 지나서 "나는 거짓말 못하거든요. 당신이 지난주에 잘 못했잖아요." 이렇게 되니까 남자기 기는 것입니다.

직업적으로는 뭐가 좋을까요? 이 경우에 결국은 驛馬와 무리를 짓는 일 중에서 구하면 될 것인데, 사실은 지금 엇비슷한 것을 하고 있는 것입니다. 접객성 인자 그다음에 傷官에 空亡이 커피, 술, 아이스크림, 빵 이런 것이 되죠. 그리고 申이 驛馬殺이잖아요. 돌아다니고 커피, 술, 아이스크림, 빵과 관련이 되고 접객성이 관련된 분야가 되겠죠?

물론 이분이 운이 안정되고 좋아지면 숙박업 이런 것이 있지 않습니까? 모텔 그리고 기타 여러 가지 유흥이나 레저 속성이 있는 시설 임대업 이런 것들을 하면 되기는 되는데, 차라리 경제적으로 조금 여력이 생겨나면 본인이 먼저 승부를 보는 것도 괜찮죠.

사실은 노래방도 방을 빌려주는 것이잖아요. 방을 빌려주는 사업을 하는 것이니까 시설임대를 가지고 승부를 보는 것이 더 빠를 것이라는 겁니다.

9.

時	日	月	年	坤命 60
丁	甲	庚	戊	
卯	戌	申	戌	

壬	癸	甲	乙	丙	丁	戊	己	大運
子	丑	寅	卯	辰	巳	午	未	
76	66	56	46	36	26	16	6	

30대 중반쯤에는 커피숍으로 돈 좀 벌었다고 합니다. 그러다 호프집으로 바꾸었는데 명맥만 유지하다가 2015년 노래방으로 바꾸었는데 쫄딱 망했다고 합니다.

답변 – 그것이 官 空亡 효과죠. 사람을 많이 상대하는 요소가 되는 것이죠. 물론 거기에도 기호성 음식이 들어가지만 官이 空亡을 하면 인덕을 많이 봐야 되는 사업인데 그것이 부족할 수 있는 것이죠. 인덕이 약한 경우에는 아주 값이 싼 것을 팔면 됩니다. 커피도 값이 많이 나가지 않는 것이요.

갖고 있는 부동산 정리에 들어갔다고 합니다. 다시 재기를 꿈꾸고 있는데 족발집 체인점을 해볼까?

답변 – 食神이 대체로 有氣해주어야 되니까 족발집도 안 되겠죠.

이런 저런 궁리중입니다. 남의 집살이를 하려니 나이도 걸리고 아니면 그냥 푹 쉬면서 절이나 다니면서 마음공부 하시라고 하는 게 나은지? 돈을 벌 수 있는 업종은 어떤 형태가 있는지 궁금합니다?

답변 – 甲이 空亡을 이번, 그런데 노래방도 영영 못하는 것은 아니죠. 申戌 사이에 酉가 끼어들죠. 그 다음에 어차피 空亡은 空亡이죠. 어차피 甲戌일주로 하면 다 空亡이니까 그렇기는 한데 空亡은 空亡 손님이니까 술에 약간 맛이 간 손님도 거기에 포함이 되거든요.

다시 한 번 기왕에 했던 입장 중에서 규모라든지 이런 것을 잘 조절을 해서 해보는 것이 제일 현실적이겠다고 보면 되죠. 팔자 내에 있는 인자들을 대충 다 활용을 해서 이때까지 활동을 해 왔다고 봐야 되거든요.

학생 – 나이가 들면 시에 羊刃을 쓰면 안 됩니까?

선생님 – 시에 羊刃이라고 해도 桃花 아닙니까? 羊刃, 桃花, 卯戌 合이죠. 그래서 규모를 조절해서 발전을 구하면 됩니다.

대운의 흐름도 보면 乙卯 甲寅 癸丑 이렇게 들어가면서 볼륨을 크게 하기는 어렵겠죠? 볼륨을 크지 않게 하고 이분이 여러 가지로 고충을 겪었던 것을 보면 甲申을 立春으로 봐야 되겠죠.

그러면 己亥가 내년이니까 내년이 立夏가 되니까 立夏때 어설픈 모양이라도 작은 규모로 시작을 하면 슬슬 기반이 안정이 되는데 이런 경우에 정말로 종업원 1~2명을 데리고 자그마하게 하는 선술집부터 저런 종류의 일을 해보는 것도 괜찮겠죠.

호프도 자그마한 것을 한다든지 그렇게 하면 뒷걸음질 없이 한 계단, 한 계단 씩 발전할 수 있는 흐름은 되겠다는 것이죠.

丑대운 들어가서 돈을 조금 더 벌면 天殺의 불리함이 생기겠죠. 天乙貴人이기는 하지만 불리한 陰대운의 불리함 그 다음에 일지에 刑殺의 불리함 이런 것들이 생기니까 돈을 벌기는 버는데 몸이 꼬랑꼬랑 해지는 그런 불편함은 생기겠죠.

업종이 틀린 것 보다는 시기적으로 좋지 못한 시기를 지나온 것으로 보면 되겠다는 것이죠.

10.

時	日	月	年	坤命 35
癸	辛	乙	癸	
巳	亥	丑	亥	

癸酉	壬申	辛未	庚午	己巳	戊辰	丁卯	丙寅	大運
76	66	56	46	36	26	16	6	

윗분(戊戌) 외동딸입니다. 전공은 음악전공을 했다가 일본으로 유학가서 잠시 일도 했으며 인도 쪽에도 잠깐 있다가 지금은 홍콩에서 일을 하고 있습니다.

배우자 인연이 어떠한지 궁금합니다. 만나는 사람은 항상 교포나 외국인이 많았고, 20대부터 나이차이가 10~15살 정도 차이를 만났던 것 같습니다. 자기도 나이 차이나는 사람을 좋아한다고 합니다.

결혼시기와 어떤 직업의 어떤 띠의 남자와 만나게 되는 과정이나 남자특성에 대해서 궁금합니다.

답변 – 나이 차이가 난다기보다는 사실은 능력이 있는 사람을 좋아한다고 보는 것이죠.

木火는 좋은 것, 잘난 것, 힘이 있는 것을 의미합니다. 官星이 火氣에 묶여 있으면 이런 경우에 얼마나 반갑겠습니까? 그래서 능력이 있거나 잘났거나 힘이 있는 그런 것을 추구하는 추구성 때문에 나이 차이를 좋아하는 것이고, 본인이 나이가 들면 나이가 많은 사람을 찾는 것이 아니라 또 똑같은 좋은 것, 잘난 것, 힘이 있는 것을 찾게 되는 것이죠.

말 그대로 그런 패턴속의 남자를 만나면 되는데 그런 사람을 만나시 짝을 지울 수 있는 기운은? 癸亥생이면 올해 35살이 되나요? 올해 淫慾殺, 天殺, 羊刃의 작동 이런 것들이 발생을 하죠.

애정관계가 발생을 하는데 벼락치기로 밀어붙이지 않으면 짝을 이루기 어렵다고 봅니다. 그 다음에 오히려 내년에 亥亥自刑, 巳亥相冲에 의한 변화성 발생이죠. 그래서 내년이나 내후년 정도에 식구 발전이 유도되는, 食傷이 유도되는 인자가 보이죠?

여자들은 두 군데에서 결혼을 한다고 했죠. 官星을 만나서 소화를 이룰 때, 그 다음에 食傷의 에너지가 강해지면서 일지와 자극되는 인자 神殺관계가 형성이 될 때가 됩니다.

남편이 어찌되었든 사해만리를 돌아다니든지 대체로 무역이라든지 건설, 地支에 내려와 있다고 하는 것은 사업성을 발휘하는 사람이잖아요. 무역, 건설, 영업 그런 분야의 자기사업을 하든지 아니면 계급장 중에서 관직자라고 하면 발령 따라서 움직이는 고급공무원 그것도 실력행사를 하는 것이기 때문에, 그런 사람을 만나는 것은 비교적 오랫동안 조화도를 갖출 수 있는 것이라고 보면 되죠.

11.

時	日	月	年	坤命 43	甲午	癸巳	壬辰	辛卯	庚寅	己丑	戊子	丁亥	大運
甲	丙	丙	乙										
午	申	戌	卯		77	67	57	47	37	27	17	7	

중국교포입니다. 양꼬치 가게를 혼자 하려고 하는데 업종은 이 사람에게 맞는지? 아니면 다른 업종이 잘 맞는지 궁금하며 어떤 장소와 환경이 잘 맞는지도 궁금하며 장사를 하면 돈 좀 벌수 있는지도 궁금합니다.

답변 – 팔자 자체에 食神이 월에 있고 그 다음에 日支에 偏財가 있고, 시에 羊刃이 있고, 년에 印星요소가 있어서 官 부족에 의한 해로움은 있지만 사업적으로 꼭 승부를 볼 수 있는 기운을 가지고 있죠.

양꼬치는 토끼가 양을 팔아먹는다고 하는 것은 동족을 팔아먹으니 바람직하지 않다는 것이죠. 차라리 申子辰이 생선을 팔면 自庫의 자리 戌이 入墓의 자리잖아요. 入墓의 자리를 열어주는 긍정적인 작용이 오므로 생선류를 위주로 다루어서 승부를 보는 것이 좋겠고 두 번째는 災殺 그룹이 되는 닭고기 소고기가 되겠죠.

학생 – 식당이 있지 않습니까? 고기 종류 말고 백반 이런 것은 어디에 속합니까?

선생님 – 풀 반찬은 亥卯未로 보라고 했지 않습니까? 콩나물, 무나물, 이런 나물, 저런 나물 그 다음에 마늘쫑 옆에 끼인 멸치 이런 정도는 亥卯未로 보면 되는 것이요.

학생 – 그러면 그런 쪽으로 하면 되겠네요.

선생님 – 그렇죠. 쌈밥에 돼지수육 그것도 亥卯未이지 않습니까?

선생님 – 그 원리를 확장해 보세요. 계속 태권도 도장에서 "武林의 끝을 보겠노라!" 하지 말고 집에서 복습하고 확장하고 이러면 엄청난 내공이 쌓입니다. 결국은 이쪽의 공부라고 하는 것이 자기가 계속 숙련성을 가지고 다져나가야 되거든요.

학생 – 일단 亥卯未가 天殺이면 일반 밥집은 안 되네요?

선생님 – 天殺이라고 하면 申子辰생이네요. 申子辰생이 그 흔한 닭고기, 소고기 다 놔두고? 두 집 걸러 닭인데,,,

학생 – 亥卯未 야채를 파는데 파나 마늘을 깎아놓고 파는 것은 傷官하고 刑하고 다 있어야 되요?

선생님 – 팔자 안에 있어요. 그런 것이 없는 사람은 딱 붙이는 글자가 하나 있어요. 刑 破 害 이런 것이 없는 사람은 '통' 즉 마늘도 '통마늘', '통구이' 등 '통'으로 가는 것이죠.

12.

時	日	月	年	乾命 20
壬	辛	甲	戊	
辰	亥	寅	寅	

壬	辛	庚	己	戊	丁	丙	乙	大運
戌	酉	申	未	午	巳	辰	卯	
71	61	51	41	31	21	11	1	

고등학교 다닐 때 학생회장 까지 했었는데 대학교는 좋은데 못 갔습니다. 충주의 지방대를 갔는데, 학생회장까지 했던 이미지가 있어서 그런지 주변에서 아들은 대학교 어디 갔냐고 하면 지방대 갔다라고 하면 아들이 스트레스(우울증 증세와 비슷)를 많이 받았었나 봅니다.

계속 편입하려고 노력 중입니다. 그러다 보니 그 영향으로 그런 것인지 정확히는 알 수 없지만, 군대 신체검사를 받으러 갔는데 군의관이 이 상태로 군대를 가면 자살하니 치료하고 다시 신검받으라고 합니다.

그 이후로 빙의에도 걸렸다고 합니다. 부모들 입장에선 혹시 이사를 잘 못 와서 그런가 하고 이사를 2번 정도 옮겼는데 오히려 이사하고 나서는 더 심해졌다고 합니다. 빙의에 걸리는 이유와 치료나 방법이나 개운법이 있는지 궁금합니다.

답변 – 이것은 일단 年月의 空亡으로 묶어서 보시면 되고 군대가 면제되거나 이런 경우에는 굉장히 편한 군대를 가는 경우가 있습니다. 그것도 군대에 가는 것도 官運이 있어야 됩니다.

官이 세력이 없으면 군대도 편한 군대를 가든지 고생 안하는 군대를 가더라는 것입니다.

물론 운에서 官星이 운에서 채워지면 체질에 안 맞는 곳에 가는 경우도 제법 볼 수 있지만, 대부분 다 편한 군대 또는 시기 따라서 면제까지도 이어져 버리는 것이죠.

결국 이런 경우에 辰亥 元嗔이 결국은 귀문관살(鬼門關殺)의 작용에 준한다고 보시면 되거든요. 年月의 空亡이 젊은 날에 여러 가지 해로움이 되는 것이고 그 다음에 傷官 즉 상관상진(傷官傷盡)이죠. 상관상진(傷官傷盡) 기억이 나십니까?

뒷날에는 대운의 흐름에 따라서 빠르고 늦고의 차이는 있지만, 이런 경우에 본인이 의류관련 분야 이런 쪽이 직업이나 일을 가짐으로써 운명적으로 살풀이 효과가 생기게 되어 있는 것이죠.

학생 – 年月이 空亡인데 고등학교때 학생회장을 하게 된 것은 天干에 丙 때문입니까?

선생님 – 天乙貴人이었잖아요. 天乙貴人이었기 때문에 귀태를 내어주는 그런 작용이 있기는 한데, 그래도 空亡의 해로움을 어느 정도 감당을 해야 된다고 보시면 되는 것이죠. 그리고 지방으로 가는 것이 서울에서 그쪽으로 갔다는 것은 寅申巳亥의 일반적인 속성 이렇게 보셔도 되거든요.

辰亥 元嗔의 작용 그 다음에 方合이라고 하는 것이 발생을 하면 그 많은 고단함을 주는 이유가 寅과 辰이 팔자에 있는 것만으로도, 토끼 卯자가 끼어들면 方合에 의한 局이 한쪽으로 굳어져 가는 작용이 있는 것이죠. 그러니까 寅卯辰이 채워지면서 金絶이 되어 버리잖아요. 그런 것들의 작용도 당연히 발생을 한다고 보면 되죠.

98년생이면 이제 21살이 들어오네요. 辰巳대운에서 巳대운 턴을 하네요. 食傷이 묶였던 것이 巳대운에 일부씩 풀려나오잖아요. 풀려나면 시간이 가면서 자연적으로 개선이 된다고 보면 됩니다.

일반적으로 의료적인 진단 이런 것을 보면 이런 식으로 정신적으로 문제가 많은 이런 예를 많이 볼 수 있습니다. 많이 볼 수 있는데 이것이 시간이 많이 지나가면 자연적으로 사실은 개선이 되거든요.

13.

時	日	月	年	乾命 38	丙申	乙未	甲午	癸巳	壬辰	辛卯	庚寅	己丑	大運
癸	壬	戊	庚		77	67	57	47	37	27	17	7	
卯	戌	子	申										

소아마비로 태어났는데 자신이 왜? 소아마비로 태어났는지 궁금해 합니다. 몸은 불편하지만 삶을 살아가는 열정은 웬만한 남자들보다 나은 것 같습니다.

甲子생 여자를 만나 결혼을 했으나 서로가 뜻이 맞지 않아 헤어지고 甲午생 아들이 하나 있습니다. 투잡으로 2가지 일을 하는데 길거리에서 모조품(가방, 액세서리, 기타 등등) 사람을 두고 운영하고 있으며, 자기는 영업적인 미용(소개) 보험영업을 하면서 생계를 이어가고 있습니다.

어느 방향으로 사회성을 발휘할 때 돈을 잘 벌 수 있는지 궁금하며 여자하고 또 가정을 꾸미며 살 수 있는지도 궁금해하는데, 여자인연이 (띠, 직업) 궁금하며 자식하고의 관계는 어떤 관계로 풀어나갈 때 서로에게 좋은 지도 궁금합니다.

답변 – 지런 경우에는 偏財 入庫가 드리나 있잖아요. 偏財入庫를 주장하는 戌자를 開庫를 하는 용(辰)인데 三合과 開庫가 동시에 이루어지죠. 그 다음에 토끼는 六害殺이라서 다루기가 어렵지만 天乙貴人 時支 인연법이 되는 것이죠.

이런 경우가 보면 庚申이라고 하는 偏印자체가 소년의 성장늘 빙해하는 셋이쇼. 비배에 가싱쇠므로 버리을늘 쉬읍므도써 땜을 하는 사람이 있고, 어렸을 때 庚申 偏印의 작용 그다음에 子 羊刃인데 羊刃이 冲을 만나 있을 때에도 보통 마비성 질환 이런 것을 어려서 잘 겪습니다.

午가 투출 되어 있는 사람들 있죠? 子午 相冲이런 것이 투출 되어 있는 사람들. 戊子월이 羊刃이면서 空亡이 되고 그렇죠? 그래서 어려서 소년의 성장과정에 여러 가지 방해나 어려움을 겪는다는 것이죠. 그것을 신상으로 겪느냐? 운명적 삶으로서 겪느냐? 이것은 좀 확률적으로 나타날 수 있다고 보면 되는 것이죠.

뒷날에는 어찌되었든 卯戌 두 글자의 작용을 써서 경제적으로 상당히 많은 축적을 하게 됩니다. 卯 傷官의 작용 때문에 가짜도 팔고, 장식품도 팔고, 영업도 하고, 교육적인 일도 하게 되는 것이죠.

그래서 하고 있는 일은 卯 傷官의 속성과 어우러지는 그런 것을 통해서 한다. 다음에 여력이 생겨나면 접객성 사업, 시설 임대 이런 것들로 이어서 할 수 있겠죠.

戌이 月殺이잖아요. 戌이 月殺이라고 하는 것이 뒷날에 자기가 재물을 담아놓는 곳이 일종의 담장도 됩니다. 즉 月殺은 공간적으로 '다른 사람과 담장을 친다.' 이런 것이죠.

담장을 쳐놓고 사람들을 끌어 모아서 돈을 버는 것이 목욕탕 즉 남들이 못 보게 만들어야 되잖아요. 기타 등등이 되죠. 공포의 집 이런 것들도 있습니다. 막아놓고 하는 것이죠.

학생 – 37세 대운에서 변화가 일어납니까?

선생님 – 끊기는 자리가 壬子 壬午니까 그렇죠. 그전에 서서히 드라이브가 걸리기 시작을 하겠죠. 그것이 壬寅年 2022년, 2024~25년이 되는데 주로 25년에 주로 여러 가지 부담을 안고 새로운 일이나 사업성에 드라이브를 걸게 되는데, 2025년 그때부터 돈벌이가 2가지가 됩니다. 지금은 될 것도 같고 안 될 것도 같고 이렇게 하고 있는 것입니다.

14.

時	日	月	年	乾命 40
庚	辛	癸	戊	
寅	巳	亥	午	

辛	庚	己	戊	丁	丙	乙	甲	大運
未	午	巳	辰	卯	寅	丑	子	
77	67	57	47	37	27	17	7	

직업은 임상병리과에서 일을 하고 있으며 저축도 나름되고 했으며 집도 큰집은 아니지만 신혼부부살집은 준비되어 있는데 아직 결혼을 못했습니다.

5~6년 전부터 결혼을 하려고 노력을 많이 했는데 주변사람에게 소개를 많이 받았는데 亥생 여자하고 이어가다가 틀어지고, 戌생 여자랑 이어 가다가 또 틀어지고 申생 여자하고 이어 가다고 틀어졌으며, 최근에는 丑생 여자랑 결혼 생각했으나 여자 쪽 집안에서 틀어버리고 자기가 좋아해서 잘해보려고 하면 잘 안됩니다.

지금한데 효린보이는 이년은 뜨 내기 싫고, 2010년 戌戌年에는 무슨 수를 쓰더라도 이분 어머님께서 장가를 보내려고 하시는데, 결혼시기가 언제쯤 가능한지 궁금하며 여자를 만나게 되는 과정이나 띠나 직업이나 개운법이나 방법이 있는지 궁금합니다.

답변 — 官星의 혼잡요소가 있네요. 이것은 巳亥相冲에서 결국은 답을 내어야 되겠죠. 巳亥相冲에서 답을 내는 것은 午生 子生이죠. 子生은 年과 冲을 하니까 午生이 결국은 짝으로서 인자가 되는데, 그다음에 일지와 三合을 하면서 祿을 이루는 자 즉 酉生 그다음에 터울이 많이 나는 寅生 天乙貴人이 되죠.

寅生은 아직 못 만나 봤네요. 언제? 일지를 冲하는 己亥年에 年支와 暗合하고 일지에 冲을 해서 자기가 안방 문을 열어젖힌다는 것이죠. 그때 아마도 午生 동창을 우연히 만나든지 아니면 8살 아래 亥年의 六合자인 寅生을 만나든지 해서 2019년에 결혼을 한다고 보면 되죠.

丙寅 丁卯 陽대운을 빠져나가고 있잖아요. 그렇게 陽대운도 陽대운의 농후싱이 바뀔 때 즉 寅은 陽의 기운이 많이 몰려 있잖아요. 토끼가 되면 陽의 기운이 반감되므로 턴어라운드가 될 때에 보통 짝을 조금 쉽게 정하게 되는 것이죠. 한참 덥다가 덜 더우면 좋다고 돌아다닌다니까요. 그렇게 생각을 하시면 됩니다.

15.

時	日	月	年	坤命 41	辛酉	庚申	己未	戊午	丁巳	丙辰	乙卯	甲寅	大運
	癸	癸	丁		75	65	55	45	35	25	15	5	
	未	丑	巳										

이런 것도 알 수 있나요 하면서 물어보는데 뭐가 자꾸 보인다고 합니다. 검은 그림자가 드리운 게 보이는 건 10년 전 쯤부터 됐다고 합니다.
그리고 아무도 없는데 뭔가 인기척을 느낀다거나 또 검은 그림자가 드리운다고 하시는데, 제가 관상을 잘 보는 것은 아닌데 이분 눈이 귀기가 흐르는 눈 같이 보이더라고요. 사주학적으로 알 수 있는지 궁금합니다.

답변 – 그것이 七殺입니다. 七殺 無財하면 즉 丑하고 未가 七殺이 드러났는데 그것을 食傷으로 억제를 해 주거나 印星 소통을 이루지 않으면 일종의 巫病이 오는 것이죠. 무당병이죠.

그래서 '그 분이 오신다. 보인다. 검정 그림자가 있어!' 이렇게 이런 것들이 드러날 수 있는 것이죠.

대운도 辰巳대운에 갇혀 있네요. 戊午대운을 넘어가면 조금 나아질 것입니다. 일단 陽대운으로 턴을 하고 官殺 혼잡이 있어도 偏官의 속성을 조금 덜어내는 작용을 하거든요.

16.

時	日	月	年	乾命 51
丁	壬	丁		
巳	寅	未		

甲	乙	丙	丁	戊	己	庚	辛	大運
午	未	申	酉	戌	亥	子	丑	
71	61	51	41	31	21	11	1	

양력 2018년 1월 2일 甲午날 부부싸움 하고 잠적을 했는데 (핸드폰 다 꺼버림.) 어디에 있는지 궁금해 하며 언제쯤 집에 들어오는지 궁금해 하는데, 사주학적으로 알 수 있나요? 가출이나 잠적은 점을 쳐야 되지 않을까 생각하는데 어디에 있으며 언제쯤 집에 들어오는지 궁금합니다. (처는 같은 丁未생)

답변 – 올해 戊戌年이라고 하는 戌이 무엇을 의미합니까?

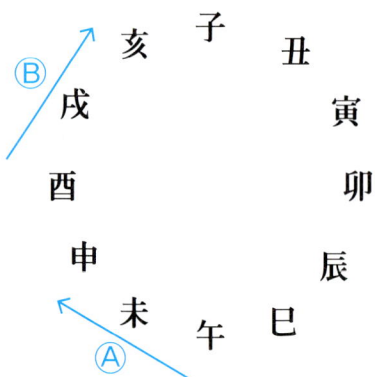

평상시에 未 운동이 Ⓐ방향이라고 하면 戌은 Ⓑ방향으로 데리고 가는 것이니까, 未의 방향을 틀어서 戌방향으로 끌고 가면 두 가지 길이 되는데 시가 정확하지 않은 상태에서 단정을 하기에는 어렵지만 戌이 天殺이지 않습니까? 그게 무슨 나라입니까? 잘못하면 하늘나라가 되잖아요.

잘못하면 '하늘나라로 갔다.' 아니면 본인이 하늘나라와 가까운 곳은 어디입니까? 절간 그리고 종교적인 수행과 관련이 되어 있는 곳, 공부하는 공간 이런 공간으로 이동을 해서 갈아탔다 볼 수 있겠죠.

이것은 혼자만의 팔자를 가지고 단정을 할 수 있는 것은 아니지만 일단 그 범주나 속성이 상당히 발휘되어 있다고 볼 수 있죠. 아니면 부모나 조상이 살았던 곳 이것도 天殺의 영역으로 보거든요. 그래서 멀리 있는 부모 친척이 있는 이런 곳도 天殺의 추구성을 가질 수 있다고 보면 되죠.

時	日	月	年	乾
壬	戊	乙	乙	命
戌	寅	酉	巳	

학생 – 이 사람이 어떤 상황이냐 하면 관광버스 기사인데 갑자기 사람이 변해서 옷을 빨간 바지에다가 일반적으로 상상할 수 없는 패션으로 행위를 하고 하는데 이상한 기운이 흐르는 것 같습니다.

선생님 – 그것이 작년에 오는 것이 空亡작용이 올 때 이것이 일종의 약간의 빙의 이런 것들도 空亡에도 옵니다.

申酉에 空亡이 걸리잖아요. 이것도 태풍이 올라왔으니까 空亡운에 사업을 해서 재물에 손상을 입은 사람도 있습니다. 이럴 때 자신이 터전을 두고 있는 공산, 속성 이런 것을 많이 잃어버리는 것도 잘 발생을 하거든요. 그것이 당연히 傷官의 작용도 당연히 있는 것이고 이것이 풀리려고 하면 酉에서 隔角정도에 가면 즉 亥年정도에 이르면 서서히 풀리기는 풀립니다.

亥年정도에 이르면 空亡 때에 치른 희생을 어느 정도 다시 제자리로 돌려놓는다는 것이죠. 우리가 태풍이 지나고 나면 치우고 바꾸고 하잖아요. 그런데 그 순간까지는 어지러운 모습이 남아 있어야 하는 것이잖아요.

학생 – 운전을 하니까 사고로 이어지지 않을까 하는 걱정이 되어서.

선생님 – 지금 己卯대운에 월을 冲하는 작용이 오고 그 다음에 戊寅 대운에 七殺작용이 오고, 己卯대운의 끝자락 정도에 조심을 해야 되겠네요. 중반부나 끝자락을 조심해야 됩니다.

학생 – 이제 己卯대운의 시작입니다.

선생님 – 중반부부터 卯가 활발하게 움직인다고 보면 되니까요.

학생 – 지금 거의 미친사람같다고 사람들이 이야기를 합니다.

선생님 – 그래도 태풍을 맞은 사람이니까 일단 기다려보라고 하세요. 머리에 태풍을 맞았다고 하잖아요.
　완전히 조절력이 없는 것은 아니거든요. 酉 傷官이 偏印에 의해서 습이 되어 있고 그다음에 寅하고 巳가 조화롭지는 못하지만 官星과 印星의 고유작용을 가지고 있기 때문에 그런데 시기적으로 空亡이라고 하는 것이 그런 혼란성을 많이 주는 것이기 때문에 그렇습니다.
　一因多果 설명을 했었죠. 空亡은 원인은 하나인데 결과나 현상은 여러 가지이다. 이렇게 보시면 되죠.

학생 – 옆에서 보기에 볼 수 없는 상황인데 그냥 놔두어야 됩니까?

선생님 – 그냥 두어야죠. 그러니까 바람이 쓸고 간 모양이라는 것이죠. 여자들도 바람이 쓸고 간 모양의 머리 스타일도 있었는데, 폭탄머리 있잖아요. 완전히 조절력이 없는 그릇은 아닙니다.

하여튼 시 정보도 없고 배우자 정보도 없기 때문에 하나로 단정을 하기 어렵지만 다시 亥年이 되어야 다시 地殺로 돌아오잖아요. 地殺로 돌아오는 운이니까 올해에 제대로 天殺작용이 작동하는 동안에는 세상과 어울리는 모양을 취하지 못할 것이다 이렇게 보면 되죠.

17.

時	日	月	年	坤命 43
戊	丙	庚	乙	
戌	申	辰	卯	

丁	丙	乙	甲	癸	壬	辛	庚	大運
亥	戌	酉	申	未	午	巳	辰	
75	65	55	45	35	25	15	5	

時	日	月	年	乾命 47
丙	丁	庚	辛	
午	亥	寅	亥	

壬	癸	甲	乙	丙	丁	戊	己	大運
午	未	申	酉	戌	亥	子	丑	
79	69	59	49	39	29	19	9	

부부입니다. 두 분 다 같은 공직에 계시는데 여자 분은 일반 행정직에서 일을 하시고 남자 분은 검찰조사 파트에 계신 것 같습니다. 남편분이 이번에 일을 그만두고 건축 토목에 연결된 부분에서 세무관리 파트로 일을 하면서 뒤에서 후원자가 밀어준다는 식으로 일을 하려고 하는데, 이러한 시스템이 맞는지 궁금하며 공직이란

분야가 그만두면 복귀가 어려운 걸로 알고 있는데 여자 분은 못하게 말리려고 하는데 남자 분은 잘 될 것이라는 확신이 너무 강한데, 지금 하던 일 그대로 하는 것이 더 좋은지 아니면 바꾸어서 지금보다 더 잘 되는지 궁금합니다.

답변 – 이 경우는 시기만 잘 맞추면 되는 모양이죠. 남자 팔자에도 어차피 사업적인 활동성이 年에 잘 열려있고, 물론 官星도 印星도 잘 갖추어져 있지만 시기를 잘 맞추면 경제적인 성공도 가능하죠. 일평생 성공한다는 것은 아니지만 상당한 기간 동안 이룩할 수 있는 인자를 가지고 있죠.

亥水 天乙貴人 마누라도 있고 마누라가 열심히 벌어주는 그런 기운이 있는데 부인의 명조에도 무엇의 흔적이 있습니까? 偏財의 흔적이 있죠?

偏財요소가 있다는 것은 큰 재물의 활동과 관련된 남편의 활동 또는 본인의 활동 이런 것들이 살아가면서 발생을 한다고 보면 되죠.

이 경우에는 본인이 볼륨이나 규모를 맞추어서 사업성을 발휘해도 무방하다고 보면 되겠죠.

18.

時	日	月	年	乾命 24
癸	丁	甲	
卯	丑	戌	

乙	甲	癸	壬	辛	庚	己	戊	大運
酉	申	未	午	巳	辰	卯	寅	
78	68	58	48	38	28	18	8	

작년 2월쯤에 군대제대하고 그냥 오다가다가 갑자기 사라졌다고 합니다. 엄마가 어디 뭘 보러가려해도 혹시 아들한테 무서운 이야기 할까봐 못 보러 간다고 합니다. 지방에 있는 건지? 외국에 간 건지? 생사가 궁금해 하는데, 부모랑 다시 만날 수 있는지 궁금해 합니다?

답변 – 작년이면 酉年이네요. 이것이 食神 冲의 부정적 해로움인데 그러니까 걸려있는 대운을 봐 보세요. 己卯대운에서 토끼 卯자가 가진 것이 행려자 즉 떠돌이, 방랑자 그리고 춘하추동 신사주학에서도 했지만 乙을 설명하면서 했던 키워드가 있습니다. '죽음'

乙이 의미하는 것이 행려자, 떠돌이, 흩어진다. 그런 요소도 사실은 있다고 봐야죠.

학생 – 사라졌기 때문에 그렇게 추정을 할 수도 있다고 보는 것입니까?

선생님 – 태어난 시 정보도 없는 상태에서 완전히 단정하기도 어렵지만 팔자 자체를 보세요. 官殺의 혼잡, 刑의 출현, 羊刃의 출현, 운에서 떠돌이로 가버리는 '행려 운'이라는 것입니다. 그 다음에 작년에는 食神 冲이 되죠.

올해 卯 食神을 쓰는 사람들이 올해 병원에 많이 누워있습니다. 작년에 卯 食神을 쓰는 사람이 酉에 冲맞고 戌에 入庫 해버리잖아요. 이 경우도 그런 패턴에 사실은 들어가는 것이죠.

학생 – 만약에 己卯대운이 아니면?

선생님 – 己卯대운이 아니면 해석을 그렇게까지 비약을 하지는 않는다는 뜻이 되죠. 그리고 年을 중심으로 볼 때 桃花거든요.

桃花라고 하는 것이 주변 여건이 좋지 못하면 '쓸려 나간다.', '미끄러진다.', '벗겨진다.' 이렇게 본다는 것입니다. 이런 경우에는 좋은 쪽으로 해석을 하는 것은 한계가 있다고 보면 되죠.

19.

時	日	月	年	乾命 86
癸	己	壬		
巳	酉	申		

丁	丙	乙	甲	癸	壬	辛	庚	大運
巳	辰	卯	寅	丑	子	亥	戌	
77	67	57	47	37	27	17	7	

時	日	月	年	坤命 76
辛	丁	壬		
卯	未	午		

己	庚	辛	壬	癸	甲	乙	丙	大運
亥	子	丑	寅	卯	辰	巳	午	
80	70	60	50	40	30	20	10	

時	日	月	年	坤命 47
壬	辛	癸	壬	
辰	丑	卯	子	

乙	丙	丁	戊	己	庚	辛	壬	大運
未	申	酉	戌	亥	子	丑	寅	
72	62	52	42	32	22	12	2	

가족인데 아버님은 대장암 4기로써 작년 봄쯤에 수술하셨는데 병원에서는 6개월밖에 못살 것 같다고 하는데, 그래도 지금까지는 살아계시고 대장 쪽에는 깨끗하다고 하는데 간 쪽에 다시 암이 발견되어서 항암치료를 받고 계십니다.

너무 힘들어 하셔서 계속 치료를 받아야 하는지 아니면 그냥 포기하고 있어야 하는지 궁금해 하는데 암 걸린 환자들이 수명을 늘릴 수 있는 방법이 있는지 궁금하며, (수술을 받은 곳은 강남세브란스 병원 동남방위이고 의사가 亥生) 가족 중에서 어떤 띠가 병간호를 하면 조금 더 효과가 있는지 궁금합니다.

따님 입장에서는 아직 시집을 못가서 아버님 살아계실 때 효도한다는 생각으로 시집을 가려고 하는데 언제쯤 가능한지 궁금합니다. (따님 입장에서는 아버님이 올해 돌아가시지 않을까? 걱정이 많은데 어느 정도 마음의 준비를 해야 하는지도 궁금해 합니다.)

답변 – 시에 대한 정보가 없네요. 아버지는 올해 攀鞍殺에 들어오는데 攀鞍이라고 하는 것이 주저앉아 있다는 뜻이거든요. 참호 속에서 엎드려 지낸다는 뜻이 되죠.

건강이나 활동성에는 무조건 안 좋은 것이고, 卯 食神의 투출이 없어도 戌에 食神 入庫의 작용이 생기잖아요. 내년도 己亥年이 일지를 冲 한다는 말은 무엇입니까? 배우자와 관계성이 변한다는 것이죠. 그 다음에 나는 亡身이다. 노인이 亡身을 당하면 옷을 갈아입는다는 의미가 되죠. 시 정보가 없는 상태에서 단언을 하기에는 그렇지만 운세의 흐름상으로는 좋게 표현하기에는 힘이 든다고 보면 되죠.

모친 운에도 내년에 偏印 傷官 그리고 亥卯未가 어떻게 되죠? 亥卯未가 하나의 결국 즉 局을 만들고 劫殺이 유도되는 結局이 되잖아요.

　자식의 입장에서도 결국은 亡身, 喪門, 弔客 이럴 때에 부모의 상실이 많이 발생을 하죠.

　그래서 '효도를 위해서 결혼을 한다?' 진짜 본인이 애를 많이 써야 되겠죠. 官星이 머물러서 조화를 부리는 공간이니까 卯의 뒤에 戌자에 戌중의 丁火로서 부득이 취해서 와야 되죠. 배우자 인연을 손쉽게 매칭을 할 수 있는 그런 모양은 아니죠.

　이렇게 주변에 의해서 성가신데 편안한 연애를 하기도 쉽지는 않을 것이다. 효도를 하는 것이 좋기는 한데 인연 따라 가야 되지 않겠습니까?

20.

時	日	月	年	坤命 26
甲	丙	庚	壬	
午	寅	戌	申	

壬	癸	甲	乙	丙	丁	戊	己	大運
寅	卯	辰	巳	午	未	申	酉	
73	63	53	43	33	23	13	3	

　어떤 직업적 방향이 좋은지 궁금해 하는데 자기도 무엇을 해야 하는지 잘 모르는 것 같습니다. 처음에는 제빵 쪽을 했으나 그것도 잘 안 맞는 것 같아서 고민 중이며, 부모님은 공무원 같은걸 해보라고 하는데 자신도 없어 하는 것 같습니다.

　어떤 직업적 방향이 오랫동안 인연이 가능한지 궁금하며 결혼도 궁금해 하는데, 긍정적인 결혼시기와 어떤 띠의 남자와 직업이나 특성이 잘 맞는지 궁금합니다.

답변 – 대운의 속성을 보니까 巳午未申酉정도까지는 원래 庚이나 연지의 申을 유통으로 쓸 수는 있는데, 그래도 比劫이 있는 곳에서는 유통이 상당히 경쟁이 많은 모양이 되기 때문에 그것보다는 차라리 자격증이나 기술이 더 낫겠죠.

자격증이나 기술 중심으로 해서 제빵을 해도 되는데, 戌 空亡이라 제빵이 되기는 되죠. 戌이 원래 밖에 모양이 있고 안은 비어있는 그런 기운으로도 표현을 하거든요. 그래서 戌이 空亡을 맞으면 공갈빵으로도 치잖아요.

제빵을 다시 해보는 것 아니면 아예 일시에 있는 寅, 시에 있는 偏印 羊刃을 활용해서 驛馬와 偏印 羊刃을 활동하는 것이 부동산 관련인데 라이선스를 따서 부동산 관련된 영업 이런 것을 하다가, 또 직접 투자를 해서 재물활동을 벌이는 것도 먼 훗날까지 내다보고 할 수 있는 선택이 되겠다는 것이죠.

어떤 띠의 남자가 좋으냐고 하셨는데 인연법 보입니까? 寅申相冲에 토끼 그렇죠? 그다음에 양띠 그렇죠? 그 다음에 범띠 순으로 배우자 인연을 삼는데 어떤 배우자를 만나도 寅申相冲의 조화력 때문에 만족도에는 한계가 있다는 것이죠.

그런 인연이 잘 유도되는 시기는 己亥年이 되는데, 己亥年이면 天乙貴人, 空亡, 일지 六合, 年支 亡身, 年支 相破니까 내년에 사람을 만나기는 만나는데 甲하고 己하고 合을 하죠?

偏印이 傷官이 떠서 合을 해도 일종의 연애행위 이런 것으로 보면 됩니다. 偏印은 남자의 번식인자가 되고 그 다음에 己土는 본인의 번식인자가 되니까, 내년에 남자를 만나서 관계성을 조금 빨리빨리 발전시킬 수 있는 것이 온다고 보면 되죠.

학생 – 그러면 甲이 劫財이고 己가 財가 되면?

선생님 – 劫財와 財는 다른 관계죠. 여인을 공략하려고 하면 여인이 食傷이 언제 들어오는가 보고 공략하라고 했잖아요. 더러워도 조금 참으면 되죠.

丙일주가 己亥를 만나면 己亥의 일반적인 작용이 오는데 본인이 시에 甲이 있잖아요. 이 甲이 대문 밖에 있는 남자의 이성적 어프로치라고 하는 것입니다. 남자의 생식인자로도 보거든요. 그것이 내가 己土를 따라가는데 合을 이루고 있잖아요. 이럴 때 연애성이 강화되는 것이고 그다음에 劫財하고 財星이면 마누라가 배신을 때리든지 아프든지 아니면 친구한테 재물을 뜯기든지 하는 것이죠.

학생 – 여자가 偏財 劫財면?

선생님 – 재물이 날아가는 것이잖아요. 재물이 묶이거나 빼앗기거나 그 육친의 작용을 해석을 해주어야 되는 것이죠.
케이스 스터디가 다 되는 것들이니까 이제 보이시죠?

39. 무엇이든 물어보세요. 보통의 질문들!
소소하거나 일상적이거나 황당할 수도 있는 보통의 질문들!

39-1. 사주학하는 남자와 여자

어디서 이런 말들이 나왔는지 모르겠지만 사주를 하는 사람(남자, 여자)과 같이 살면 수명이 단축된다는 황당한 말을 들은 적이 있습니다. 왜 하필 너는 하도 많은 사람 중에 하필 사주하는 남자를 만나느냐? 이런 말을 여자 분의 가족이 한다고 합니다.
근데 실제로 제 주변에 사주학을 하는 남자들은 대부분 다는 아니지만 결혼이 늦거나 안하거나 하는 걸 많이 봤습니다. 그리고 여자 분들은 님편과 생사별하거나 이혼하거나 혼자인 여자 분들도 계신 것 같습니다. 한말씀 부탁드립니다.

답변 – 글쎄요. 대체로 조금 세속성을 벗어나서 일을 하고 있다는 사람자체가 팔자가 표준적인 것에서는 벗어나 있는 것이거든요.

그러니까 팔자가 조금 부실한 사람들이 뛰어들기 쉬운 그런 분야의 일을 하고 있으므로 확률적으로는 이런 표현이 조금은 더 있을 수 있지만, 사주팔자를 보고 도사 아닌 사람에게 시집을 가도 결국은 생사별을 하거나 이혼을 하거나 얼마든지 그런 일이 있기 때문에 이것만 가지고 인과성을 연결한다는 것은 무리가 있다는 것이죠. 평균이나 표준보다는 조금 더 할 수는 있겠죠.

39-2. 귀신의 존재여부와 대처방법

어린이집을 운영하시는 여자 선생님이 계시는데 어린이들이 재롱잔치를 하는데 추억으로 남겨주려고 핸드폰 카메라로 찍었는데 사진 속에 5장중에 2장이 영화에 나오는 '스크림 표정'의 귀신이 찍혔습니다. 한 장은 어린이 옆에서 상체만 나온 사진과 다른 한 장은 얼굴을 카메라에 들이대는 사진이었습니다.

간접적으로 이야기만 들었지 태어나서 귀신을 사진으로 본 것은 처음 봤습니다. 귀신이 사진에 찍히기 몇 달 전부터 어린이집에 문의를 하러 오셨다가 가신분이 차사고로 사망하는 하는 일이 생기기도 하고 또 어떤 다른 분은 차사고로 크게 다치기도 했다고 합니다.

이것이 이런 사진 속에 찍한 귀신과 연관이 있는 건지 궁금하고, 아니면 그냥 개개인의 영향력에 의해서 그런 건지 궁금합니다.

제가 궁금한 것은 귀신들이 왜? 사람들이 있는 장소나 공간에 있는지가 궁금하고(하늘로 안 올라가고 있는지?) 귀신들이 특별히 잘 붙는 사람들이나 사물이나 물건장소 들이 있는지도 궁금하고, 반대로 귀신들이 싫어하는 사람이나 사물이나 물건 장소들이 있는지도 궁금하고, 귀신들이 살아있는 사람들을 해치게 할 수 있는 존재들인지도 궁금하며, 그러면 이 귀신들을 평범한 일반인들이 몰아낼 수 있는 방법이 있는지도 궁금합니다.

답변 – 이것은 앞 시간에 수업에서 다 한 것이죠. 귀신도 급수가 있다고 했습니다. 귀신이 있느냐, 없느냐? 하는 것에서 神을 말할 때 인격적 요소를 갖추고 있는 것은 사람이 상상한 영역이 있다고 보지만 '無形而 能力者' 즉 형태가 없는데 능력을 가진 에너지체로서는 얼마든지 반드시 존재한다는 것입니다. 그 귀신도 등급이 있는데 舊神, 等神, 鬼神 이야기를 했죠.

그리고 좋아하는 물건은 TV, 냉장고 등등인데 등급이 낮은 귀신들이 좋아하는 것을 이야기 해 드렸죠. 아마 이분은 지난번에 강의해 드린 부분을 보시면 이해를 할 수 있을 것 같습니다.

학생 – 그 강의에 귀신이 싫어하는 것 총, 칼, 흙, 불, 물 이런 것이 어떻게 해서 그런 것입니까?

선생님 – 귀신도 총을 가져다 놓으면 잘못하면 자기가 죽는 줄 알고 피해서 다닙니다. 그래서 무당이 굿을 할 때 칼로 춤을 추잖아요. 칼을 막 휘두르잖아요.

학생 – 칼은 가져다 놓을 수 있는데 총은 어떻게 구해 놓습니까?

선생님 – 총도 가짜 총이 많이 있잖아요. 장난감 총도 많이 있죠.

학생 – 제가 저번에 선생님 강의를 듣고 집에다가 이런 것들을 해 놓으니까 꿈자리가 사나워서 미치겠습니다.

선생님 – 실제로 칼을 베고 자기도 하고 합니다. 정말로 잠자리가 힘든 사람들은 실제로 칼을 베고 자라고 합니다. 베게 밑에다가 두고 베고 자면 등급 낮은 귀신들은 그 칼을 보면 접근을 안 한다는 겁니다. 칼을 베고 자지는 않더라도 머리맡에 둔다든지 벽에 걸어두는 것만으로도 일종의 호부 작용이 발생한다는 것입니다.

학생 – 날이 선 상태로 두라는 것입니까?

선생님 – 그냥 걸어두는 것이죠. 호랑이 그림을 두고 이런 것들이 전부 호부의식이거든요. 그런데 그것이 급수가 낮은 귀신들은 범접이 잘 안 되는 것이에요.

학생 – 진짜 칼처럼 생긴 것도 됩니까?

선생님 – 형태만 갖춘 것도 됩니다. 방향도 상관이 없습니다. '있다. 없다.' 하는 것이 더 의미가 크기 때문에 그렇습니다.

학생 – 귀신이 싫어하는 것이 물도 싫어한다고 했지 않습니까?

선생님 – 물도 싫어합니다. 물에 빠질까봐 이것들이 다리를 들고 다닙니다.

학생 – 물을 떠 놓는 것은 안 좋습니까?

선생님 – '정한수' 이런 것은 상관이 없습니다. 바다나 강에서만 노는 전담 귀신들이 따로 있는 것이죠. 우리가 해경이 있고 해군이 있고 하듯이 귀신도 다 자기 영역이 달라요.

우리가 굉장히 나쁜 운에 해외로 내 보내잖아요? 그러면 한 번은 저승사자가 못 잡아 갑니다. 저승사자도 귀신 중에서 레벨이 굉장히 높은 것으로 보면 되는데, 잡으러 왔는데 비행기를 타고 있다고 하면 저 친구가 미국으로 가는데 내가 영어가 안 되면 못 따라 갑니다. 그래서 원래 언어적 벽도 귀신이 싫어하는 것입니다.

학생 – 해외로 이민을 가는 사람도 있는데 제가 아는 사람인데 암이 있어서 국내로 들어와서 수술을 했거든요. 이럴 때도 하나의 저승사자를 벗어나는 것입니까?

선생님 – 여기에 와서 피를 본 것이잖아요. 국내에 와서 피를 본 것이니까 그것은 저승사자에게 피를 바친 것으로 보는 것입니다. 자기 몸에 칼을 대는 것은 냄이 된 것이죠.

학생 – 현지에서 수술을 하는 것 보다는 오는 것이 낫습니까?

선생님 – 꼭 그렇지는 않습니다. 그것이 더 좋다는데 본인이 피를 흘렸느냐, 아니냐? 이런 것들이 의미를 가지는 것이죠.

학생 – 한번은 안 데리고 가는데 그러면 두 번째는?

선생님 – 5년째나 7년째 다시 옵니다. '신과 함께'라는 영화를 보셨죠? 천상의 장부와 안 맞는 것이죠. 장부에는 이쪽에 입고를 해야 되는데 저쪽에는 아직 물건이 남아 있는 것이에요. 그것이 옵니다. 올 때는 영어도 잘하는 저승사자가 오거든요.

여러분이 이 공부를 하다가 보면 황제음부경(黃帝陰符經)이라고 하는 經이 있습니다. 그 經에 보면 '八卦甲子라고 하는 것은' 즉 八卦를 공부하고 甲子 乙丑을 배우는 것은 '신기귀장(神機鬼藏)'이라고 했습니다. 신의 기틀이 들어있고 귀신이 숨어 있는 학문이라고 했습니다.

이 공부를 하고 수행을 하고 기도를 하면 그런 것이 보여서 사실은 귀찮습니다.

그림 158)

사람들을 보면 머리 뒤에 마시마로 같은 토끼 모양의 구름이 붙어 있습니다. 고개를 숙이면 머리 뒤쪽에 뼈있는 곳에 영대(靈臺)라는 혈이 있거든요. 靈臺라고 하는 것이 신령 靈자에 자리 臺자입니다. 여기가 우주와 소통하는 통신 안테나가 있다고 보거든요.

여기에 마시마로 같은 하얀 토끼같은 구름이 작은 것이 붙어 있는 사람이 있고 큰 것이 붙어 있는 사람이 보이고 그렇습니다.

더 심한 경우에는 보러왔는데 마시마로 토끼가 아니고 그 뒤에 저승사자가 포획을 해서 앉아 있다니까요. 어느 날 이런 것이 보이는 날이 옵니다. 그러면 본인 보고 이야기를 안 하고 이쪽을 보면서 이야기를 하잖아요.

"당신 잘 못하면 올해 간다."고 이야기를 하면 저승사자가 머리를 끄덕이는 것이죠. 지승사자가 아주 만족을 하면서 있다니까요.

여러분들도 기도를 하면 누구나 가지고 있는 사실은 영적인 커뮤니케이션 능력인데 우리가 그쪽으로 에너지를 안 쓰잖아요. 그래서 그런 것들을 보는데 그런 것을 보고 재주를 부리기 시작을 하면 완전히 무당집이 됩니다.

질문에 성심이나의 신문은 해 봤네요. 점점을 넘어서 우리가 무당집으로 넘어갈 수가 있나니까요.

제가 역학공부 85~86년경에 할 때 이 분이 연세대를 다니면서 졸업과 동시에 외무고시에 1차, 2차를 합격했는데, 3차 면접을 남겨놓고 축구를 하다가 누군가가 허리를 들이받아 크게 다친 것입니다. 그래서 3차 면접을 못 가서 외교관의 꿈을 접고 '인생이 무엇일까?' 의문을 가지고 유랑전전에 역학 클래식부터 공부를 한 것이죠. 고시에 합격을 했는데 공부는 얼마나 잘했겠습니까? 그런데 아무리 봐도 모르겠다는 겁니다. 그래서 이분이 산에 가서 기도를 하면서 '그 분이 온다.' 이러면서 하게 된 것이죠.

그래서 그 분이 저에게 "역학공부 그것 아무리 格局 用神 봐

봐야 답이 안 나온다. 내가 기도를 하는 것을 가르쳐 줄 테니까 그거해라."고 하는 것이죠.

"실례지만 어르신 생년월일을 불러보세요." 하니까 干支를 바로 부르잖아요. 제가 年月을 기억을 못하겠는데 아마 기억에 丙戌生 이었던 것으로 기억을 하는데 일주는 庚寅일 이었습니다. 제가 태어난 날이 庚寅일 이잖아요.

"자 봐라, 庚寅이 왜 무당이 되는지 아나?" 이러는 것이죠. 이분도 학술을 다 한 분이니까 설명을 하는 것이죠. 寅자체가 호랑이잖아요. 庚寅은 백호랑이죠. 庚이 白虎인데 이 범이 어디냐? 산신이 놀고 있는 장소가 아니냐? 寅중의 丙火가 소위 偏官 七殺로서 영적인 커뮤니케이션을 순식간에 열어주고 닫아주고 하는 그 자리가 되고 "寅이 地殺인지는 알고 있제? 이게 대나무잡고 뛰는 것이다."

그러면서 얼마나 현란한 역학용어로서 설명을 하면서 "너는 차라리 우리 동네로 온나! 내가 그래도 고시출신자다." 하면서 그러는 것입니다.

사실 학술적 의미는 틀린 것이 아닌데 사실 수행을 하고 기도를 하면 자꾸 그런 것이 옵니다. 그런데 그것이 자꾸 잔재주로 자꾸 쓰이면 정말 피곤하다는 것입니다.

지금 생각해보니 그분이 庚寅일주에 丙戌시 아니면 丁亥시였는데 제가 丁亥시잖아요. 그것이 그분도 불이 하나 떠서 있는데 戌시에 환하게 불을 켜 놓은 것이 뭡니까? 법당의 촛불이라는 것입니다. 戌시에 켜진 불 아니가? 이 양반이 물상법을 좌우로 꿰더라는 것입니다.

학생 – 丁亥시는요?

선생님 – 丁亥는 어둠에 밝혀놓은 촛불이라 용왕당의 촛불이고 丙戌시 의 개 戌자를 부처님의 象으로 봅니다. 항상 앉아 있잖아요. 개들이 보면 점잖게 앉아 있잖아요.
 그분도 그것을 설명하면서 "너는 무조건 우리과다. 다른 생각하지 말고 내가 잘해줄 테니까 대나무 잡고 뛸 생각이나 해라."는 셋이요.

학생 – 丙辰은요?

선생님 – 일주 따라 다르니까 丙辰은 또 다른 것이죠. 그래서 그분도 그것을 설명하면서 "너는 무조건 우리 과다. 다른 생각을 하지 말고 내가 진해줄 테니까 대나무 잡고 뛸 궁리만 해라!" 하는 것이죠. 寅이 地殺이니까 그렇죠?

박청화의 실전 명리 강의 시리즈
무엇이든 물어보세요 5

초판인쇄 2020. 11. 6
초판발행 2020. 11. 6

강   의   박청화
편   저   홍익TV
펴 낸 곳   청화학술원
주   소   부산광역시 부산진구 양성로 93-1(양정동, 초암빌딩 3층)
전   화   051-866-6217 / 팩스 051-866-6218
출판등록   제329-2013-000014호

값 35,000원
ISBN 979-11-86483-20-6
ISBN 979-11-86483-15-2(전6권)

ⓒ 박청화, 2020
www.hongiktv.com

* 무단 복제 및 무단 전재를 금합니다.
* 잘못 만들어진 책은 구입처 및 본사에서 교환하여 드립니다.

이 도서의 국립중앙도서관 출판예정도서목록(CIP)은 서지정보유통지원시스템 홈페이지(http://seoji.nl.go.kr)와 국가자료종합목록 구축시스템(http://kolis-net.nl.go.kr)에서 이용하실 수 있습니다. (CIP제어번호 : CIP2020045034)